国家社会科学基金项目"社会资本理论视域下的环境法治绩效解释研究"（15XFX020）阶段性研究成果

教育部人文社会科学重点研究基地《环境法学文库》

王树义　主编

基于社会资本理论的中国环境法治考察

A STUDY ON CHINESE ENVIRONMENTAL RULE-OF-LAW IN THE FRAME OF THE SOCIAL CAPITAL THEORY

徐忠麟　著

中国社会科学出版社

图书在版编目(CIP)数据

基于社会资本理论的中国环境法治考察／徐忠麟著．—北京：中国社会科学出版社，2016.10

（教育部人文社会科学重点研究基地《环境法学文库》）

ISBN 978 – 7 – 5161 – 8906 – 1

Ⅰ.①基… Ⅱ.①徐… Ⅲ.①环境保护法 – 研究 – 中国 Ⅳ.①D922.684

中国版本图书馆 CIP 数据核字（2016）第 217275 号

出 版 人	赵剑英	
责任编辑	梁剑琴	
责任校对	董晓月	
责任印制	何 艳	

出　　版	中国社会科学出版社
社　　址	北京鼓楼西大街甲 158 号
邮　　编	100720
网　　址	http：//www.csspw.cn
发 行 部	010 – 84083685
门 市 部	010 – 84029450
经　　销	新华书店及其他书店

印刷装订	北京市兴怀印刷厂
版　　次	2016 年 10 月第 1 版
印　　次	2016 年 10 月第 1 次印刷

开　　本	710×1000　1/16
印　　张	15.75
插　　页	2
字　　数	250 千字
定　　价	59.00 元

凡购买中国社会科学出版社图书，如有质量问题请与本社营销中心联系调换
电话：010 – 84083683
版权所有　侵权必究

总　　序

《环境法学文库》是由教育部人文社会科学重点研究基地武汉大学环境法研究所和中国社会科学出版社悉心培育、联合推出的环境法学学科的大型学术丛书，目的在于加速中国环境法学研究的进一步发展，推动中国环境法治的不断进步。

武汉大学环境法研究所是中国国家环境保护总局[①]和武汉大学共同建立的一个以环境法学为专门研究领域的学术研究机构，1999年首批进入教育部普通高等学校人文社会科学重点研究基地。2002年，基地的"环境与资源保护法学"学科被教育部评审为国家级重点学科，次年，该学科又被列入教育部"211"工程的第二期重点建设项目。

武汉大学环境法研究所的研究基本上涵盖了整个环境法学学科的研究范围，并且，其整体科研水平在中国环境法学界居领先地位，在国内外具有广泛影响。自20世纪80年代初成立以来，武汉大学环境法研究所紧紧跟随中国环境法治前进的步伐，密切结合中国环境法治建设的实际需要开展研究和教学工作，取得了一系列显著的成绩。20多年来，研究所陆续为国内外培养出了几百个环境法学学科的硕士和博士，出版了几十部环境法学研究的学术专著和教材，发表了千余篇环境法学研究的学术论文，参加了中国数十部环境法律、法规和地方性环境法规的起草、调研和修改工作，向国家和地方提供了许多具有参考价值的环境立法方面的研究咨询报告，受到国内外同行的瞩目。

21世纪是中国全面进入世界先进行列的世纪，可以预见，中国在许多领域还将走在世界的最前列。为此，中国正在努力着、奋斗着，而在这努力奋斗着的队伍之中就有环境法学人的身影。环境法学人的梦想就是让中国环境法学的研究同样走在世界的前列。为了这个梦想的实现，武汉大

---

① 现改组为"环境保护部"。

学环境法研究所作为教育部环境法学研究的基地，拟将《环境法学文库》作为研究所长期支持的一个出版项目，面向国内外所有的环境法学者及其他所有关心、支持并有该学科相应研究成果的专家开放，每年推出数本。凡环境法学学科领域内有新意、有理论深度、有学术分量的专著、译著、编著均可入选《环境法学文库》。文库尤其钟情那些在基本理论、学术观点、研究视角等方面具有原创性或独创性的著作，请各位学者、专家不吝赐稿。让我们共同努力，为繁荣中国的环境法学研究、加快中国环境法治的进程略尽绵薄之力。

教育部人文社会科学重点研究基地
——武汉大学环境法研究所所长
王树义
2005 年春月于武昌珞珈山

内 容 摘 要

近年来，我国环境法律规范体系、环境法治实施体系、环境法治监督体系和环境法治保障体系建设取得了较大成绩，已初步形成与生态文明基本相适应的环境法治体系。但环境群体性事件和突发事件不减反增，生态环境问题日益突出，表明我国现阶段的环境法治部分甚至大部分失灵。从环境法治自身来看，环境法治失灵的原因主要体现在环境法治观念冲突、环境法律制度权威不足和环境法治运行不畅等方面，而我国的环境与资源保护法学对这些问题的研究还主要停留在法学内部，注重制度构建但对制度落实或对制度实施的配套条件研究不够，注重环境法律规范体系的构建但对环境执法、司法、守法特别是对影响环境执法、司法和守法效果的相关因素研究不够。因而，有必要跳出现有环境与资源保护法学甚至是整个法学理论的束缚，寻求其他学科前沿理论的支持来解释和矫正当前我国环境法治失灵的现象。

社会资本理论是社会学与经济学交叉演化而来并对其他社会科学产生重要影响的社会科学理论，是当前解释经济、政治、社会等现象的一种颇具说服力的理论范式，也可以引入环境法治领域解释和矫正我国的环境法治失灵问题。社会资本是根植于一定社会关系或社会结构，嵌入一定网络、规范和信任等因素及其蕴含文化中的，可以促进或阻碍经济社会或其某方面发展的重要资源。社会资本核心构成的网络、规范和信任是考察环境法治的基本视角，对环境法治的观念、制度和运行都会产生重要影响，既可以解析我国当前环境法治的失灵问题，也可以为我国环境法治失灵的矫正提供新向度。

基于网络考察环境法治形成的环境立法网络、环境执法网络、环境司法网络和环境法治监督网络，可以较好地解析环境法治失灵的原因。环境立法网络中，纵向网络的突出而横向网络特别是公民参与网络的不足、权威关系异化即权力机关和行政机关在网络中的错位、强关系突出而弱关系不足对环境立法理性商谈的影响等问题的存在，是环境法治失灵的重要原因；环境执法和司法构成的环境法治实施网络中，网络的封闭性不足和"结构洞"过多难以保障严格执法和公正司法，权威关系不足和权威关系过度并存影响了环境执法与司法的公信力，纵横向网络与强弱关系的结构不尽合理影响了环境执法与司法的效果；环境法治监督网络中，纵向网络的强关系突出容易排斥圈外人而失去监督作用，横向网络的弱关系不足容易导致监督作用不能有效发挥，"结构洞"的普遍存在致使信息难以在网络内传递而减弱监督作用。矫正环境法治失灵，优化环境法治网络，需要通过优化不同环境法治网络的成员，改善环境法治网络的结构，健全环境法治网络的运行机制来增加社会资本的积累。

基于规范考察环境法治形成的环境文化规范、环境习俗规范和环境软法规范，也可以较好地解释我国环境法治失灵的问题。环境法治观念的冲突，主要源于环境文化规范内部科学主义与人文主义、人类中心主义与非人类中心主义、经济主义与生态主义的冲突；环境法律制度权威的不足，可归因于环境法律制度与环境文化规范、环境习俗规范和环境软法规范的冲突；环境法治运行的不畅，也可以在环境文化规范、环境习俗规范和环境软法规范中找到原因。矫正环境法治的失灵，需要通过生态人文精神的塑造来推动环境法治观念的规范整合，通过"自上而下"和"自下而上"相结合的方式来推动环境法律制度的规范整合，通过生态实践理性的一以贯之来推动环境法治运行的规范整合。

基于不同学科视野的信任考察环境法治形成的环境法治观念信任、制度信任和运行信任，也是解释我国环境法治失灵的重要视角。基于心理学对我国环境法治的人际信任分析、基于社会学对我国环境法治的社会信任分析以及基于政治学对我国环境法治的政治信任分析，可以发现我国环境法治的观念信任缺失与环境法治观念冲突之间、制度信任缺失与环境法律制度权威不足之间、运行信任缺失与环境法治运行不畅之间的内在关联并解释我国环境法治失灵的原因。矫正环境法治的失灵，需要通过建构环境法治的观念信任、制度信任和运行信任来提升信任这一社会资本对环境法治的支撑作用。

总之，环境法治失灵的重要原因之一是网络、规范和信任等社会资本的缺失，矫正环境法治失灵要通过优化网络、整合规范和建构信任来增加社会资本的存量。简言之，环境法治的绩效提高离不开社会资本的投入和支撑。

关键词： 社会资本　环境法治　网络　规范　信任

Abstract

In recent years, great achievements have been made in Chinese environmental system construction of legal norms, execution, surpervision and guarantee. The environmental law system, being fundamentally compatible with ecological civilization, has initially taken shape. But environmental group events and emergencies have been increasing rather than decreasing and problems of ecological environment have become progressively prominent, indicating the dysfunction of Chinese environmental rule-of-law partly or even of majority part at the current stage in China. In terms of Chinese environmental rule-of-law itself, reasons accounting for this mainly lie in such respects as: conflicts in the concept of Chinese environmental rule-of-law; being low authoritative in environmental law systems and the sluggish operation of Chinese environmental rule-of-law. The study of Chinese environmental rule-of-law on these problems still largely remains within the law framework, paying more attention to the system construction, but lacking in the research on the fulfillment and implementing conditions. We have single-mindedly focused on the establishment of environmental law system but being deficient in environmental law enforcement and judicature, especially in relevant factors affecting this. Thus, it is necessary to jump out of the shackles of the existing legal theory and seek the support of some frontier theories in other disciplines, hence to explain and correct the the dysfunction of Chinese environmental rule-of-law.

Social capital theory, evolving from the intersection of sociology and economics, has exerted a significant influence on other social sciences and is a considerably convincing theoretical paradigm to explain the economic, political and social phenomena currently. It can also be introduced into the field of Chinese environmental rule-of-law, offering an explanation and correction of some failures in it. Social capital is an important resource that can somewhat promote or hinder social economy or the development in some certain aspect. It is rooted in certain social relationships or social structures and embedded in factors such as certain networks, norms and trust and contained in its culture. The fundamental perspective to study Chinese environmental rule-of-law lies in networks, norms and trust constituted by the core social capital. This will have a significant impact on the concept, system and operation of Chinese environmental rule-of-law, not only serving as an analysis on the dysfunction of the law-based government of environment, but to provide a new direction and dimension for its correction.

It's better to analyze reasons giving rise tothe dysfunction of Chinese environmental rule-of-law through networks of environmental law making, enforcement, judicature and supervision. Reasons are founded in the environmental law making networks as followings: Prominence of the vertical networks and problems in horizontal networks, especially insufficient citizens' network participation; authority relations alienation namely the dislocation of legislature and administrative organs; the prominent strong ties and the deficient weak relationship. In the execution networks of Chinese environmental rule-of-law consisting of environmental law enforcement and judicature, the lack of network closeness and too many structural hole make it hard to guarantee strict law enforcement and fair administration of justice; the coexistence of the deficient and excessive authority relationship affects the environmental law enforcement and judicial credibility; the vertical and horizontal networks and the unreasonable structure of the strong and weak relationships has influenced the effectiveness of environmental law enforcement and justice; In the supervision networks of Chinese environmental rule-of-law, the prominence of the strong ties in the vertical networks easily repels outsiders and lose its supervisory role; the deficiencies of weak ties in horizontal networks is likely to lead to failure in effective play of oversight role; the prevalence of structural hole will make it difficult to pass information within the networks, thus weaken the oversight role. We are required to optimize the members of different networks of Chinese environmental rule-of-law, improve its structure, and increase the accumulation of social capital through perfecting its operation mechanism, thus to correct the dysfunction of

Chinese environmental rule-of-law and optimize the networks of it.

It's also efficient to give an explanation of the dysfunction of Chinese environmental rule-of-law through cultural norms, practical norms and soft law norms. The conflicts on concept of the law-based government of environment are mainly due to the internal conflicts between scientism and humanism, anthropocentrism and non-anthropocentrism, economism and ecologism in the cultural norms of environment; the low authority of environmental law system can be attributed to the conflicts between environmental law system and cultural norms, practical norms and soft law norms of environment. The reasons of sluggish operation of Chinese environmental rule-of-law can also be found in those norms listed above. In order to correct the dysfunction of Chinese environmental rule-of-law, it is necessary to promote normative integration of the concept of the law-based government of environment through eco-cultural spirit shaping, of the environmental law system through a combination of top-down and bottom-up methods, and of the operation of the law-based government of environment through unswerving ecological practices.

It's also an important perspective to explain the dysfunction of Chinese environmental rule-of-law through conceptual trust, institutional trust and operational trust from various disciplinary views. From interpersonal trust analysis of Chinese environmental rule-of-law based on psychology, social trust analysis of Chinese environmental rule-of-law based on sociology, and political trust analysis of Chinese environmental rule-of-law based on politics, we can find the internal connections between the lack of conceptual trust and the conceptual conflicts of Chinese environmental rule-of-law, between the lack of institutional trust and the low authority of environmental law system, between the lack of operational trust and the operational obstacle of Chinese environmental rule-of-law, which also accounts for the dysfunction of Chinese environmental rule-of-law in China. To correct the dysfunction of Chinese environmental rule-of-law, we need to strengthen conceptual, institutional and operational trust of Chinese environmental rule-of-law so as to enhance the role of trust in surpporting Chinese environmental rule-of-law.

All in all, one of the important reasons for the dysfunction of Chinese environmental rule-of-law is a lack of networks, norms, trust and other social capital. Thus, it is important to optimize the networks, integrate norms and construct trust so as to increase the stock of social capital in order to correct the dysfunction of Chinese environmental rule-of-law. In short, the improvement of Chinese environmental rule-of-law performance is inseparable from social capital investment and support.

Key words: Social capital; Chinese environmental rule-of-law; Networks; Norms; Trust

目　录

引言 …………………………………………………………… (1)
第一章　中国的环境法治建设与环境法治失灵 ……………… (6)
　第一节　中国的环境法治体系建设 ………………………… (9)
　　一　中国的环境法律规范体系建设现状 ………………… (10)
　　二　中国的环境法治实施体系建设现状 ………………… (13)
　　三　中国的环境法治监督体系建设现状 ………………… (19)
　　四　中国的环境法治保障体系建设现状 ………………… (23)
　第二节　中国环境法治失灵的自身原因分析 ……………… (26)
　　一　观念层面：生态主义价值理念尚未统领环境法治 … (27)
　　二　制度层面：环境法律制度的认同度和权威性不高 … (29)
　　三　运行层面：环境法治运行的体制机制不畅 ………… (32)
　第三节　中国环境法治研究的不足与引入社会资本理论考察的
　　　　　必要性 ……………………………………………… (36)
　　一　中国环境法治研究现状及解析和矫正环境法治失灵的
　　　　不足 ………………………………………………… (36)
　　二　中国环境法治引入社会资本理论考察的必要性 …… (41)
第二章　社会资本理论：考察中国环境法治的新视角 ……… (44)
　第一节　社会资本理论的历史沿革 ………………………… (44)
　　一　资本理论的发展历程 ………………………………… (45)
　　二　社会资本理论的产生 ………………………………… (47)
　　三　社会资本理论的发展与繁荣 ………………………… (49)
　第二节　社会资本理论向相关学科的扩张 ………………… (53)
　　一　社会资本理论向经济学和政治学的初步扩张 ……… (53)
　　二　社会资本理论向相关学科的全面扩张 ……………… (55)
　　三　社会资本理论向环境与资源保护领域的扩张 ……… (57)

四　社会资本理论向法学领域的扩张…………………………(59)
　第三节　社会资本理论的基本内涵………………………………(61)
　　一　社会资本的定义………………………………………………(61)
　　二　社会资本的属性………………………………………………(64)
　　三　社会资本的构成………………………………………………(66)
　　四　社会资本的类型划分…………………………………………(70)
　第四节　社会资本理论考察环境法治的视角选择………………(72)
　　一　本书对考察环境法治的社会资本界定………………………(72)
　　二　社会资本理论考察的视角选择：网络、规范、信任………(75)
　　三　环境法治接受考察的视角选择：观念、制度、运行………(80)

第三章　基于网络的环境法治考察……………………………(85)
　第一节　考察环境法治的网络……………………………………(86)
　　一　环境法治的网络分析…………………………………………(86)
　　二　考察环境法治的网络基本类型………………………………(89)
　　三　基于网络考察环境法治的重要意义…………………………(95)
　第二节　环境法治失灵的网络解析………………………………(97)
　　一　环境法治失灵的立法网络解析………………………………(98)
　　二　环境法治失灵的实施网络解析………………………………(102)
　　三　环境法治失灵的监督网络解析………………………………(108)
　第三节　环境法治的网络优化……………………………………(110)
　　一　环境法治网络优化的模式选择………………………………(111)
　　二　环境法治网络优化的战略部署………………………………(113)
　　三　环境法治网络优化的实践路径………………………………(117)

第四章　基于规范的环境法治考察……………………………(121)
　第一节　考察环境法治的规范……………………………………(122)
　　一　考察环境法治的规范界定……………………………………(122)
　　二　考察环境法治的规范基本类型………………………………(125)
　　三　基于规范考察环境法治的重要意义…………………………(131)
　第二节　环境法治失灵的规范解析………………………………(134)
　　一　环境法治观念冲突的规范解析………………………………(134)
　　二　环境法律制度权威不足的规范解析…………………………(140)
　　三　环境法治运行不畅的规范解析………………………………(145)

第三节　环境法治的规范整合 (149)
　　一　环境法治规范整合的模式选择 (150)
　　二　环境法治规范整合的战略部署 (154)
　　三　环境法治规范整合的基本路径 (158)

第五章　基于信任的环境法治考察 (164)
第一节　考察环境法治的信任 (165)
　　一　考察环境法治的信任界定 (165)
　　二　考察环境法治的信任基本类型 (171)
　　三　基于信任考察环境法治的重要意义 (174)
第二节　环境法治失灵的信任解析 (178)
　　一　环境法治失灵的观念信任缺失 (178)
　　二　环境法治失灵的制度信任缺失 (182)
　　三　环境法治失灵的运行信任缺失 (186)
第三节　环境法治的信任建构 (191)
　　一　环境法治信任建构的目标定位 (192)
　　二　环境法治信任建构的战略部署 (196)
　　三　环境法治信任建构的基本策略 (201)

结语 (208)
　　一　环境法治失灵：中国环境法治建设与生态环境恶化形成鲜明反差 (208)
　　二　社会资本缺失：中国环境法治失灵原因的新诠释 (209)
　　三　社会资本积累：中国环境法治失灵矫正的新路径 (210)

参考文献 (213)
后记 (231)

Contents

Foreword .... (1)

Chapter One The Construction and Dysfunction of Chinese Environmental Rule-of-law .... (6)

　Section I The Construction of Chinese Environmental Rule-of-law
　　　　　　and the Deterioration of Ecological Environment .... (9)

　　1. The Construction of Environmental Legal Norms System and the Deterioration of Ecological Environment in China .... (10)

　　2. The Construction of Environmental Legal Execution System and the Deterioration of Ecological Environment in China .... (13)

　　3. The Construction of Environmental Legal Surpervision System and the Deterioration of Ecological Environment in China ...... (19)

　　4. The Construction of Environmental Legal Guarantee System and the Deterioration of Ecological Environment in China .... (23)

　Section II The Cause Analysis of the Dysfunction of Chinese
　　　　　　Environmental Rule-of-law .... (26)

　　1. The Conceptual Level: No Dominance of Ecological Value in Chinese Environmental Rule-of-law .... (27)

　　2. The Systematic Level: Low Authority and Recognition of Chinese Environmental Rule-of-law .... (29)

　　3. The Operating Level: Impeded Mechanism of Chinese Environmental Rule-of-law .... (32)

　Section III The Insufficient Studies of Chinese Environmental Rule-of-
　　　　　　law in China and the Necessity of Introducing Social Capital
　　　　　　Theory .... (36)

1. The Current Studies of Chinese Environmental Rule-of-law and the Deficiency in Analysis and Correction of Its Dysfunction ……… (36)
  2. The Necessity of Introducing Social Capital Theory to the Studies of Chinese Environmental Rule-of-law …………………………… (41)

Chapter Two　Social Capital Theory: A New Perspective of Studying Chinese Environmental Rule-of-law ………………… (44)
　Section Ⅰ　The History of Social Capital Theory ……………………… (44)
　　1. The Development History of Social Capital Theory ……………… (45)
　　2. The Creation of Social Capital Theory …………………………… (47)
　　3. The Prosperity and Development of Social Capital Theory ……… (49)
　Section Ⅱ　The Expansion of Social Capital Theory into the Related Disciplines ……………………………………………………… (53)
　　1. The Preliminary Expansion of Social Capital Theory into Economics and Politics …………………………………………………… (53)
　　2. The Overall Expansion of Social Capital Theory into the Related Disciplines ……………………………………………………… (55)
　　3. The Expansion of Social Capital Theory into the Field of Environment and Resources Protection …………………………… (57)
　　4. The Expansion of Social Capital Theory into the Field of Jurisprudence ……………………………………………………… (59)
　Section Ⅲ　The Basic Connotation of Social Capital Theory ………… (61)
　　1. The Definition of Social Capital …………………………………… (61)
　　2. The Nature of Social Capital ……………………………………… (64)
　　3. The Formation of Social Capital …………………………………… (66)
　　4. The Classification of Social Capital ……………………………… (70)
　Section Ⅳ　The Choice of Perspective of Applying Social Capital Theory to the Exploration of Chinese Environmental Rule-of-law ……… (72)
　　1. The Defining of Social Capital in the studying of Chinese Environmental Rule-of-law ……………………………………… (72)
　　2. The Choice of Perspective of Social Capital Theory: Networks, Norms, Trust ……………………………………………………… (75)

3. The Choice of Perspectives of Chinese Environmental Rule-of-law ……(80)

Chapter Three　The study of Chinese Environmental Rule-of-law in the Frame of Networks ……(85)

Section Ⅰ　The Network of studying Chinese Environmental Rule-of-law ……(86)

1. The Analysis of the Network of the Chinese Environmental Rule-of-law ……(86)
2. The Basic Types of Networks of studying Chinese Environmental Rule-of-law ……(89)
3. The Significance of Network-based Exploration of Chinese Environmental Rule-of-law ……(95)

Section Ⅱ　The Network Analysis of the Dysfunction of Chinese Environmental Rule-of-law ……(97)

1. The Network Analysis of Law Makingon the Dysfunction of Chinese Environmental Rule-of-law ……(98)
2. The Network Analysis of Legal Executionon the Dysfunction of Chinese Environmental Rule-of-law ……(102)
3. The Network Analysis of Legal Supervisionon the Dysfunction of Chinese Environmental Rule-of-law ……(108)

Section Ⅲ　The Network Optimization of Chinese Environmental Rule-of-law ……(110)

1. The Mode Choice of the Network Optimization of Chinese Environmental Rule-of-law ……(111)
2. The Strategic Deployment of Network Optimization of Chinese Environmental Rule-of-law ……(113)
3. The Practice Path of Network Optimization of Chinese Environmental Rule-of-law ……(117)

Chapter Four　The study of chinese environmental Rule-of-law in the Frame of Norms ……(121)

Section Ⅰ　The Norms of studying the Law-based Government of Environment ……(122)

   1. The Defining of Norms of studying Chinese Environmental Rule-of-law ……………………………………………………… (122)

   2. The Basic Types of Norms of studying Chinese Environmental Rule-of-law ……………………………………………………… (125)

   3. The Significance of the study of Chinese Environmental Rule-of-law in the Frame of Norms ……………………………… (131)

Section Ⅱ The Norm Analysis of the Dysfunction of Chinese Environmental Rule-of-law ……………………………… (134)

   1. The Norm Analysis of the Concept Conflicts Chinese Environmental Rule-of-law ……………………………………… (134)

   2. The Norm Analysis of the Low Authority of Chinese Environmental Rule-of-law ……………………………………… (140)

   3. The Norm Analysis of the Impeded Operation of Chinese Environmental Rule-of-law ……………………………………… (145)

Section Ⅲ The Norm Integration of Chinese Environmental Rule-of-law ……………………………………………………… (149)

   1. The Mode Choice of Integrating the Norms of Chinese Environmental Rule-of-law ……………………………………… (150)

   2. The Strategic Deployment of Integrating the Norms of Chinese Environmental Rule-of-law ……………………………… (154)

   3. The Basic Path of Integrating the Norms of Chinese Environmental Rule-of-law ……………………………………… (158)

Chapter Five　The study of Chinese Environmental Rule-of-law in the Frame of Trust ……………………………… (164)

Section Ⅰ The Trust of studying Chinese Environmental Rule-of-law ……………………………………………………… (165)

   1. The Defining of Trust of studying Chinese Environmental Rule-of-law ……………………………………………………… (165)

   2. The Basic Types of Trust of studying Chinese Environmental Rule-of-law ……………………………………………………… (171)

   3. The Significance of the study of Chinese Environmental Rule-of-law in the Frame of Trust ……………………………… (174)

Section Ⅱ The Trust Analysis of the Dysfunction of Chinese
    Environmental Rule-of-law ………………………… (178)
  1. The Lack of Conceptual Trust in the Dysfunction of Chinese
    Environmental Rule-of-law ……………………………… (178)
  2. The Lack of Institutional Trust in the Dysfunction of Chinese
    Environmental Rule-of-law ……………………………… (182)
  3. The Lack of Operational Trust in the Dysfunction of Chinese
    Environmental Rule-of-law ……………………………… (186)
Section Ⅲ The Trust Construction of Chinese Environmental Rule-of-
    law ……………………………………………………… (191)
  1. The Targeting of Trust Construction of Chinese Environmental
    Rule-of-law ……………………………………………… (192)
  2. The Strategic Deployment of Trust Construction of Chinese
    Environmental Rule-of-law ……………………………… (196)
  3. The Basic Strategy of Trust Construction of Chinese Environmental
    Rule-of-law ……………………………………………… (201)
Conclusion …………………………………………………… (208)
  1. The Dysfunction of Chinese Environmental Rule-of-law: the Stark
    Contrast between the Construction of Chinese Environmental Rule-
    of-law and the Deterioration of Ecological Environment ……… (208)
  2. The Lack of Social Capital: the New Interpretation of the
    Dysfunction of Chinese Environmental Rule-of-law …………… (209)
  3. The Accumulation of Social Capital: the New Path of Correcting
    the Dysfunction of Chinese Environmental Rule-of-law ……… (210)
Bibliography ………………………………………………… (213)
Postscript …………………………………………………… (231)

引 言

　　改革开放特别是市场经济体制改革目标确立以来，我国在经济高速发展的同时也面临日益突出的生态环境问题。借鉴西方国家环境治理的先进经验，结合生态环境保护的实践需要，我国早在40年前就开始探讨通过法律的方式来加强环境保护，并孜孜探寻环境法治的中国路径。1973年，国务院颁布了新中国第一个环境保护行政法规——《关于保护和改善环境的若干规定》；1978年，新中国宪法第一次规定"国家保护环境和自然资源，防治污染和其他公害"；1979年9月，全国人大常委会通过《环境保护法（试行）》，拉开了中国环境保护法律体系建设的大幕；此后，我国环境法律体系日趋完善，环保执法力度日臻加大，环境司法作用日益彰显。但与环境法治发展形成鲜明反差的是，我国生态环境不仅总体没有好转，相反日益恶化，生态环境危机不断加剧，生态环境压力与经济社会发展的矛盾更加凸显。环境法治的日益发展为何会与生态环境的保护形成鲜明反差？这是二者之间不可避免地存在冲突或相互排斥？抑或不可兼容、不能融合？还是有其他深层次的原因？

　　从人类文明的发展历程和世界各国的环境法治实践来看，法律和法治是人类文明进步的重要标志，不仅推动了人类社会文明的进步，而且为生态环境保护提供了重要保障，为生态文明建设作出了重大贡献。因而，法治与生态二者之间不是不可通约、不可兼容，而是相生相长、相通相融的。我国环境法治发展与生态环境恶化此类反差现象的出现显然另有他因。

　　诚然，我国环境法治发展与生态环境恶化形成鲜明反差的原因复杂多样。仅从环境法治自身来看，以下方面在现阶段尤其值得关注：（1）环境立法观念、执法观念、司法观念和守法观念之间及其内部存在较大冲突，环境法治缺乏观念与文化的支撑；（2）生态环境保护的正式法律制度的认同度不高，大多数企业甚至地方政府和公民不愿意遵守和执行，不惜冒险逃避或者甘愿承担违法的代价；（3）环境立法特别是行政立法主体之间基于权力与利益的博弈而缺少合作与信任；（4）环境执法主体之间基于利益考量而缺乏协同合作并出现选择性执法，环境执法主体基于权力寻租或与行政相对人利益联盟而怠于执法甚至充当"保护伞"；（5）环境司法特别是环境公益诉讼基于社会压力和权力干预难以顺利启动或虽启动却权威不足；（6）公众守法的自觉性不高，参与环境立法、执法、司法等环境法治环节途径少且作用有限。概言之，目前我国环境法治严重缺失生态环境保护的共同价值理念、信任和互惠规范，中央、地方、区域以及政府、社团、企业和公民等主体组成的各种社会网络对环境法治绩效的正面影响不够；相反，一些环境法治主体与生态环境破坏者基于利益结成的同盟对环境法治绩效的负面影响却有增无减。环保部部长陈吉宁为此也在2015年的多次会议上指出，破除环境法治实施困境的魔咒，需要建立信任文化形成工作合力以落实中央的决策部署。而网络、规范、信任，通常被认为是社会资本的基本构成，我国环境法治的上述失灵现象可归因于社会资本存量的严重不足。

西方国家20世纪80—90年代兴起的社会资本理论是当前很多社会科学研究的前沿热点问题，是解释经济、政治、社会现象的一种全新且颇具说服力的理论范式。该理论认为社会资本是与物质资本、人力资本并列的重要资本，是物质资本和人力资本的黏合剂，是个人、组织与制度的中间物，对制度的成功具有强大制约，对提高社会效率和制度绩效具有重要作用。因而，从社会资本视域全面研究我国环境法治的相关问题具有重要的理论和实践意义。

理论价值方面，社会资本理论的研究范式，可以对我国环境法治中存在的问题作出全新的理论解释，可以为我国环境法治的理论发展进行全新的论证。因而，将社会资本理论引入环境法治研究领域，为环境法治的研究提供了新的理论工具，创造了新的研究方法，开辟了新的研究视域，对于完善环境法治理论、环境与资源保护法学甚至对整个法学的理论具有方法论意义。

实践价值方面，社会资本理论的分析方法，可以结合我国环境法治的具体场域，从网络、规范和信任等角度反思我国环境法治的问题，解析环境法治失灵的原因，提出通过网络的优化、规范的整合和信任的建构等途径增加社会资本存量和推进我国环境法治的具体路径。因而，从社会资本角度分析环境法治的实践问题，为解释与矫正环境法治失灵提供了新向度，找到了新方法，对于推动环境法治的实践甚至中国的法治实践具有重要意义。

本书拟在分析我国环境法治体系建设现状的基础上，指出我国近年来虽然环境法治建设成绩斐然，已初步形成与生态文明基本相适应的环境法治体系，但环境群体性事件和突发事件不减反增，生态环境问题日益突出，表明我国现阶段环境法治部分甚至大部分失灵。从环境法治自身来看，环境法治失灵的原因主要体现在环境法治观念冲突、环境法律制度权威不足和环境法治运行不畅等方面，而我国环境法学界对这些问题的研究还主要停留在法学内部，注重理念和制度的构建，但对观念和制度的落实或对制度的实施成本和运行条件研究不够；注重环境立法和环境法律体系的构建，但对环境执法、司法特别是对影响环境执法和司法的关涉因素研究不够；注重环境法治的现状与问题梳理，但对影响环境法治绩效的关涉因素研究不够。因而，有必要寻求新的理论来解析和矫正当前环境法治失灵的现象。而社会资本理论是当前解释经济、政治、社会现象的一种颇具说服力的理论范式，符合法学研究格局流变和思想变革的趋势，能够有效克服环境法治现有研究的局限，很有必要引入环境法治领域解释和矫正环境法治的失灵问题。

但社会资本理论对于法学界特别是环境法学界而言比较新鲜，因而有必要接着从历史沿革、产生发展、学科扩张和基本内涵等方面对这种全新且颇具说服力的理论工具进行简要介绍，并从考察环境法治的角度进行概念界定，选定社会资本理论考察环境法治的视角是社会资本的核心构成即网络、规范和信任，而环境法治接受社会资本理论考察的切入点是环境法治的观念、制度和运行。接下来，本书将分别在界定考察环境法治的网络、规范和信任的基础上，解析我国环境法治失灵的网络因素、规范因素和信任因素，并提出网络优化、规范整合和信任建构等矫正环境法治失灵的对策。最后，本书将对考察的结果作出结论，即我国环境法治发展与生态环境恶化形成了鲜明反差，我国环境法治失灵问题可以从社会资本这一全新的理论视角进行解析和矫正，环境法治失灵的重要原因之一是网络、规范和信任等社会资本的缺失，矫正环境法治失灵的重要路径是通过优化网络、整合规范和建构信任来增加社会资本的存量。简言之，环境法治的绩效提高离不开社会资本的投入和支撑。

全书的框架安排主要如下：

第一章提出问题，指出我国环境法治建设与生态环境恶化形成鲜明反差。首先，通过相关数据以及环境群体性事件和环境突发事件频发指出我国生态环境恶化的现象；其次，分析我国环境法律规范体系、环境法治实施体系、环境法治监督体系和环境法治保障体系等环境法治体系建设的现状，认为我国针对生态环境问题已采取一系列环境法治建设措施，但我国初步形成的比较完善的环境法治体系与生态环境恶化形成鲜明的反差，表明我国环境法治部分失灵甚至整体失灵；再次，对我国环境法治失灵的自身原因进行分析，认为环境法治失灵的内部原因是环境法治观念层面的冲突、环境法治制度层面的权威不足和环境法治运行层面的体制机制不畅；最后，在分析我国环境法治现有研究的基础上，找出现有研究的不足并论述引入社会资本理论考察我国环境法治具有必要性。

第二章分析理论工具，介绍考察环境法治的社会资本理论并界定其考察的相关视角。主要从社会资本的定义、属性、构成和类型划分等方面介绍社会资本理论，梳理社会资本理论的历史沿革和向相关学科的扩张，并在界定本书考察环境法治的社会资本内涵的基础上，确定社会资本理论考察环境法治的视角是网络、规范和信任，而环境法治接受社会资本理论考察的视角是观念、制度和运行。

第三章从视角一即网络的视角考察环境法治。主要在界定考察环境法治的网络含义、基本类型以及基于网络考察环境法治的重要意义的基础上，从立法网络、实施网络和监督网络等网络视角解析环境法治失灵的网络因素，并从环境法治网络优化的模式选择、战略部署和实践路径等方面提出矫正环境法治失灵的网络优化对策。

第四章从视角二即规范的视角考察环境法治。主要在界定考察环境法治的规范含义、基本类型以及基于规范考察环境法治的重要意义的基础上，对环境法治的观念冲突、环境法律制度的权威不足、环境法治的运行不畅做规范解析，指出环境法治失灵的规范因素，并从环境法治规范整合的模式选择、战略部署和基本路径等方面提出矫正环境法治失灵的规范整合对策。

第五章从视角三即信任的视角考察环境法治。主要在界定考察环境法治的信任含义、基本类型以及基于信任考察环境法治的重要意义的基础上，从环境法治的观念信任缺失、制度信任缺失和运行信任缺失等方面对环境法治失灵作出解析，指出环境法治失灵的信任因素，并从环境法治信任建构的目标定位、战略部署和基本策略等方面提出矫正环境法治失灵的信任建构对策。

结语部分认为我国环境法治发展与生态环境恶化形成的鲜明反差，表明我国环境法治失灵；根据社会资本的三个核心构成即网络、规范和信任对环境法治考察的结果得出，运用社会资本理论可以探寻解释环境失灵原因的新视角即社会资本的缺失，提出矫正环境法治失灵的新路径即积累社会资本，因而环境法治需要社会资本的投入和支撑的结论。

第一章 中国的环境法治建设与环境法治失灵[①]

> 法治应包含两重意义：已成立的法律获得普遍的服从，而大家所服从的法律又应该本身是制定得良好的法律。
>
> ——[古希腊]亚里士多德：《政治学》

> 市场会失灵，政府也会失灵……社会学加以关注的社区（社会资本），解决的恰恰是那些古典的国家失灵和市场失灵。
>
> ——曹荣湘：《超出囚徒困境——社会资本与制度分析》

近年来，随着我国经济社会发展特别是工业文明的飞速发展，科技创新能力空前提升，开发与利用、征服与攫取大自然的能力不断增强，人类向大自然的排放日益增多，对大自然的破坏急速加剧。在我国人民还沉浸在享受大自然带来财富的喜悦之际，随之而来的环境污染、生态破坏、资源枯竭、能源危机等剧毒之花在寂静的春天也悄然开放，以致我国环境承载能力达到或逼近上限，生态资源瓶颈制约日趋突出。在环境方面，我国大气、水、土壤污染问题比较突出，污染物排放远远超过环境容量，**雾霾天气增加、范围扩大**，2014 年全国 74 个重点城市中只有 8 个空气质量达标；在生态方面，水土流失、草原退化、荒漠化等问题突出，森林资源破坏严重，全国生态整体恶化和生态系统退化趋势没有得到根本遏制；在资源方面，我国耕地和淡水资源人均占有量只相当于世界平均水平的 43%

[①] 本书提出的环境法治失灵并非要否认我国环境法治建设取得的成绩，而是针对我国环境法治发展与生态环境恶化并存现象，在进行理论反思过程中借用了汪劲教授提出的"环境法治失灵"概念（参见汪劲《中国环境法治失灵的因素分析》，《上海交通大学学报》（哲学社会科学版）2012年第1期）。本书的环境法治失灵主要是指这样一种现象，即我国在环境法治体系特别是环境法律规范体系建设取得显著成绩的背景下，生态环境恶化没有得到有效控制甚至出现恶化趋势加剧的现象，这与环境法治的快速发展形成鲜明反差，表明我国环境法治部分甚至大部分失灵。

和23%，石油和天然气等战略性资源对外依存度2014年已达59.5%和31%，单位GDP能耗为世界平均水平的2倍。①

人类行为所引发的环境污染和生态破坏在超越大自然的承载限度后，不仅导致资源枯竭和能源危机，也在不断释放着剧毒，悄然侵蚀着人类自身，威胁人类的生存。当人类中的某些群体猛然发现自己正遭受毒气侵蚀或正面临毒气侵蚀危险的时候，才猛然醒悟，如同神经遭受突然刺激一般跳将起来，采取措施甚至是过激的措施，与制造或可能制造毒气的企业以及企业的保护者们进行不一定受法律保护的抗争，我国环境突发事件和环境群体性事件就这样在近些年来大规模地爆发和急剧增长。2005年，浙江东阳群众因受到污染侵害多次群体上访造成冲突，被学界公认是具有影响力的第一起环境群体性事件。随后，2007年厦门"PX事件"②、2008年上海"磁悬浮事件"③、2009年广东番禺"垃圾焚烧厂选址事件"④和湖南浏阳的"镉污染事件"⑤以及

---

① 参见《徐绍史主任接受新闻媒体联合采访，解读〈关于加快推进生态文明建设的意见〉》，http://xwzx.ndrc.gov.cn/xwfb/201505/t20150506_690812.html。

② 2007年，台资企业腾龙芳烃（厦门）有限公司拟在福建省厦门市海沧区投资兴建计划年产80万吨二甲苯（PX）的化工厂。由于担心化工厂建成后危及民众健康，该项目遭到百名政协委员联名反对，市民集体抵制，直到厦门市政府宣布暂停工程。

③ 2007年12月29日，沪杭磁悬浮上海段在上海城市规划网站低调公示。由于公布的上海向西延长磁悬浮线路（上海南站—虹桥交通枢纽）主要是闵行区淀浦河段和七宝段，距离某些小区最近只有30米，沿线居民甚为担心磁悬浮对身体带来的危害。从2008年1月6日开始，百余沿线居民高喊"反对磁悬浮，保卫家园"的口号，在闹市区游行，并发展成为每天晚上的"起义散步"游行。2008年1月12日和13日白天，数万民众聚集在上海人民广场游行。

④ 2009年2月4日，广州市政府通告决定在番禺区大石街会江村与钟村镇谢村交界处建立生活垃圾焚烧发电厂，计划于2010年建成并投入运营。10月25日下午，番禺大石数百名业主发起签名反对建设垃圾焚烧发电厂的抗议活动。11月5日，广东省情中心对垃圾焚烧厂8公里内的12个小区调查证明，97.1%受访居民反对建垃圾焚烧发电厂。11月22日，广州市政府召开新闻通报会，表示"要坚定不移推动垃圾焚烧"。11月23日，番禺大石镇近300名居民因生活垃圾焚烧发电项目问题到市城管委上访之后，又来到市信访局上访。

⑤ 2004年4月，湖南浏阳市镇头镇长沙湘和化工厂未经审批擅自建设一条炼铟生产线，主要生产粉状硫酸锌和颗粒状硫酸锌。不久，厂区周围树林大片枯死，部分村民相继出现全身无力、头晕、胸闷、关节疼痛等症状，部分村民当感冒治疗。直到厂房周围农作物大幅减产，饮用水时常泛起白色泡沫并散发腥味，村民还没有想到遭受污染。后来，周边村有两个小孩出现全身关节疼痛、食欲不振等不良反应，在当地医院治疗无效后，在省城医院检查出镉超标，一部分出现类似症状的村民经检查后，也发现体内镉超标。2009年5月，双桥村44岁的罗柏林突然死亡，经湖南省劳卫所检测，死者体内镉严重超标。一个月后，61岁的村民阳术之因呼吸系统病症入院治疗，不久不治身亡，湖南省劳卫所检测其尿镉超出参考值4倍多。当地民众通过多种途径表达要求对化工厂污染问题予以处理未果后，7月29日，湖南浏阳市镇头镇数百名村民因附近化工厂污染问题未得到妥善解决到镇政府抗议，围堵镇政府和派出所。

2011年大连"PX事件"①、浙江海宁丽晶能源公司污染环境事件②、福建海门华电污染事件③等典型环境群体性事件接踵而来；2012年，天津PC项目、上海垃圾焚烧项目、四川什邡钼铜项目、江苏启东排海工程项目、浙江宁波镇海PX项目等环境群体性事件④使社会的目光进一步聚焦环境问题。原环保部核安全总工程师、中国环境科学学会副理事长杨朝飞2012年在全国人大做讲座时曾指出，我国自1996年以来环境群体性事件

---

① 大连福佳大化PX项目是一个严重污染项目，离市区的距离只有20公里，并不符合相关标准，但在地方政府的支持下，在公众的视线之外悄然上马，在环保部门准许其试生产之前，项目事实上已经投产。2011年8月上旬，该项目因台风"梅花"冲毁海岸防波堤暴露出来并引起了公众的关注。为反对PX项目的建设，上万大连市民聚集在市政府门前抗议，要求"PX滚出大连"，"要求真相"。在公众对PX项目安全性提出质疑后，大连市委市政府宣布福佳大化PX项目立即停产并搬迁。

② 2011年8月26日的一场大雨，造成浙江海宁袁花镇内运河大面积鱼群死亡，当地村民质疑为浙江晶科能源公司污染所致，后与浙江晶科能源公司发生冲突。甚至有村民质疑，浙江晶科能源公司对环境造成污染，导致村民集体发病。当地环保部门通过对运河水质的检验，发现水体中氟化物超标10倍，鱼群死亡现象与水污染有关联。9月15日晚7时30分许，袁花镇红晓村500余名群众聚集在浙江晶科能源公司门前，就环境污染问题讨要说法。后部分人员冲入该公司，将停放在公司内的8辆汽车掀翻，造成部分办公用品及财物受损。

③ 2009年9月27日，华能汕头海门电厂项目一期6台百万千瓦燃煤发电机组的建成投产，给海门的环境造成严重污染。2011年12月，丰盛（电力）集团投资有限公司、汕头市电力开发公司共同投资的60万千瓦燃煤电厂将在海门上马，这样的决策引起了当地居民的强烈不满。2011年12月15日，一条微博"各位亲爱的海门人民，你们愿意看看我们平平淡淡而充满欢乐的故乡被毁吗？一个华能已经让海门——我们的母亲伤痕累累了"，被多位海门居民转发，约定于2011年12月20日中午11点，全体海门人"到镇政府抗议，一起行动"。12月20—23日，汕头市潮阳区海门镇数万名村民走出家门，聚集到海门镇政府并到深汕高速公路海门出入口聚集，堵塞车辆通行，抗议当地政府增建煤电厂。

④ 2012年我国环境群体性事件频发，代表性的有：4月3—13日，数千人在天津市滨海新区下辖的大港"集体散步"，抗议中沙（天津）石化有限公司旗下的年产26万吨聚碳酸酯项目在附近破土开工；5月22日，上海松江区发布的公示透露，将在现有的吉貌垃圾填埋厂和固废处理厂旁边投资2.5亿"升级改造"一条垃圾焚烧线，引发数百名居民自5月底至6月初，带着自制的抵制垃圾焚烧、远离毒气等标语在松江大学城附近的万达广场散步；7月2—3日，因担心宏达钼铜多金属资源深加工综合利用项目引发环境污染问题，四川省什邡市市民聚集在市委、市政府门口以示抗议，与前来维稳的民警发生严重冲突，导致多人受伤并最终演变为一起严重的环境群体性事件；7月28日，江苏省启东市民因抵制日本王子纸业将污水排放至本地，走上街头打出反对横幅，部分群众强行冲破警察警戒，冲击、打砸国家机关办公大楼，市长被强迫套上抵制项目的T恤，市委书记因不肯穿宣传衣被扒光衣服，造成90余名执勤民警不同程度受伤，机关大楼办公财产损失人民币236331元，停放在机关大院内的多部车辆受损，最终使得政府在抗议当天即宣布永远取消日本王子纸业排海工程项目；10月22—26日，因对中石化镇海炼化分公司扩建1500万吨/年炼油和120万吨/年乙烯一体化项目中涉及PX项目部分可能对环境造成的污染表示担忧，千余名村民到区政府门前抗议，与前来维护秩序的民警发生冲突，有多名民警被砸伤，还出现了打砸行为。

保持年均29%的增长。此外，重大环境事件特别是突发环境事件频发，2005年以来环境保护部直接处置的环境事件达927起，其中2011年的重大事件比上年同期增长120%。① 2013年，我国又发生突发环境事件712起，较上年增长31.4%。②

面对环境污染与生态破坏问题，西方生态现代化的理论和实践经验告诉我们，破解生态环境问题要实现从技术到政策的转变，即除了推动技术创新外，更要通过制度建设，发挥法治在协同市场、政府和社会作用方面的优势。"从西方生态现代化理论历经的三个阶段来看，在生态现代化的核心动力方面，从极为强调技术创新到更强调制度与文化。"③ 由此可见，法治特别是环境法治对解决生态环境问题具有核心动力作用。为此，我国近年来也加强了环境法治建设并已初步形成与生态文明建设基本相适应的环境法治体系，但前文的相关数据表明，与我国日益完善的环境法治体系相伴的不是生态环境迅速改善，却是生态环境的恶化趋势尚未控制甚至加剧。我国环境法治体系建设与生态环境恶化形成的鲜明反差，意味着我国环境法治失灵，对此，我们需要分析环境法治失灵的原因并进行拷问与省思，也需要对我国环境法治的建设现状和分析方法进行反思。

第一节 中国的环境法治体系建设

我国环境法治建设日益受到重视，并在各方面取得了不少成绩。环境法学界也一直注重对环境法治发展历史和现状的梳理，④ 但学者们大多从环境立法、执法与司法特别是环境立法等方面总结梳理我国环境法治建设取得的成绩，而对环境法治的实施、监督和保障等方面介绍较少。党的十

---

① 参见王尔德《专访国务院发展研究中心资源与环境政策研究所研究员王亦楠：如何化解环境类群体性事件?》，《21世纪经济报道》2014年5月13日第2版。
② 参见中华人民共和国环境保护部《2013中国环境状况公报》，第49页。
③ 何爱国：《当代中国生态文明之路》，科学出版社2012年版，第23页。
④ 中华环保联合会近年来坚持每年编写《中国环境法治》，对我国环境法治的重大理论与实践进行了较好的梳理总结，李恒远和常纪文先生还多次在该刊上发表环境法治的综述性文章（详见2007年卷和2008年卷）。汪劲先生先后出版了《环保法治三十年，我们成功了吗？——中国环保法治蓝皮书（1979—2010）》（北京大学出版社2011年版）、《环境法治的中国路径：反思与探索》（中国环境科学出版社2011年版）两本书籍；孙佑海先生先后发表了多篇总结"十一五""十二五"以及环境法治40年的回顾与建议的相关论文。

八届四中全会把法治体系概括为法律规范体系、法治实施体系、法治监督体系、法治保障体系以及党内法规体系五大体系，对我们更好地梳理环境法治体系建设具有重要启示。由于党内法规体系在环境法治方面内容较少且可从广义上归入环境法律规范体系，而其他四大体系则可以更全面地展示我国环境法治体系建设的成绩。因而本书遵循该思路从四个方面梳理我国环境法治体系建设，以阐明环境法治发展与前文所述生态环境恶化之间的鲜明反差。

一 中国的环境法律规范体系建设现状

环境法律规范体系是分析环境法治发展状况的基础。不成文法国家的法律规范体系主要源自法官对判例概括提炼的判例法规则，而成文法国家的法律规范体系主要由国家立法并以成文形式表达构建而成。作为成文法国家的中国，环境法律规范体系主要通过国家加强环境立法形成，其法律规范的现状也应重点从立法角度分析。改革开放特别是市场经济体制确立以来，我国环境立法速度不断加快，环境法律制度不断健全，环境立法和法律规范体系日益完善。

（一）环境立法速度加快、数量增多，环境法律规范在整个法律规范体系中的地位日益突出

改革开放初期，除了1978年《宪法》做了相关规定和1979年出台《环境保护法（试行）》外，1979年还颁布了《森林法（试行）》，1982年修改宪法时还将环境保护的对象扩大并进一步明确，将生活环境和生态环境都纳入环境保护的范围，并增加规定保障对自然资源的合理利用和保护珍贵动植物等内容。此后，1982—1988年，国家先后出台了《海洋环境保护法》（1982年）、《森林法》（1984年在试行的基础上修改并正式通过）、《水污染防治法》（1984年）、《草原法》（1985年）、《渔业法》（1986年）、《矿产资源法》（1986年）、《土地管理法》（1986年）、《大气污染防治法》（1987年）、《水法》（1988年）、《野生动物保护法》（1988年）；1989年在试行的基础上修改《环境保护法》并正式通过，标志着我国初步形成了以《环境保护法》中的基本法规范为核心的环境法律规范体系。可持续发展理念和市场经济体制目标提出后，我国发布了《中国环境行动计划》和《中国21世纪议程》等行动方案，环境立法速度加快，《大气污染防治法》（1995年）、《矿产资源法》（1996年）、《水

污染防治法》（1996年）、《土地管理法》（1996年）、《海洋环境保护法》（1999年）等法律先后修改，《刑法》（1997年）也增加了破坏环境和资源罪，《固体废物污染环境防治法》（1995年）、《环境噪声污染防治法》（1996年）、《节约能源法》（1997年）、《防震减灾法》（1997年）、《防洪法》（1997年）等新法出台，国家还缔结了很多与环境资源保护有关的国际公约以及双边和多边协定，制定了一系列的行政法规和部门规章。21世纪以来，根据环境与资源保护的新形势，我国除对上述相关法律进行了一次甚至多次修订修正外，还颁布了《海域使用管理法》（2001年）、《防沙治沙法》（2001年）、《环境影响评价法》（2002年）、《清洁生产促进法》（2002年制定，2012年修正）、《放射性污染防治法》（2003年）、《可再生能源法》（2005年制定，2009年修正）、《海岛保护法》（2009年）等一批法律。至2014年年底，我国现行生效的环境与资源保护专项法律达26部、行政法规90余部，分别占我国现行有效243部法律的10.7%和680余部行政法规的13.24%，还有近1500项环境标准和一大批行政规章以及地方法规政府规章，① 成为我国立法数量最多的专项领域之一。

（二）环境法律规范的门类比较齐全、层次效力分明，环境法律规范体系日趋完善

环境法作为一个法律部门，其法律规范该由哪些门类组成，涉及环境法律规范体系的构建问题。日本学者浅野直人将环境法分为环境基本法、公害控制法、环境保全法、环境整备法、费用负担促成（资助）法、被害救济和纠纷处理法等门类；② 芬兰学者一般将环境法划分为环境利用规划法、自然资源利用和保护法、污染防治法等部门；③ 我国台湾地区学者叶俊荣则将环境法分为环境预防法、环境管制法、环境救济法和环境组织法四大部分。④ 我国大陆有学者认为环境法应分为环境基本法、单项法、

---

① 参见孙佑海《如何使环境法治真正管用？——环境法治40年回顾和建议》，《环境保护》2013年第14期。但孙佑海等学者认为有关环境保护方面的法律达30余部，而王树义教授认为环境保护的专项法律只有26部（详见王树义、周迪《生态文明建设与环境法治》，《中国高校社会科学》2014年第2期），排除了一些非专项法律但与环境保护有关的法律，本文参照后者观点综合统计得出该数据并计算出所占比例。

② 参见汪劲编著《日本环境法概论》，武汉大学出版社1994年版，第11—12页。

③ 参见高家伟《欧洲环境法》，工商出版社2000年版，第206页。

④ 参见叶俊荣《环境政策与法律》，月旦出版公司1993年版，第46—48页。

环境特别法;① 有学者认为可划分为环境资源综合调整法、自然资源法和环境保护法三大部分;② 有学者认为应划分为综合性环境法律、单行性专门环境法律法规、环境资源标准和环境资源计（规）划;③ 有学者认为大致由宪法性规定、综合性环境基本法、环境保护单行法、环境标准、其他部门法中的环境保护规范来构成;④ 还有学者认为包括环境组织法、区域自然人文环境保护法、自然资源规划利用法、污染防治法、环境程序法等几个部分。⑤ 尽管学者们对环境法体系的划分存在较大争议，但综合大多数学者的意见来看，上文介绍的相关环境规范性法律文件可以分为环境基本法以及污染防治、生态保护、资源利用与保护、环境综合管理类等环境法的专门类别。此外，我国还有宪法规范对环境问题做了根本性规定，民商法、行政法、经济法、刑法等其他法律部门中也存在很多涉及环境问题的法律规范，相关诉讼法与非诉讼程序法也规定了处理环境问题的程序规范。因而，我国已形成一个以宪法规范为统领、环境基本法规范为框架、环境单行法或专门法规范为基础、其他部门环境法规范为支撑的门类比较齐全的环境法律规范体系。从法的渊源和形式来看，这些环境法律规范有宪法、法律、行政法规、部门规章、地方性法规和政府规章、自治条例和单行条例、经济特区法规以及政策和标准等，构成了一个层次和效力分明的、比较完善的体系。

（三）环境法律规范构建的制度日益健全、不断完善，初步形成了生态文明建设所需的基本制度体系

随着环境立法的加速，环境法律规范体系的完善，我国也逐渐形成了比较完善的环境法基本制度。在综合性制度方面，建立了环境规划、环境影响评价、"三同时"、区域联防联控等制度，改进了环境问题的综合性防治和区域开发;在专门性制度方面，建立了环境许可、环境税费、限期治理、污染物总量控制、事故报告与处理、清洁生产、排放权交易等污染

---

① 参见金瑞林、汪劲《中国环境与自然资源立法若干问题研究》，北京大学出版社1999年版，第17—18页。

② 参见马骧聪《论我国环境资源法体系及健全环境资源立法》，《现代法学》2002年第3期。

③ 蔡守秋主编：《环境资源法教程》，高等教育出版社2004年版，第37—38页。

④ 周珂：《生态环境法论》，法律出版社2001年版，第50—57页。

⑤ 张梓太等：《环境法法典化研究》，北京大学出版社2008年版，第302页。

防治、生态与资源保护方面的法律制度。至"十一五"末,我国制定的环境法律规范构建了 20 多项环境管理制度。① 2014 年全面修订后的《环境保护法》,再次对已有环境法律规范构建的基本制度进行了确认和强化,进一步完善了排污许可制度、农村农业污染防治制度、"三同时"制度、公众参与制度、信息公开制度、环境公益诉讼制度、总量控制与区域限批等制度,并创造性设置了政府环境责任制度、环境责任保险制度、环境修复制度、生态补偿制度、生态红线制度、按日计罚制度、政策环评与规划环评制度以及环境与健康监测、调查和风险评估制度等,环保部为此还专门发布了按日计罚、查封扣押、限产停产、企业事业单位环境信息公开、突发环境事件调查处理、行政拘留等制度实施的配套文件,② 为我国环境与资源保护提供了有力的制度支撑。2015 年 4 月和 9 月,中共中央、国务院分别出台了《关于加快推进生态文明建设的意见》和《生态文明体制改革总体方案》,提出至 2020 年要基本形成源头预防、过程控制、损害赔偿、责任追究的生态文明制度体系,并从清理与生态文明建设不相适应的现行法律法规入手,对完善标准体系、健全自然资源资产产权制度和用途管制制度、完善生态环境监管制度、严守资源环境生态红线、完善经济政策、推行市场化机制、健全生态保护补偿机制、健全政绩考核制度、完善责任追究制度等方面提出了具体要求,有利于我国环境法律规范在构建关键制度上取得决定性成果。③

从以上分析可以看出,虽然我国环境法律规范地位日益突出、体系日渐完善、制度日趋健全,但前文的相关数据表明我国生态环境并没有随着环境法律规范体系的完善而明显改善,生态环境恶化的趋势总体没有得到控制甚至不降反增。

二 中国的环境法治实施体系建设现状

"法律的生命在于实施,法律的权威也在于实施。"④ 环境法治体系建

---

① 参见环境保护部《"十二五"全国环境保护法规和环境经济政策建设规划》(环发 [2011] 129 号),2011 年 11 月 1 日发布。
② 参见中华人民共和国环境保护部《2014 中国环境状况公报》,未编页码之序言部分。
③ 参见中共中央、国务院《关于加快推进生态文明建设的意见》,2015 年 4 月 25 日发布;中共中央、国务院《生态文明体制改革总体方案》,2015 年 9 月 21 日发布。
④ 本书编写组:《〈中共中央关于全面推进依法治国若干重大问题的决定〉辅导读本》,人民出版社 2014 年版,第 15 页。

设的主要成就,更重要的方面还要从环境法治的实施体系进行分析。"法治实施体系包括执法、司法和守法等诸多环节。"① 因而,作为环境法律规范在现实生活贯彻落实过程中形成的体系,环境法治实施体系也应包括环境执法、环境司法和环境守法等环节。环境执法在法学上可作广义和狭义理解。广义的环境执法包括环境司法即司法机关适用法律处理相关案件的活动,而狭义的环境执法不包括司法机关的法律适用,仅指国家行政机关以及法律授权和行政委托的组织贯彻落实法律的活动。环境守法是政府、企事业单位和公民等主体按照环境法律规范行使权利和履行义务的活动,主体对环境法律法规的遵守和信仰程度是衡量环境法治的重要因素。由于环境守法主要是守法主体的自觉行为及其形成的状态,国家采取的主动措施不多,笔者在此不予梳理而仅介绍环境执法与环境司法的现状。

(一) 中国的环境执法建设

环境执法是环境法治的关键,大多数环境法律规范都要靠行政机关以及法律授权和委托的组织来贯彻落实,环境法律规范的贯彻情况决定一个国家环境法治的水平。我国近年来不断加强环境执法,在环境执法体系、机制、方式、理念和内容等方面取得了重大进展。执法体系方面,环境保护主管部门执法地位日益突出。1979 年《环境保护法(试行)》规定了政府各部门要做好环境保护工作,并明确了环境保护机构的设立及其职责,但没有规定环境保护主管部门与其他部门的关系,只是在环境保护机构的职责中笼统规定要指导国务院所属各部门和各省市区的环境保护工作,环境执法体系尚不清晰。1989 年《环境保护法》建立了环境保护主管部门集中统一管理和相关职能部门分工合作、齐抓共管的中央和地方环境执法体系,规定了环境保护主管部门在环境执法体系中的统一管理地位,但也明确指出海洋、渔政、军队、交通、土地、矿产、农业、林业、水利等其他职能部门依照法律对环境污染和资源管理实施监督管理。2014年修订的《环境保护法》虽然没有改变环境保护主管部门统一集中监管与其他职能部门分工合作的环境执法体系,但只规定了环境保护主管部门的统一监督管理职责,而没有明确其他哪些职能部门依法实施监督管理,

---

① 周强:《形成高效的法治实施体系》,《求是》2014 年第 22 期。

在一定程度上也进一步突出了环境保护主管部门的环境执法地位。^① 执法机制方面,为解决环境执法中的多头执法、重复执法、执法权限冲突以及单独执法中的缺陷等问题,我国创新了综合环境执法,把一个机关内部不同部门行使的几种环境执法权甚至不同机关行使的多种环境执法权综合集中在一个部门或机关行使;开展了联合环境执法,在某一阶段为了完成某个中心任务,在一个区域甚至多个区域内组织多个机关共同开展环境执法,并做好了环境执法与司法的衔接。如珠海探索建立了市、区、镇三级联动环境执法机制以及环保、公安、检察、法院、城管五方联动新型综合执法机制。^② 同时,我国还在大气污染、水污染等领域尝试建立了区域环境执法的联防联控机制,^③ 在北京奥运会、上海世博会等案例中取得了明显成效。近年来,我国还探索建立了网格化的环境执法监察管理并要求各县市在 2015 年年底完成网格的划分并上报备案,^④ 试点了环境管理的党政同责并在陕西大气污染治理等案例中取得成功,^⑤ 进一步推进环境执法

---

① 详见 1979 年《环境保护法(试行)》第 5 条、第 26—28 条,1989 年《环境保护法》第 7 条和 2014 年《环境保护法》第 10 条等具体规定。

② 详见《珠海生态环境法治保障实践与探索》,载 2015 年环保部与中国法学会等联合召开的"生态环境法治保障研讨会"资料;另:我国很多市县也组织相关执法部门开展了以"保护母亲河行动"为主题的联合执法,参见张小莉、黄淑雯《成立 6 个小组各负其责,德安开展流域全面排查》,《中国环境报》2015 年 5 月 22 日第 7 版。

③ 在北京奥运会成功案例的基础上,2010 年 5 月,国务院转发了环保部等 9 部委《关于推进大气污染联防联控工作,改善区域空气质量的指导意见》,正式确立了我国区域环境执法的联防联控制度,再次在上海世博会上得到成功实施;2011 年 12 月,国务院印发《国家环境保护部"十二五"规划》,提出通过大气污染联防联控制度控制区域大气污染问题,并逐步建立了京津冀、长三角、珠三角等跨区域空气、水质量联动规划、监测、预报和防治机制。

④ 环境保护部环境监察局副局长曹立平在 2014 年 12 月 9 日做客中国政府网,就国务院前不久下发的《关于加强监管执法的通知》回答了网友关心的网格化环境监管。他指出网格化监管主要是指按照属地管理原则,根据辖区环境监管工作任务和环境监管力量等因素,按照一定的标准,结合行政区划,划成若干网格状单元,将监管力量下沉到各单元,将日常监管基本工作任务和职责落实到具体单位及具体人员,使网格内各重点排污单位、主要环境问题得到有效监管,实现定区域、定任务、定责任。他还通报目前已有山西、辽宁、浙江、山东、河南、湖北、重庆、四川、甘肃等省、直辖市推行了网络化,还有 15 个省在辖区内部分推行了网络化。另还可参见《滕州创新环境监管模式,监察网络化,执法精细化,覆盖无盲区》,《中国环境报》2014 年 7 月 17 日第 7 版;《山东莱芜加密环境监测网络,划定管理权限,网格化实现环境监管全方位》,《中国环境报》2015 年 5 月 13 日第 7 版;《九江五大行动打击违法行为》,《中国环境报》2015 年 5 月 22 日第 7 版;等等。

⑤ 详见《高端访谈:陕西大气污染治理取得成效的关键在哪里?》,《中国环境报》2015 年 5 月 4 日第 2 版;《陕西省委书记赵正发部署全省治污降霾工作,党政同责打好治霾组合拳》,《中国环境报》2015 年 5 月 21 日第 1 版;等等。

机制的创新。在执法方式上，以往的法律一直没有赋予环保部门行政强制权，环保部门要通过人民政府或者申请法院采取行政强制措施；2008年修改的《水污染防治法》第 75 条也只赋予环保部门可以强制拆除违法设置的排污口或私设的暗管；2014 年修订的《环境保护法》则全面赋予了环保部门查封、扣押等行政强制权，并规定了按日计罚的法律责任，有效树立了环境执法的权威性。同时，环保部门还积极引进行政约谈、行政协议等非强制的执法方式，体现了环境执法的人性化，实现了环境强制执法与非强制执法的有效结合。执法理念方面，1989 年的《环境保护法》没有确立可持续发展和生态文明理念，之后的相关生态资源法律虽然将促进经济发展改为环境保护与经济协调发展，但由于经济主义思想[①]的影响和相关法律对环境法律责任规定得过轻，环境保护与经济协调发展的理念在环境执法中往往成了经济优先的理念。2014年修订的《环境保护法》明确了可持续发展理念和生态优先理念，并规定经济社会发展要与环境保护相协调，调整了二者的关系，完善了环境执法理念和指导思想。同时，我国以往的环境保护立法的重点是污染防治，环境执法的内容也主要集中在污染防治方面。随着相关生态立法、资源开发利用和循环经济立法的出现，我国环境执法的内容逐渐扩大至各种公害的防治、资源开发利用、生态保护、循环经济、清洁生产等环境与资源保护法的各个领域。

（二）中国的环境司法建设

司法是社会正义的重要防线，环境司法是环境正义的重要象征。作为环境法治重要内容的环境司法，事关环境案件的公正审理和环境法律的正确适用，构成环境法治实施体系的重要环节。在我国环境法治发展历程中，环境司法一直被认为是软肋，进入司法程序的环境案件还不足环境纠纷的 1%，环境司法总体乏善可陈。[②] 但随着生态文明建设的加强，环境

---

① 清华大学环境哲学和伦理学教授卢风认为，在价值多元的社会里和信仰极其分裂的情况下，经济学已经取代了哲学的地位并在影响着法学，环境污染与经济主义指导下的制度密切相关（详见 "环境法治的拷问与省思" 研讨会纪要），载高鸿钧等《清华法治论衡》第 13 辑，清华大学出版社 2010 年版，第 302 页）。本书在此引用意在说明在经济主义影响下，我国环境法律中规定的环境保护与经济协调在环境执法中成为经济优先的理念。

② 参见陶蕾《论生态制度文明建设的路径——以近 40 年中国环境法治发展的回顾与反思为基点》，南京大学出版社 2014 年版，第 127 页。

司法在近年来日益受到重视，中央出台了一系列的改革政策文件，推出了一系列的改革创新举措。早在 2005 年 12 月，国务院就发布《关于落实科学发展观，加强环境保护的决定》，强调发挥社会团体作用，鼓励检举揭发各种环境违法行为并推动环境公益诉讼。党的十七大以来，中央和地方针对环境司法工作出台了很多政策，做了很多改革创新。从中央层面来看，2010 年 5 月，最高人民法院和环境保护部公布的《水资源司法保护工作座谈会纪要》提出要大力推进环境公益诉讼；2013 年 6 月，最高人民法院与最高人民检察院联合出台了《关于办理环境污染刑事案件适用法律若干问题的解释》，加强了对环境犯罪的打击；2014 年 6 月，最高人民法院出台了《关于全面加强环境资源审判工作为推进生态文明建设提供有力司法保障的意见》，对新形势下环境资源审判工作的指导思想、基本原则、目标任务和具体措施作出了明确规定，为环境司法改革指明了方向；2015 年 6 月，最高人民法院还颁布了《关于审理环境侵权责任纠纷案件适用法律若干问题的解释》，专门对环境侵权案件的法律适用制定了司法解释。此外，最高人民检察院发布了 15 个涉及生态环境犯罪领域的典型案例，最高人民法院则公布了涉及环境资源审判的 9 个典型案例，以案例的形式加强了对环境司法的指导。在相关政策文件保障的前提下，环境司法不断改革创新。在环境案件管辖方面，尝试突破以行政区划分割自然生态系统的管辖制度，探索实施并正在逐步推广与行政区划适当分离的管辖模式，试行对环境资源案件的集中管辖。在环境案件的审理方面，加强了刑事、民事、行政审判机构对环境案件审判的业务协调与沟通，探索实施了"三合一"或"四合一"的审理模式，尝试将环境资源民事、刑事、行政案件甚至相关环境执行案件集中统一归口环境资源专门审判机构处理；完善了环境民事诉讼的审理程序、裁判内容和方式，在注重采用排除妨碍、消除危险、停止侵害、恢复原状等责任方式的同时，积极探索"替代性修复""补种复绿""异地恢复""惩罚性赔偿"等责任方式。[①]在环境司法公开方面，邀请人大代表、政协委员、社会公众等旁听环境案

[①] 参见最高人民法院专职委员杜万华在 2014 年 7 月出席"生态文明贵阳国际论坛 2014 年年会"时接受记者采访的相关报道，详见《为推进生态文明建设提供有力司法保障》，《人民法院报》2014 年 7 月 12 日第 1 版。

件庭审,引入相关专家陪审环境案件,并为公众参与环境司法审判公众创造条件,增强司法透明度和公信力。环境公益诉讼也在改革中大力推进。环境公益诉讼在法律确认之前早已在社会实践中不断探索。早期的公益诉讼主要是由检察机关提起诉讼;2005年吉林石化爆炸导致松花江污染,北京大学汪劲教授等学者曾代表松花江提起公益诉讼但未被受理;2009年7月,江苏无锡中院受理中华环保联合会诉江苏江阴港集装箱有限公司环境污染侵权纠纷案立案审理,标志着我国首例由环保社团作为共同原告的环境公益民事诉讼全面启动。为推动和规范环境公益诉讼,各地法院在探索公益诉讼进程中出台了不少文件。2007年贵阳清镇法院成立首个环保法庭时,贵阳中院就以文件的形式明确环境公益案件由清镇法院环保法庭管辖;2008年无锡市中级人民法院和市人民检察院联合颁布了《关于办理民事公益诉讼案件的试行规定》;同年11月,昆明环保局、公安局、市检察院、中级人民法院等联合出台《关于建立环境保护执法协调机制的实施意见》,将提起环境公益诉讼的主体规定为检察机关、环保部门和有关社会团体;2009年5月,云南省高院通过纪要的形式进一步明确了环境公益诉讼的相关事项。至2012年,修正后的《民事诉讼法》第55条新设了污染环境民事公益诉讼制度,首次以法律的形式规定符合法律规定的机关和组织可以提起环境民事公益诉讼。2014年修订的《环境保护法》第58条进一步明确了可以提起环境民事公益诉讼的社会组织的原告条件;同年12月,最高人民法院、民政部和环境保护部联合发布了《关于贯彻实施环境民事公益诉讼制度的通知》,对受理和审理社会组织提起的环境民事公益诉讼提出了要求;2015年1月,最高人民法院公布《关于审理环境民事公益诉讼案件适用法律若干问题的解释》,进一步细化提起环境民事公益诉讼的主体资格和起诉条件,并在福建、贵州、云南、江苏、海南5个高院和部分中院和基层法院大力推进了环境民事公益诉讼审判工作。2015年5月15日,民间环保组织自然之友和福建绿家园提起的新《环境保护法》实施后,首例民间环境公益诉讼在福建南平开庭,标志着我国以环境公益诉讼推动生态文明建设进入新的历史阶段。此外,各地司法机关积极能动司法,对环境司法做了大胆创新,推动环境公益诉讼取得重大进展并得到立法认可,探索了"三合一"的专业化审判机制、

"145"集中管辖模式、环境专门司法三段法等改革举措,① 把环境司法改革推向高潮并成为环境法治实施体系建设的重要内容。

从以上分析可以看出,虽然我国环境执法和司法不断改进,但前文的相关数据也表明,我国生态环境并没有随着环境法治实施体系的完善而明显改善,生态环境恶化的趋势总体没有得到控制甚至不降反增。

三 中国的环境法治监督体系建设现状

法治的实施需要严密的法治监督体系,环境法治同样需要通过构建监督体系来督促环境法律规范的实施。根据我国法律规定和法治监督实践,从广义的角度来看,环境法治的监督体系可以包括国家机关的监督和非国家机关的监督。

(一)中国环境法治的国家机关监督

从狭义上看,环境法治监督体系仅指国家机关的监督,主要包括国家权力机关的监督、行政机关的监督和司法机关的监督。环境法治的权力机关监督,也称环境法治的立法监督,是指作为国家权力机关的人民代表大会根据宪法和法律规定对环境法律规范制定和实施的监督。近年来,我国权力机关既通过听取审议政府工作报告、法院检察院工作报告和专项工作报告,审查批准相关预决算及其执行情况的报告,罢免相关领导以及询问和质询等形式加强了对环境法治的监督,也专门通过对环境法律法规实施情况检查、规范性文件审查备案以及环境问题专项调查等形式突出了环境法治监督。特别是全国人大和一些地方人大牵头开展了专项环保行动,如

---

① "三合一"是指创造性地将刑事、民事和行政环境案件集中给同一个业务庭审理。典型做法是江苏法院打破民事、刑事和行政案件的审判壁垒,将资源类的非法捕捞水产品等 16 种案由的刑事案件、养殖权纠纷等 5 种案由的民事案件、土地行政管理等 9 种案由的行政案件,以及环境类的污染环境罪等 15 种案由的刑事案件、环境污染责任纠纷等 10 种案由的民事案件、环境行政处罚等 6 种案由的环境行政案件集中由统一的业务庭审理。"145"集中管辖模式是贵州法院在全国首创,即根据十八届三中全会关于司法管辖和行政区划适度分离的精神,结合生态功能区相关规划,将全省法院划定为 5 个生态环境司法保护板块,并将涉及生态环境和生活环境保护而产生的一、二审刑事、民事、行政和相关执行案件 4 类生态环保案件统一集中管辖。环境专门司法三段法是重庆市渝北区法院的典型做法,即在立案审查阶段探索适用诉前协调机制;审理阶段探索专家参与机制和类型化处理机制,制定规范性文件,建立专家陪审、专家咨询和专家走访制度;案件审结后,通过案件回访机制、恢复性司法机制和司法倡议机制,延伸环境司法服务功能。详见 2015 年环保部与中国法学会等联合召开的"生态环境法治保障研讨会"资料——《生态环境法治保障最佳事例集》的相关内容。

全国人大环资委自 1993 年起坚持 20 余年牵头开展了中华环保行活动，江西省人大环资委自 1995 年起坚持 20 余年开展了环保赣江行专项活动，打造了人大监督、舆论监督和群众监督等多种监督形式的有机结合监督保护生态环境的品牌。[1] 环境法治的行政机关监督，也称环境法治的行政监督，是指国家行政机关对环境法治的监督，包括一般行政监督、专门行政监督和行政复议、行政监管等。[2] 近年来，我国各级行政机关通过上下隶属关系形成了对环境法治的一般行政监督；而专门行政监督除了体现在行政监察机关和审计机关的通常性行政监督外，更重要的是国家通过法律的形式明确了环保部门对相关机关的环境执法监督的主体地位，强化了环保部门对其他部门的环境执法事项的监督，特别是 2015 年 4 月国务院发布的《水污染防治行动计划》提出建立国家环境监察专员制度，对于强化环保部门的专门化环境法治监督具有重要意义。行政复议方面，我国强化了对相关机关作出具体环境行政行为的审查和做出决定的监督，以推进环境行政的法治建设；而行政监管方面，国家通过环境监管体制机制的改革和监督手段的创新，一方面加强了环保部门对行政相对人遵纪守法、执行环境行政命令和决定情况的监管，[3] 另一方面引入约谈制等方式做好了事前的监管。环境法治的司法机关监督，包括检察机关的监督和审判机关的监督。在环境诉讼中，我国检察机关加大了环境犯罪的打击力度，有的地方还成立"环境保护特别检察组"或其他专门环境检察机构，构建环境犯罪案件"捕诉防"一体化专业办理模式，一手用"铁腕"惩处环境犯罪，一手积极开展环境污染防范；[4] 有的检察机关还建立了跨区域的环保

---

[1] 中华环保行活动由全国人大环资委会同中宣部、财政部、国土资源部、水利部、农业部、环保部、国家广电总局、国家林业局、国家海洋局、全国总工会、共青团中央、全国妇联、中国科协等 14 个部门共同组织，由《人民日报》、新华社、中央电视台、《中国绿色时报》等 28 家中央和行业新闻媒体共同参加推动了一大批环境资源问题的解决。包括江西在内的各地也结合地方特色开展了环保世纪行活动，成为中华环保世纪行的重要组成部分，在环境法治监督中发挥着越来越重要的作用。

[2] 孙笑侠：《法理学》，清华大学出版社 2008 年版，第 150 页。

[3] 如珠海建立市监控、区负责、镇执行、村监督四级环保监督机制，详见 2015 年环保部与中国法学会等联合召开的"生态环境法治保障研讨会"资料——《生态环境法治保障最佳事例集》的相关内容。

[4] 详见 2015 年环保部与中国法学会等联合召开的"生态环境法治保障研讨会"资料——《生态环境法治保障最佳事例集》，第 217 页。

检察工作机制;① 有的检察机关还探索出"4321"工作模式,形成了管护有制、打击有力、修复有径、预防有效的"绿色检察"工作体系。② 正如前文所述,人民法院也通过设立专门环境法庭或合议庭,推进环境审判改革,并通过两审终审等内部的审级制度来加强环境法治监督。除此之外,我国很多检察机关还直接作为原告或者支持其他机构特别是社会组织作为原告向人民法院提起环境公益诉讼,与人民法院共同创新了环境法治的司法监督。在对环境执法的监督中,检察机关加强了对行政执法机关行政强制、行政处罚等活动的检察监督,通过行政执法与刑事司法联系会制度,畅通信息渠道、督促行政执法部门依法规范履职。③ 此外,还通过直接提起或支持其他机关和社会组织提起环境行政公益诉讼,与人民法院共同加强了对环境执法的监督。

(二) 环境法治的非国家机关监督

非国家机关的环境法治监督也称社会监督,主要包括政党监督、社会组织的监督、人民群众的监督以及新闻舆论的监督等。环境法治的政党监督主要体现在作为执政党的中国共产党在环境法治建设监督中的领导地位以及其他各民主党派通过多种途径特别是政治协商会议对环境法治发挥的监督作用。近年来,我国政党特别是中国共产党更加重视对环境法治的领导和监督,党的十七大期间,提出了建设生态文明的主张并把生态文明建设提高到中国特色社会主义事业"五位一体"总体布局的高度;党的十八以来,出台了《关于全面推进依法治国若干重大问题的决定》《关于全面深化改革若干重大问题的决定》《关于加快推进生态文明建设的意见》等系列文件及相关配套党内法规,加强了对生态文明建设与环境法治的领导和监督。环境法治的社会组织监督日益活跃。截至 2011 年年底,我国登记的民间组织约有 45.7 万个,未登记的"草根"民间组织更多,有专家统计过约为 200 万个以上,④ 都可以依法对环境法治进行监督,并为环境法治建设作出了贡献。环保 NGO 作为致力于保护生态环境的专门性社

---

① 详见 2015 年环保部与中国法学会等联合召开的"生态环境法治保障研讨会"资料——《生态环境法治保障最佳事例集》,第 251—253 页。
② 详见同上,第 283—287 页。
③ 详见同上,第 244—245 页。
④ 参见葛道顺《中国社会组织发展:从社会主体到国家意识——公民社会组织发展及其对意识形态构建的影响》,《江苏社会科学》2011 年第 3 期。

会组织,近年来开展了"26度空调节能行动""低碳出行系列活动""对国家'十一五'环保规范意见和建议征集活动"等有影响的大型环保活动,①逐渐介入公共事务和政府决策的环境监督,大力推动了环境保护的公众参与,对环境法治建设的监督作用日益凸显。2009年中华环保联合会诉江苏江阴港集装箱有限公司环境污染侵权纠纷案,作为首例环保NGO提起的公益诉讼获得立案以来,环保社会组织提起和支持提起公益诉讼的案例日益增多,推动国家在2012年和2014年分别修改《民事诉讼法》和《环境保护法》,确认和细化了环保NGO在公益诉讼中的原告地位,为环保社会组织主要以法律手段特别是通过环境公益诉讼加强环境法治监督提供了法律支撑。另外,随着第三方评估和第三方治理②在环境治理中的推广运用,各类社会组织通过参与评估和治理,对环境法治的监督作用将发挥更大作用。公众监督和新闻舆论监督的作用不断凸显,环境法治日益成为公众和新闻舆论监督的重要领域。2014年修订的《环境保护法》不仅以法律的形式宣告了公民对环境保护的监督权利,而且专设第五章规定环境信息公开与公众参与,对于进一步保障与发挥公众和新闻舆论对环境法治的监督作用具有重要意义。同时,各级人民政府及其职能部门特别是环保部门主动接受公众和新闻媒体监督的意识加强,通过开设12369环保举报热线和环境污染举报微信平台、设立环保局长接待日等形式,更好地调动了公众与媒体对环境法治的监督,收到较好的效果。③

从以上分析可以看出,虽然我国环境法治监督体系庞大,但前文的相

---

① "26度空调节能行动"是2004年6月"北京地球村"、中国国际民间组织合作促进会等6家民间环保组织共同发起的活动,它们向社会倡议在夏季用电高峰期间空调温度设置不低于摄氏26度,得到了社会的广泛响应和纷纷参与。2005—2006年,该活动得以延续并有更多的环保组织参与倡议和更多的媒体参与支持;2007年6月,该倡议还写入了国务院办公厅下发的《关于严格执行公共建筑空调温度控制标准的通知》。详见周青《近年来中国民间环保组织的活动特点》,《环境教育》2011年第2期。

② 2014年12月,国务院办公厅颁布了《关于推行环境污染第三方治理的意见》,专门对推行环境污染第三方治理的总体要求、公用设施投资运营市场化、第三方治理机制与市场以及相应的政策引导与支持等方面作出了具体规定。

③ 如2014年环保部12369举报热线受理群众举报1463件并全部办结,结案率为100%,详见《环境保护部公布2014年12369环保热线举报案件处理情况,解决一批影响群众健康的环境问题》,《中国环境报》2015年5月20日第1版以及《2014年中国人权事业的进展》,《人民日报》2015年6月9日第10版;又如环保部一直通过新闻媒体公布大气污染防治督查情况,并面向社会公开通报典型环境违法案件,2016年4月已通报了1—2月的大气污染防治督查情况,详见《中国环境报》2016年4月8日第1—2版。

关数据还表明，我国生态环境并没有随着环境法治监督体系的完善而明显改善，生态环境恶化的趋势总体没有得到控制甚至不降反增。

四 中国的环境法治保障体系建设现状

法治建设离不开有力的保障体系，环境法治的运行也需要相应的保障条件。法治保障系统是一个结构完整、机制健全、资源充分、富于成效的保障要素系统，主要包括政治保障、制度保障、组织和人才保障以及文化保障等方面。[①] 环境法治的保障条件虽然很多，但政治保障和制度保障主要是宏观层面的内容，我国对此一直非常重视并已围绕生态文明建设确立了坚实的政治保障，并正日益加强相关的制度保障，前文在梳理我国环境法律规范体系建设中已有充分体现。而组织保障、人才保障和文化保障在环境法治保障条件中主要体现在环境法治机构、环境法治队伍和设施、环境法治文化等方面，是一个国家环境法治保障体系中更为微观和具体的方面，以下对此做一简要梳理。

（一）中国的环境法治机构建设

环境法治机构包括环境法治的立法机构、执法机构、司法机构、监督机构和学术研究机构等。环境法治的立法机构、监督机构和学术研究机构的建设近年来都得到了重大发展，但由于环境执法和司法是环境法治的关键环节，且我国环境执法机构和司法机构在近年来经历了从无到有、从有到强的发展过程，以下重点介绍我国环境执法和司法机构建设取得的成就。从环境执法机构建设来看，我国重点加强了环境行政机构建设，推动环保部门不断升格。国务院于1974年10月成立环境保护领导小组，成员包括水利、卫生、农业、工业、交通、计划等部门的领导，下设办公室处理环境保护的日常事务；1982年设立城乡建设环境保护部，其下辖的环境保护局作为环保主管机关；1984年5月，国务院成立环境保护委员会，办事机构设在城乡建设环境保护部；同年12月，环境保护委员会办事机构改设在环境保护局，国家环境保护局因此具有相对独立性；1988年4月，国家环境保护局独立，成为国务院的直属局；1998年3月，国务院环境保护委员会撤销，其职能归口升格后的国家环境保护总局（正部级）；2008年，国家环境保护总局再次升格为环境保护部。在中央环保部

[①] 详见付子堂《形成有力的法治保障体系》，《求是》2015年第8期。

门升格的进程中,各级地方政府也不断加强了环保部门的建设。从环境法司法机构建设来看,原来环境纠纷一直由普通法庭审理。2007年,贵州省清镇市人民法院成立了全国第一家生态保护法庭,管辖环境纠纷案件。随后,江苏、云南等地也纷纷成立了专门的环保法庭或环保合议庭或环保巡回法庭;2014年6月,最高人民法院成立环境资源审判庭并发布了《关于全面加强环境资源审判工作为推进生态文明建设提供有力司法保障的意见》,规定各地中高级法院都要设立环境资源专门审判机构或合议庭,案件较多的基层法院也可以设立环境资源专门审判机构,[①]把环境法庭的设置推向了高潮。截至2015年3月,我国共成立382个环保法庭或合议庭。[②] 2015年5月,最高人民法院还成立了环境资源司法研究中心,进一步加强了环境司法的研究机构建设。同时,检察机关也加强了环境检察机构建设,设立"环境保护特别检察组"或其他专门环境检察机构。[③]

(二) 中国的环境法治队伍和设施建设

队伍和设施是环境法治有效运行的基本支撑条件。环境法律规范最终要通过人的适用而转化为现实生活的环境行为和秩序,同时,由于环境问题的技术很强,人在适用相关环境法律规范时对技术和设施设备的依赖也很高。因而,环境法治队伍和设施建设是环境法治的重要保障条件。从法治的运行环节来看,环境法治队伍可以包括环境立法队伍、环境执法队伍、环境司法队伍甚至环境法治监督和研究队伍等。近几十年来,我国环境法治队伍建设主要体现在环保人才队伍建设方面,1981年年底环保系统人才资源只有2.25万人,而至2012年年底已达21.6万人;且高学历层次和高职称人员增长迅速,现有大专及以上学历人员超过80%,大学本科及以上学历人员超过50%,高、中、初级职称比例为18∶37∶43。[④]环保执法队伍建设特别是市县环境监察执法队伍建设不断加强,近年来一

---

① 详见最高人民法院《关于全面加强环境资源审判工作为推进生态文明建设提供有力司法保障的意见》。

② 数据来源于最高人民法院院长周强于2015年3月在博鳌亚洲论坛环境司法分论坛金砖国家大法官对话重典治污时的发言,详见《用司法力量保护绿色家园》,《中国环境报》2015年4月1日第8版。

③ 详见2015年环保部与中国法学会等联合召开的"生态环境法治保障研讨会"资料——《生态环境法治保障最佳事例集》,第217页。

④ 参见蒋洪强、卢亚灵、杨勇《新形势下生态环保人才队伍建设路径探讨》,《环境保护》2014年第11期。

直在组织环境监督员、监察干部等环保队伍的培训,并要求 2017 年年底前完成全部环境监察执法人员的业务培训和职业操守教育,建立符合职业特点的环境监管执法队伍管理制度。① 2015 年 4 月,环保部还出台了《环境执法人员行为规范》,对各类环境执法人员的行为提出要求。另外,不少公安部门也加强了环境执法队伍的建设,建立了环境安全保卫专职队伍。② 在环境司法方面,我国在组建环境审判和检察专门机构的过程中,也加大力度选派懂法律和环境知识的复合型人才充实到环境审判和检察队伍,并通过各种途径提高环境审判和检察人员的专业素养和司法能力。另外,近年来,我国涌现了一批环境律师和环保人员志愿从事环境诉讼等公益活动,环境法学的教学和研究人员的数量也迅速增长,并有一批环境法学者被聘为环境法治实务部门的咨询专家,各级法学会和律师协会也设立了环境与资源法学或法律委员会,加强了对环境法学研究和实务人员的管理和培训。另外,我国对环境保护的投入也逐年攀升,1999 年环保投入总额占全国 GDP 比例首次突破 1%;"十一五"期间,国家环境保护投资总额为 21623.1 亿元,占全国 GDP 的 1.4%。③ 近年来,我国每年的环保投入约为 1 万亿元,"大气十条""水十条"和"土十条"颁布后,预计"十三五"期间环境保护投入将上升到每年 2 万亿元左右。④ 而环保的投入中,有不少部分直接或间接与环境执法设施建设有关。⑤

(三) 中国的环境法治文化建设

"中国特色法治文化是全面推进依法治国的丰厚文化保障。"⑥ 习近平总书记也指出:"只有内心尊崇法治,才能行为遵守法律。只有铭刻在人

---

① 详见国务院办公厅《关于加强环境监管执法的通知》。
② 如河北省公安厅组建省、市、县三级环境安全保卫专职队伍。详见 2015 年环保部与中国法学会等联合召开的"生态环境法治保障研讨会"资料——《生态环境法治保障最佳事例集》,第 119—122 页。另外,山东、湖北、浙江、重庆和广东等地也试点建立了相应的环保公安队伍,详见邢捷《现代环境警察制度研究》,博士学位论文,武汉大学,2015 年,第 73—75 页。
③ 详见石磊、谭雪《环保投入需要有力财政制度保障》,《中国环境报》2013 年 8 月 15 日第 2 版。
④ 数据来源于环保部环境规划院副院长吴舜泽在 2015 年 5 月 5—7 日召开的第十六届中国环博会高峰论坛上的发言。
⑤ 据环保部官方网站信息,湖北省 2007—2010 年共拿出 2 亿元用于环保执法装备,详见 http://hjj.mep.gov.cn/dwgl/201407/t20140731_285886.htm。
⑥ 付子堂:《形成有力的法治保障体系》,《求是》2015 年第 8 期。

们内心中的法治，才是真正牢不可破的法治。"① 环境法治也离不开文化特别是生态文化的支撑和保障。而生态文化作为环境法治的重要支撑，可以体现在环境法治的国家、社会和公民个人三个层面。在国家层面，环境法治文化主要体现在环境立法、执法、司法等法治运行关键环节的理念和精神指导方面。在立法理念方面，经历经济发展优先、环境保护与经济发展相协调等发展阶段后，受近年来可持续发展理念和生态文明理念的强大影响，2014年修订的《环境保护法》确立了经济发展与环境保护相协调的立法理念，推动我国环境立法理念朝着生态优先和生态文明的价值取向发展。与之同步的是，环境执法和司法的理念也逐渐从经济发展优先、经济发展与环境保护同等重要转向经济发展要与环境保护相协调甚至是生态优先。在社会和公民个人层面，随着生态文明建设的提出和推进，随着国家大力开展的生态文化建设，特别是随着世界地球日、世界森林日、世界环境日、世界水日、世界海洋日和全国节能宣传周等主题宣传活动的开展，公民和全社会的环境法治意识日渐增强，环境权利和环境保护观念不断觉醒，环境法治文化氛围日益浓厚。

通过以上对环境法治体系建设的现状分析可以看出，近年来我国环境法治自身建设取得了较大成绩，已初步形成与生态文明建设基本相适应的环境法治体系。但近年来环境群体性事件和突发环境事件不减反增，生态环境日益破坏严重的趋势仍然没有得到有效控制，与环境法治迅速发展形成了鲜明反差。西方国家的理论与实践早已证明，法治对于生态环境的保护具有核心动力作用。虽然生态环境恶化的因素很多很复杂，但环境法治未能遏制生态环境恶化特别是未能有效控制这种恶化趋势，至少说明我国现阶段的环境法治还没有发挥应有的作用，存在部分甚至大部分失灵的问题。那么，为何会出现环境法治失灵，从环境法治自身来看主要存在哪些原因呢？

第二节 中国环境法治失灵的自身原因分析

通过调研、观察和分析前文所述的典型环境群体性事件，从引发的原

---

① 中共中央文献研究室：《习近平关于全面依法治国论述摘编》，中央文献出版社2015年版，第121页。

因来看，早期主要是发生重大污染并造成民众较大损害，而后期则发展为相关项目尚未实施但可能造成重大环境污染或可能对人体健康存在潜在威胁；从发生的时段来看，早期事件爆发的时间是利益直接受损时段，而后期则提前至利益可能受损甚至利益是否受损不确定的时段；从发生规模来看，环境维权的组织化程度越来越高，酝酿时间越来越长，参与人数越来越多，对抗性越来越强；从民众与政府和企业的关系来看，民众对政府和企业表现出越来越不信任，不仅不信任政府和企业的行为，而且不信任政府制定的政策甚至是相关法规规章和国家的法律。典型环境群体性事件不断频发并呈现上述特点，其原因固然有很多，但从环境法治失灵自身的视角反思，其与环境法治观念、环境法律制度和环境法治运行等层面中存在的问题紧密相关。

一 观念层面：生态主义价值理念尚未统领环境法治

经济主义与生态主义一直是哲学特别是环境哲学有关价值理念争论的焦点。经济主义认为人的一切行为都可归咎于经济行为，对社会而言经济增长是唯一的公共利益；但生态主义认为，经济发展要在生态系统的承载限度内，市场规律要服从于生态规律，因而人的活动和政策制度要服从市场规律，更要服从生态规律。前述典型环境群体性事件的引发，可归咎于地方政府在经济主义思想的指导下，为追求 GDP 发展而建设重大项目，发生重大污染造成民众较大损失或可能造成重大污染或对人体健康存在潜在威胁。地方政府的这种执政理念也严重影响了环境法治的观念，影响了环境法治机关在立法、执法和司法中的理念，以致环境法治不能对环境群体性事件发挥防范和有效处理的作用；而广大利益相关者的权利意识特别是环境权利意识日益增强，二者之间的冲突达到一定程度就容易引爆环境群体性事件。

（一）从环境立法方面看，生态主义理念还未完全支配环境立法思想

2014 年修订《环境保护法》之前，我国环境立法的理念有的以经济利益为先，强调资源的开发利用；有的虽然强调环境保护与经济发展相协调，但制定的环境法律规范往往淡化了法律责任或者法律责任过轻导致违法成本低于守法成本，这表明立法协调的结果往往是经济优先，环境保护往往要让步于经济发展。即使 2014 年修订的《环境保护法》确立了生态文明理念和生态优先的环境立法理念，强调经济发展要与环境保护相协

调,突出了二者协调的结果应是经济发展让步于环境保护;但该法仍由全国人大常委会通过,与其他专门环境法律处于同一层次,在法的效力位阶上没有高于其他专门环境法律,无法体现环境基本法的地位,因而该法确立的生态主义理念难以统领整个环境立法。同时,由于我国区域发展不平衡,各地特别是欠发达地区基于经济发展压力,难以在地方环境立法中真正贯彻生态优先的理念,以致在数量上占多数的地方环境立法之间以及地方环境立法与中央环境立法之间不可避免地存在难以协调的冲突。2015年修改的《立法法》授予设区市具有包括环境保护等事项的地方立法权后,地方环境立法之间以及地方与中央环境立法之间的冲突与协调问题将显得更加突出,更加需要在立法理念和价值取向上加强协调。

(二)从环境执法和司法方面看,经济主义思想的余威一时难以根除

作为环境执法主体的行政部门甚至是环境保护主管部门,受地方政府追求 GDP 的影响以及受地方政府在人财物等方面的各种约束,在环境执法中很容易形成向经济发展妥协的观念,甚至存在为经济发展"保驾护航"的观念,不惜充当环境污染和生态破坏的"保护伞"。作为环境司法主体的人民法院与人民检察院,虽不是政府行政部门的组成部分,但却常常被迫屈从地方政府甚至是其职能部门,往往以发挥司法能动作用为依据或寻找其他理由,在经济主义思想的指导下积极服务地方经济社会发展,这其中难免有包庇追求经济发展的环境污染与生态破坏行为。2015 年 1 月 1 日新《环境保护法》正式实施,但 1—2 月全国按日计罚案件仅 26 件,省均不到 1 件,① 即使是 3—4 月达 134 件,增长 415%,但省均也不足 5 件,且主要集中在河南、江苏、内蒙古、辽宁、河北、陕西,② 还有很多省份没有 1 件;环境公益诉讼也没有像人们想象的那样大量增加,前三个月全国只有 2 个环保组织提起的 4 起案件受理,③ 地方政府不执法、地方法院不立案现象较为普遍,④ 这也一定程度反映环境执法和司法的传统观念一时难以改变,经济主义思想在环境执法与司法中影响仍然根深

---

① 参见编者《环境法治,任重道远》,《世界环境》2015 年第 3 期卷首语。
② 2015 年 1—4 月按日连续处罚案件河南为 26 件、江苏为 24 件、内蒙古为 18 件、河北为 8 件、陕西为 5 件,共计达 81 件,而全国为 160 件,五省案件超过全国一半。参见王昆婷《环境保护部通报新环保法及配套办法执行情况》,《中国环境报》2015 年 6 月 16 日第 1 版。
③ 参见编者《环境法治,任重道远》,《世界环境》2015 年第 3 期卷首语。
④ 参见常纪文《新环保法遭遇实施难题》,《经济参考报》2015 年 4 月 8 日第 6 版。

蒂固。

（三）从环境守法方面来看，全民特别是企业的环境保护意识有待提高

守法状况是衡量环境法治的重要标准，环境法治的形成离不开企业和公民的自觉守法，而环境守法观念主要体现在环境保护意识方面。但作为守法主体的企业甚至公民都是"经济人"，追求经济利益最大化是其本能反应。[①] 作为推动经济发展主力军的企业，其性质决定其必然为追求经济效益而不惜牺牲生态环境，往往成为环境污染和生态破坏的主体，其环境守法和环境保护意识的提高更需要伴随生态文明的发展以及经济结构的调整与优化。作为环境守法主体的公民，虽然在环境群体性事件中反映其环境权利意识不断增强，但其环境权利意识觉醒的条件是其所在地的直接环境利益受到侵犯或存在重大侵犯危险，往往是基于自身的利益或安全受损才表现出一种强烈的环境保护意识，但对其他地方发生的与自己利益或安全不相关或不紧密相关的环境问题却往往淡泊漠然，参与不足。此外，在日常生活和生产中，他们也是生活污染甚至是生态破坏的主要实施者。

综上所述，我国环境立法、执法、司法和守法的观念均与环境法治的要求有较大差距，且其内部不同主体之间的观念差异较大，冲突明显。同时，环境立法、执法、司法和守法之间的观念也发展不平衡，生态优先的观念在相关环境立法中体现更多，但要在环境执法和司法中得到完全贯彻仍需努力；国家在环境立法、执法与司法中的价值取向日益朝着生态文明建设的方向努力，而企业和公民的环境守法观念还需要在全社会大力培养，通过建设生态文化为环境法治提供有力支撑。

二 制度层面：环境法律制度的认同度和权威性不高

我国环境法律规范体系日趋完善，在法律体系中的地位日益突出、门类日益齐全、层次日益分明，其构建的制度不断完善，但如此完善的环境法律制度为何却无法防范和处理环境群体性事件？为何广大民众在发生环境污染或可能发生环境污染时不寻求环境法律制度的保护却诉诸其他途

---

① "经济人"是经济学的一个基本假设，认为人是在理性指引下追求自利和利益的最大化。以美国经济学贝克尔为代表的经济学帝国主义认为，经济学已取代以往的哲学地位，可以解释人类所有的行为。因而，可以从经济人视角分析环境守法主体的观念并解释其行为。

径？正如有学者指出，构成我国环境法律制度的规模宏大的环境法律规范"看上去面面俱到、很完善也很广泛，但真正面对具体问题时，我们却很难从中找到解决具体问题的条文"①。这一对我国环境法律制度的批评比较尖锐，但结合环境群体性事件的发生来看，我国现行环境法律制度确实存在以下突出问题。

（一）环境法律制度的权威性不足，认同度不高

虽然完善制度体系仍是加快推进生态文明建设的重要内容，但正如前文所述，我国已建立了比较完善的环境法律规范体系和制度体系，如果现有法律法规全部落实到位，主要污染物也可以减少70％。②那么，为什么现有制度不能落实到位，这至少可以查找出环境法律制度的两个问题：权威性不足和认同度不高。事实上，由于经济主义与生态主义的观念冲突，不少企业甚至是地方政府都为追求经济发展而不愿意严格执行环境法律制度，严重影响了环境法律制度的权威性。特别是一些环境法律制度对法律责任的规定过轻，导致企业因违反相应环境法律制度而承担的代价要远远低于治理污染的成本，以致实践中不少企业从未考虑过污染治理而甘愿承担违法责任。即使是被称为史上最严的新《环境保护法》，大幅提高违法处罚金额并规定了按日计罚的处罚方式，但由于环保部门的执行力度不够，能够查获的违法企业有限，很多企业仍难以认同相关环境法律制度，以致不惜冒险违法并设法逃避相应的法律惩罚。正如著名法学家伯尔曼所言："法律必须被信仰，否则它将形同虚设。"③法律制度的实施，国家强制力是其重要保障，但环境法律制度如果不能树立权威，不能获得相关主体的内心认同、信任甚至转化为信仰，就难以真正将法律制度设置的权利义务转变为环境实践中的相关主体行为。

（二）环境法律制度操作性较差，地方"土政策"较多

我国现行环境法律制度虽初具规模，但相关法律规定过于模糊，法律规定存在重复或冲突现象，法律制度设置较为凌乱且不科学，特别是在宏观上存在企业环境责任方面的制度严重缺失、企业环境信息公开制度的严

---

① 汪劲：《中国环境法治三十年：回顾与反思》，《中国地质大学学报》（社会科学版）2009年第5期。

② 参见孙佑海《如何使环境法治真正管用？——环境法治40年回顾和建议》，《环境保护》2013年第14期。

③ ［美］伯尔曼：《法律与宗教》，梁治平译，中国政法大学出版社2003年版，第1页。

重不足、以环境经济政策手段为代表的间接规制类制度的困乏、政府环境责任缺乏机制保障、环境法律制度与其他法律制度衔接不够五大突出问题,①严重影响了环境法律制度的操作性。同时,从制度文化层面来看,法律的制度文化有显性与隐性之分,因而环境法律制度也有显性与隐性即正式环境法律制度和非正式环境法律制度之分。以国家名义颁布的我国现行环境法律规范构成的正式制度虽以国家强制力保障推行,但由于其对权利义务的设置难以获得相关主体的认同且存在有关主体基于利益联盟而形成合谋的现象,不少正式环境法律规范在实践中操作性较差或者难以得到实施。而非正式环境法律制度的构成非常复杂,相关环境利益主体基于"生存性智慧"②而更多选择非正式环境法律制度作为自己的环境行为指南,各地甚至自行制定相应"土政策"来抵制环境法律制度的落实,③导致国家以立法构建的环境法律制度难以在现实中得到有效实施。

"法律的权威源自人民的内心拥护和真诚信仰。"④正是由于环境法律制度的权威性不足,导致政府和企业为追求经济利益最大化,而不顾国家已有环境法律制度的管制和约束,甘愿承担违法的代价,甚至在地方政府"土政策"的保护和纵容下明目张胆地抵制或违反环境法律制度。正是基于上述认识,民众认为环境法律制度难以操作,并从内心难以认同现有环境法律制度,在发生环境侵害或侵害危险时,不会选择法律途径而是通过群体性事件的形式采取自力救济。

---

① 参见王树义等《环境法前沿问题研究》,元照出版有限公司2012年版,第467—476页。
② "生存性智慧"是邓正来先生为推进"中国模式"领域的深入研究而专门建构的一个概念。在经济发展方面,生存性智慧以促进本地经济发展为责任伦理目标,以血缘、地缘、业缘关系圈等为网络建构以自己为中心的"关系共同体",并以此为基础为各种"策略性行动"在经济交往中开展"熟人交易",在政治交往中获得相对可靠的政治庇护人和利用发展主义政绩体系等获得意识形态支持,进而形成以本单位为界限的"内方外圆"的经济政治利益共同体。本书引用此概念旨在说明相关环境利益主体也会以血缘、地缘和业缘等网络关系来构建有利自己的非正式环境法律制度或地方"土政策",而不遵守国家环境法律制度。详见邓正来《"生存性智慧"与中国发展研究论纲》,《中国农业大学学报》(社会科学版)2010年第4期。
③ 国务院办公厅《关于加强环境监管执法的通知》部署了清理阻碍环境监管执法的"土政策"工作,各地也随后开展了全面清理工作,仅江西2015年2—5月底就排查阻碍环境监管执法"土政策"95件(参见《全省环境质量总体良好》,《江西日报》2015年6月5日A2版),从中可以反映我国地方存在大量的环保"土政策"。
④ 本书编写组:《〈中共中央关于全面推进依法治国若干重大问题的决定〉辅导读本》,人民出版社2014年版,第26页。

三 运行层面：环境法治运行的体制机制不畅

环境法治运行是环境法治观念与制度的具体运行，是在一定环境法治观念指导下的环境法治制度的确立和落实过程，一般认为包括环境立法、执法、司法、守法和法治监督等环节。前文所述诸多典型环境群体性事件的发生，不仅表明环境法治观念和制度层面存在前述问题，也反映环境法治运行各环节的体制机制问题及其相互衔接的问题，特别是公众参与环境法治各环节机制不畅，很大程度上影响了公众对环境法律制度的认可和对环境法治的信任，以致发生环境侵害事件或存在环境侵害危险时，公众不通过法律途径而采取群体聚集甚至不合法的群体暴力对抗方式来救济自己的合法权益。

（一）环境法治运行各环节的体制机制不顺

从环境立法上看，现行立法体制机制是政府主导立法而人大立法地位不突出。从法律法规的数量上来看，占绝大多数的环境行政法规、部门规章和政府规章的立法主体是政府主导无可厚非，即使是依法应由全国人大常委会主导立法的专项环境法律，事实上也是由相关部委先行起草报经国务院常务会议通过后提交全国人大常委会表决，全国人大常委会在这些法律制定中的主导地位实际上被架空。[①] 以政府为主导的环境立法，其本意是更好地授权政府去监管企业等环境污染和生态破坏者，但政府基于优先发展经济的考虑很可能会（事实上也会）与排污企业合谋而制定违法代价很低的法律法规，或者一时基于舆论和民众对污染行为的极端愤慨而制定最为严厉的法律制度，以致排污企业甘愿承担较低的违法代价或冒险违法以逃避高额的税费等成本。同时，政府各部门构成的行政立法主体之间本身存在较大的利益与权力博弈，致使在立法中由于缺少合作与信任而制定相互冲突矛盾的环境法律规范。从环境执法上看，现行执法体制机制将环境执法权赋予多个相关政府职能部门，它们基于各自利益与权力的考

---

① 党的十八届四中全会通过的《关于全面推进依法治国若干重大问题的决定》就完善立法体制部分的意见提出"健全有立法权的人大主导立法工作的体制机制，发挥人大及其常委会在立法工作中的主导作用。建立由全国人大相关专门委员会、全国人大常委会法制工作委员会组织有关部门参与起草综合性、全局性、基础性等重要法律草案制度"，这从另一角度也表明我国人大在实践中的立法主导地位被架空，因而需要改革和加强。参见本书编写组《〈中共中央关于全面推进依法治国若干重大问题的决定〉辅导读本》，人民出版社2014年版，第10页。

量,不可避免出现协同合作缺失和选择性执法,导致多头执法和推诿执法等现象,甚至基于权力寻租或利益联盟而怠于执法甚至充当"保护伞",出现"九龙治水、治不了水"等怪象,且这种怪象在跨行政区划的环境执法中体现得更加明显;即使是2010年以来我国建立的大气污染防治联防联控制度逐渐步入跨区域合作的新阶段,但这种合作尚缺乏有效的制度安排和政策体系支撑,往往难以常规化和长效化。另外,现行执法体制机制下,环保部门的人、财、物受制于人,执法中容易受到各种干扰,再加上自身执法能力较弱、执法的技术保障不足、执法权威性不够,也在很大程度上影响了环境执法的效果。从环境司法上看,除了存在司法独立性和公信力不足等现行司法体制中的普遍性问题外,环境司法的专门机构和队伍建设也还不足,很多地方甚至是一些环境资源纠纷较多的地方还未成立环境司法专门机构和专门队伍,即使是现在已经成立的382个环境司法专门机构也大多流于形式,未能真正发挥环境司法的作用。① 另外,新《环境保护法》虽然放宽了环境公益诉讼的原告条件,但环境公益诉讼仍集中在传统省份且没有呈现剧增趋势,② 这在一定程度上也反映出我国环境司法的体制机制问题阻碍了环境公益诉讼在全国的全面推广。

(二) 环境法治运行各环节相互之间衔接不畅

环境法治的运行是一个完整的系统,缺少任何一个环节都难以取得良好的环境法治绩效。环境立法需要执法、司法和守法的贯彻落实,环境法律监督可以保障环境法律法规更有效实施。但我国环境立法总体操作性不强,很多环境法律规范无法落实到位,极大地影响了环境立法与环境执法、司法的衔接;即使是一些操作性较强的环境立法,由于环境执法和司法体制机制等原因也在实施中变形走样。特别是由于执法机关与司法机关的性质不同,环境执法与司法衔接明显不够,出现环境执法与司法各行其

---

① 参见张建伟、崔巍《论中国环境司法制度的构建》,载高鸿钧等主编《清华法治论衡》第22辑,清华大学出版社2014年版,第418页。另吕忠梅等学者根据2006年《全国环境统计公报》中提供的数据以及2006年《最高人民法院工作报告》中提供的数据测算出这一年"环境纠纷数量——进入到行政程序的案件数量——进入到司法程序的案件数量"之间的比例为255:38:1,即只有0.4%的环境纠纷进入了环境司法程序。这在某种程度体现环境司法作用还非常有限且环境司法与执法衔接不够。

② 据武汉大学环境法研究所2015年6月14日发布的微信《大家关心的环境公益诉讼到底进行的咋样了,让大数据来告诉您吧!》:2015年以来全国只受理了8起环境公益诉讼,且仍集中于江苏、广东、贵州、福建等省份,没有发生全国性的环境公益诉讼的"春暖花开"。

是的局面，对部分环境案件处理时互相推诿、以罚代刑甚至出现集体失声的现象。[①] 同时，由于环境执法中存在的机构职能不明、内部架构设置粗放和外部设置重复、缺少专业的跨部门联合协调机构以及环境执法理念与手段等问题，造成环境违法行为与刑事违法行为评价对象竞合，对环境司法产生了极大的消极影响。[②] 此外，通过对环境保护部历年发布的《全国环境统计公报》的统计（如表1-1所示）也可以发现，环境违法处理的主要形式是行政处罚，环境执法与环境司法不仅衔接不够，而且呈现出对环境司法的强势入侵。

表1-1　　全国环境违法处理情况统计表（1997—2012年）[③]

（单位：件）

年份	来信总数	行政处罚	行政复议	行政诉讼	行政赔偿	刑事案件
1997	106210	29523	203	90	44	—
1998	147630	39754	290	621	47	—
1999	230346	53101	263	427	71	—
2000	247741	55209	246	580	56	—
2001	367402	71089	290	696	48	5
2002	435020	100103	285	993	62	4
2003	525988	92818	230	579	18	1
2004	595852	80079	271	616	17	2
2005	608245	93265	211	399	10	2
2006	616122	92404	208	353	15	4
2007	—	101325	520	—	—	3
2008	—	89820	528	—	—	2
2009	—	78788	661	—	—	3
2010	—	116820	694	—	—	11
2011	201631	119333	838	—	—	—
2012	107120	117308	427	—	—	—
平均值	349108.9	83171.19	385.3125	535.4	38.8	3.7

---

① 参见钱水苗、孙海萍《论环境司法与执法协同保障的完善——以浙江省的实践为例》，载曾晓东等主编《中国环境法治》2013年卷（上），法律出版社2013年版，第5页。

② 参见赵星《我国环境行政执法对刑事司法的消极影响与应对》，《政法论丛》2013年第2期。另环境执法与司法衔接的问题还可参见刘海鸥《环境污染案件中行政执法与刑事司法衔接的问题与对策》，载谢立红等主编《中国环境法治》2014年卷（下），法律出版社2015年版，第70—75页。

③ 该图表系浙江大学光华法学院博士郭兵根据环境保护部历年《全国环境统计公报》整理而来，转引自郭兵《我国环境司法与行政良性互动机制之构建》，2015年环保部与中国法学会等联合召开的"生态环境法治保障研讨会"资料——《生态环境法治保障征文集》，第234页。

(三) 环境法治运行各环节的公众参与不足

法是调整社会关系和社会利益的重要手段，而环境法治涉及最广大人民利益，必然需要公众参与环境立法、执法和司法，并通过各种途径监督环境法律规范的实施。从立法上看，我国宪法法律和法规规章都提供了公众参与环境法治运行各个环节的相关依据，党的十八届四中全会通过的《关于全面推进依法治国若干重大问题的决定》也对社会各方参与立法、政务公开以及人民群众参与司法等方面作出了具体规定，[①] 特别是新《环境保护法》设立了信息公开与公众参与专章来推动公众参与环境保护，但我国环保利益主体特别是公众参与环境法治运行各环节的机制尚不健全，前文所述环境法治社会监督的社会组织监督和公众监督虽然体系较为完善，但公众很少参与环境法治运行各个环节或者虽参与却流于形式，实际发挥作用还非常有限。姑且不论公众参与环境立法、执法和司法等环境法治运行环节迫于国家有关机关的强势话语霸权而无法发挥作用，仅从相关典型环境群体性事件所涉项目环境影响评价的公众参与来看，公众话语本在相关项目的环境影响评价中占有很重的分量，但由于公众能够参与项目环评的范围不够广泛、公众介入环评时机较晚和阶段较少、环评信息公开制度不够健全、参与主体没有明确要求和参与途径无程序保障等原因，公众参与存在很大的有效性问题，[②] 以致不少项目即使环评中公众支持率很高但仍引发环境群体性事件。

我国环境法治观念的冲突、环境法律制度权威不足和环境法治运行不畅等问题的存在，极大地影响了环境法治对生态环境的保护作用，影响了整个环境法治甚至是整个中国法治的绩效和公信，值得法学特别是环境法学界进行深入分析并研究相应对策。

[①] 参见本书编写组《〈中共中央关于全面推进依法治国若干重大问题的决定〉辅导读本》，人民出版社2014年版，第11、20、24页。

[②] 参见张祥伟《中国环境法研究整合路径之探析》，中国政法大学出版社2014年版，第79—80页。

第三节 中国环境法治研究的不足与引入社会资本理论考察的必要性

针对环境法治失灵特别是环境法治观念、制度和运行中存在的前述问题，我国学者特别是环境法学者从理论与实践等不同角度做了深入分析，推动整个环境与资源保护法学研究从第一代迈向第二代，[①] 为环境法治建设作出了重要贡献。但正如有学者指出，现有环境法理论研究中呈现出"散"的特点，存在科技性和泛道德化的倾向，缺乏统一独立的研究范式；现有环境法实践研究呈现出"松"的特点，存在相对孤立现象而使法与社会疏离，过分注重对形式完善的追求而忽略了对实效的追问。[②] 我国环境法学研究中的这一问题在环境法治研究中也有一定体现。笔者经综述有关环境法治的研究认为，我国环境法学界对环境法治问题特别是对解析和矫正环境法治的失灵问题存在一定不足，有必要引入其他学科理论来考察环境法治的失灵问题并探寻相应对策，而社会资本理论是能够担当这一重任的前沿热点理论，可以克服现行环境法治研究的不足，开辟解析与矫正环境法治失灵的新视角。

一 中国环境法治研究现状及解析和矫正环境法治失灵的不足

近年来，我国不少学者特别是环境法学者对我国的环境法治问题进行了深入研究，推动我国法学特别是环境与资源保护法学研究取得重大进展，并吸引了相关法学二级学科的专家从法学视角聚焦深入研究环境问题

[①] 参见李启家《"环境法学的发展与改革"研讨会纪要》，载高鸿钧等《清华法治论衡》第22辑，清华大学出版社2014年版，第12页。一般认为，第一代环境法的核心是污染法和资源利用法，是对污染的事后防范、后端治理，是对经济发展过程中产生的环境后果的消极防范，是反应性的法律和政策体系；而第二代环境法是引入可持续发展理念后，通过法律规范确认并引导人们在开发、利用和保护环境过程中更新价值观念，转变传统发展模式和行为方式，以实现人与自然的可持续发展，其调整目的是环境利益与经济利益共赢，其调整范围是全过程控制，其调整方式是系统管理，其调整手段是行政管理、市场机制和经济刺激等多元治理工具（参见皮里阳《论我国第二代环境法的主要特征》，载高鸿钧等《清华法治论衡》第22辑，清华大学出版社2014年版，第177—188页）。

[②] 详见张祥伟《中国环境法研究整合路径之探析》，中国政法大学出版社2014年版，第12—48页。

和环境法治问题。

(一) 中国现行环境法治研究的主要观点梳理

经梳理分析我国现行有关环境法治研究的重要文献,环境法治及其相关研究成果较多,把环境法治作为一个整体进行研究的相关学者观点主要如下:

有学者重点从宏观层面对环境法治进行理论思考,提出要以生态文明观作为我国环境法治建设的指导思想,① 分析了生态文明对环境法治的全面的长期的以及改革性、渐进性影响,特别是重点分析了生态文明对环境法治的根本性影响,② 并指出要确认环境权,为环境法治夯实基础。③

有学者重点且系统性研究了生态文明建设与环境法治的问题,对我国环境法治的基本状况进行梳理,分析了环境法治的困境特别是环境立法中存在的问题,就更新环境法治理念、实行最严格的环境保护法律制度提出了具体对策,并对在执行层面考虑主体的相对性和严格追究环境法律责任进行了深刻分析。④ 还从树立现代环境司法理念、实行环境司法专门化和实践环境公益诉讼等方面提出了环境司法改革应当重点解决的问题。⑤

有学者研究了中国生态法治建设的路线图,提出要确立与生态文明相适应的法治系统,将生态理性纳入法治运行轨道,并从建立符合生态理性要求的法律体系、高效运行的生态环境管理体制以及完善生态环境司法机制和公众参与机制等方面对生态法治的制度与体制机制提出了具体建议。⑥ 还对生态文明建设的法治思维、法治课题和法治路径进行了深入研究。⑦

有学者认为我国环境法治转型正在经历新变化,我国环境法治的政策

---

① 详见蔡守秋《我国环境法治建设的指导思想与生态文明观》,《宁波大学》(人文科学版) 2009 年第 2 期。
② 详见蔡守秋《生态文明建设对法治建设的影响》,《吉林大学社会科学学报》2011 年第 6 期。
③ 详见蔡守秋《确认环境权,夯实环境法治基础》,《环境保护》2013 年第 16 期。
④ 详见王树义、周迪《生态文明建设与环境法治》,《中国高校社会科学》2014 年第 2 期。
⑤ 详见王树义《论生态文明建设与环境司法改革》,《中国法学》2014 年第 3 期。
⑥ 详见吕忠梅《中国生态法治建设的路线图》,《中国社会科学》2013 年第 5 期。
⑦ 详见吕忠梅《生态文明建设的法治思考》,《法学杂志》2014 年第 5 期。

正在发生历史转变，环境立法及立法的产物体现了更多科学发展观的理念，环境执法力度也明显加大；① 还探讨了我国环境立法在指导思想、制度构建等方面存在的困境与出路，分析了我国环境执法在法律法规依据、环保部门权威和法律责任追究等方面存在的问题与对策，并专门对我国生态红线的法律制度保障以及整个生态文明建设的法律保障体系构建做了深入研究和分析，提出了法律保障体系构建的原则、框架和基本制度。②

有学者重点研究了生态文明建设与环境法制理念的更新；③ 有的学者重点研究了执政因素对我国环境法治的影响以及制约环境执法的因素；④ 有的学者还对生态文明建设对法治的需要、推进生态文明建设的法治思维和方式等问题进行了深入研究。⑤ 还有一批学者系统研究了我国环境法学、环境法治（制）的发展历程，总结了发展成就和经验，反思了发展中存在的问题，提出了环境法治的思路和展望。⑥

有些学者从法哲学角度对生态法治进行了思考和研究，论述了生态法治的基本范式——权利观念之革新、生态法治的相对特性以及生态法治的规约构建和运行；⑦ 认为实现生态法治须建立健全严密的规则和原则体系，重点应确立种际公正、代际公正、生态优先、污染者付费等基本原则

---

① 详见王灿发《我国环境法治转型的新变化》，《人民论坛》2006年第11B期。
② 详见王灿发以下论文：《我国环境立法的困境与出路——以松花江污染事件为视角》，《中州学刊》2007年第1期；《中国环境执法困境及破解》，《世界环境》2010年第2期；《论生态文明建设法律保障体系的构建》，《中国法学》2014年第3期。
③ 详见周珂《生态文明建设与环境法制理念更新》，《环境与可持续发展》2014年第2期。
④ 详见汪劲《中国环境法治失灵的因素分析——析执政因素对我国环境法治的影响》，《上海交通大学学报》（哲学社会科学版）2012年第1期；《中国环境执法的制约性因素及对策》，《世界环境》2010年第2期。
⑤ 详见孙佑海以下论文：《生态文明建设需要法治的推进》，《中国地质大学学报》（社会科学版）2013年第1期；《推进生态文明建设的法治思维和法治方式研究》，《重庆大学学报》（社会科学版）2009年第5期；《用法治的力量推进生态文明建设》，《环境保护》2012年第23期。
⑥ 周珂：《中国环境法制建设30年》，《环境保护》2008年第11A期；王曦：《混沌之中露熹微：2012年中国环境法学研究述评与展望》，《上海交通大学学报》（哲学社会科学版）2013年第3期；汪劲：《中国环境法治三十年：回顾与反思》，《中国地质大学学报》（社会科学版）2009年第5期；孙佑海：《"十一五"环境法治回顾与"十二五"展望》，《环境保护》2012年第23期；常纪文：《三十年中国环境法治的理论与实践》，《中国地质大学学报》（社会科学版）2009年第5期；徐祥民、胡中华：《环境法学研究30年：回顾与展望》，《法学论坛》2008年第6期；曹明德：《从"环保风暴"看环境法治存在的问题》，《华东政法学院学报》2005年第4期；等等。
⑦ 详见江必新《生态法治元论》，《现代法学》2013年第5期。

以及生态规划、环境影响评价、经济调控、自然资源权属、自然资源恢复和生态补偿等制度。① 还有一大批中青年学者对环境法治的变革与转型、公共治理、环节和重点、监管体制、西部生态环境法治、区域环境法治等问题开展了研究。②

综上所述，学者们主要从理念与制度、规则与原则、环境法的制定与实施、现状与问题、困境与对策、体制与机制等方面对我国环境法治提出了许多建设性的意见，对于我国在大力加强生态文明建设中推进环境法治建设具有重要意义。但现行研究总体还比较分散，没有形成系统性，特别是主要停留在法学内部，较少有学者引入其他社会科学的理论和方法研究环境法治问题。

(二) 中国现有环境法治研究解析和矫正环境法治失灵的不足

环境法治建设是一项系统工程，但分析环境法治的现有研究可以发现，大多数研究成果的分析视角主要停留在法学特别是环境法学内部，较少有学者跳出法学之外，从法社会学视角把环境法治放在整个社会系统之中，从社会系统内部各要素相互关联、相互影响的视角来研究环境法治问题，因而现行研究对于解析和矫正我国环境法治的失灵显得有些不足。主要表现在：

1. 注重理念和制度的构建，但对观念和制度的落实或观念和制度的实施成本和运行条件研究不够。从现有研究成果来看，大多数学者都非常重视对环境法治的理念和相关制度的建构研究，试图通过理念建构和制度体系的完善来发挥环境法治对生态环境保护的作用。正如前文所述，在环境与资源保护法学界的推动下，我国环境法律制度建设已经取得了突出成绩。但法治显然不同于法制，法治更强调法律制度在社会实践中的贯彻落实、具体运行及其实施效果。环境法治不仅要关注环境法律制度，更要强调在正确观念的指导下确保环境法律制度在生态环境保护中的贯彻落实和

---

① 详见文正帮、曹明德《生态文明建设的法哲学思考——生态法治构建刍议》，《东方法学》2013年第6期。

② 详见肖金明《中国环境法治的变革与转型》，《中国行政管理》2009年第11期；柯坚《生态实践理性：话语创设、法学旨趣与法治意蕴》，《法学评论》2014年第1期；竺效《论生态文明法治建设的六大环节和重点》，《环境保护》2013年第13期；斜晓东《美丽中国的环境法治保障——以环境监管体制改革为视角》，《山东科技大学学报》（社会科学版）2013年第3期；史玉成《西部区域生态环境法治建设的现状与未来——兼论我国环境立法的完善》，《甘肃政法学院学报》2007年第6期；肖爱《区域环境法治：困境与对策》，《求索》2011年第3期；等等。

有效运行，更强调环境法律制度的实施效果或绩效。没有实施效果或绩效很差的环境法治就是环境法治失灵。因而，要研究环境法治，必然要关注和研究环境法律制度的落实或制度实施的成本和运行条件，而我国现有环境法治研究成果在这方面显得不够充分。

2. 注重环境立法和环境法律体系的构建，但对环境执法和司法特别是对影响环境执法和司法的相关因素研究不够。从环境法治的现有研究成果来看，更多研究集中在环境立法层面，注重对环境法律规范的梳理分析，提出了既丰富多彩、百家争鸣的环境法律体系建构理论，也对环境法律体系的构成基本达成了一致，推动我国形成了一个由环境基本法以及污染防治、生态保护、资源利用与保护、环境综合管理等类别构成的比较完善的环境法律规范体系。但环境执法是环境法治的关键环节，环境司法是环境法治的重要保障。而我国环境与资源保护法学界总体上对环境执法和司法的问题研究不多，即使近年来对区域联动环境执法、环境公益诉讼和环境司法专门化等问题的研究掀起了热潮，但也更多停留在制度设计和具体操作上，对影响环境执法和司法的关涉因素研究不够，因而对于解析和矫正环境法治失灵显得有些力不从心。

3. 注重环境法治的现状与问题梳理，但对影响环境法治绩效的关涉因素研究不够，特别是没有从跨学科或法社会学视角研究环境法治有效运行的条件。从现行环境法治的研究来看，不少学者结合环境法治的重要时间节点和重要活动，对环境法治的现状进行了梳理，分析了我国环境法治存在的问题并提出了一些对策建议。但从总体上看，现有研究对环境法治建设现状的梳理主要集中于环境立法和环境法律制度建设的历程，却对环境法治的其他重要环节即环境执法和司法的发展历程梳理不够；对环境法治建设存在问题的把握较为准确，却对存在问题的原因分析不够深入，特别是对相关问题的解决对策还主要立足于法学内部，往往循环归结为制度问题并重点从制度建构上解决问题，而未能就环境法治与生态环境保护效果之间的关联性开展深入研究，因而在解析和矫正环境法治失灵方面明显不足。

综上所述，基于我国环境法治研究的现状及其存在的不足，仅从法学内部和仅用传统法学方法特别是以规范法学为主的法学方法研究环境法治问题，显然难以解析和矫正我国环境法治的失灵和绩效不高的问题。因而，有必要寻求研究方法的创新，引入相关社会科学更具解释力的前沿理论，系统而不是分散地、全面而不是孤立地，从环境法治实效角度分析环境法治问题，剖析环境法治失灵的根源，探寻提高环境法治绩效和矫正环境法治失灵的新路径。

二 中国环境法治引入社会资本理论考察的必要性

法治作为一项系统的社会工程，不仅是由法治理念、法治制度体系和法律体系构成，其建设的重点内容也应是"法律的实践和运行特别是良好的预期法律效果的实现为目的的有关法律的组织、机构及其运行制度和机制"①。因而，环境法治的研究不仅是环境法治的理念和制度，从环境法治实效的视角来看，其重点还应是以取得良好绩效为目的的环境法治组织、机构及其配套运行的制度和机制。从前文所述我国的环境法治研究来看，其不足之处正体现于对环境法治组织、机构及其相应的运行机制上，同时，仅从法学内部和仅用规范法学方法来研究环境法治也具有天生的局限性。因而，要全面研究分析环境法治的失灵问题，有必要运用社科法学的研究方法，引入相关的社会科学前沿理论，从系统的、全面的视角把环境法治放在整个社会系统进行研究，而社会资本理论正可担此大任。

（一）社会资本理论考察环境法治符合法学研究格局流变和思想变革的趋势

我国的法学研究经历了政法法学、法教义学以及社科法学的格局流变，各部门法学的研究呈现了社科法学的转向，不少法学家正在推进以社科法学为旗帜的研究，社科法学成为我国法学研究格局流变的趋势。②"大约30年后，法教义学的研究……很可能不再进入中国顶尖高校法学院顶尖学者的视野。"③ 社科法学与规范法学、法教义学相比有显著的区别，其注重运用社会科学的方法考察分析法律问题，试图以社会科学的方法分析法律现象、预测法律效果。④ 而社会资本理论作为当前社会科学研究的前沿理论和对社会现象解释颇具说服力的重要理论，必然是社科法学发展可以运用且是应当引入的一种重要社会科学方法。从法学研究及其思

---

① 姚建宗：《法学研究及其思维方式的思想变革》，《中国社会科学》2012 年第 1 期。
② 参见苏力《中国法学研究格局的流变》，《法商研究》2014 年第 5 期。
③ 同上。
④ 参见侯猛《社科法学的传统与挑战》，《法商研究》2014 年第 5 期；陈柏峰《社科法学及其功用》，《法商研究》2014 年第 5 期。

维方式的思想变革来看,我国法学研究应当区分法律理论研究及其思维方式和法律工程研究及其思维方式两大类。① 法律工程研究及其思维方式作为一个新提出的法学研究和思维范式,更加突出能够有效保障法律效果实现的有关法律的组织、机构和相关的运行机制,而社会资本理论重点关注制度的绩效,强调社会组织的特征即信任、规范和网络等对合作行为的促进和社会效率的提高,② 因而可以成为法律工程研究及其与社科法学结合研究应当引入的重要社会科学方法。

（二）社会资本理论考察环境法治是克服现有研究自身局限的迫切需要

前文已述我国环境法治现有研究大多停留在法学内部,注重制度构建,但对制度的落实或制度的实施成本和运行条件研究不够;注重环境法律体系的构建,但对环境执法和司法特别是对影响环境执法和司法的相关因素研究不够;注重环境法治的现状与问题,但对环境法治实施成本和影响环境法治绩效的相关因素研究不够。环境法治研究存在的这些不足,是不能跳出法学视域而仅停留于法学内部开展研究很容易出现的自身局限。环境法治的研究要克服自身的这些局限,必然要突破法学内部的束缚,引入其他社会科学的方法,从法社会学视角研究环境法治有效运行的支撑系统,而社会资本理论关注的就是社会网络中存在的资源、规范和信任等有利于提高制度绩效的因素,因而是解释和矫正环境法治特别是环境法治失灵的可供借鉴参考的重要理论。

（三）社会资本理论是解释环境法治等社会现象的颇具说服力的理论范式

社会资本理论是当前很多社会科学研究的前沿热点问题,是解释经济、政治、社会现象的一种全新且颇具说服力的理论范式。该理论强调社会资本是与物质资本、人力资本并列的重要资本,是根植于一定社会关系或社会结构,嵌入一定网络、规范和信任等主客观因素及其蕴含文化中的可以促进或阻碍经济社会或其某方面发展的重要资源。前文所述我国环境法治体系建设现状取得的成就,更多的是国家加大物质资本和人力资本投

---

① 参见姚建宗《法学研究及其思维方式的思想变革》,《中国社会科学》2012 年第 1 期。
② 参见［美］罗伯特·普特南《使民主运转起来:现代意大利的公民传统》,王列、赖海榕译,江西人民出版社 2001 年版,第 195 页。

入的结果。而前文所述环境法治失灵问题，根源于一定的社会结构特别是经济结构，与我国的社会资本存量紧密相关。社会结构及其内部的网络特别是环境法治各主体形成的网络滋生着我国的环境法治观念，影响着我国的环境法律制度，并决定着我国环境法治运行的体制机制；社会资本重要组成的规范，包含了不同种类的环境法治观念，是环境法律制度的重要来源，并影响着环境法治的具体运行；社会资本核心构成的信任，是环境法治价值观念的灵魂和环境法律制度实施的支撑，直接影响着环境法治运行的效果和绩效。概言之，环境法治仅有物质资本和人力资本投入还远远不够，环境法治作用的发挥更需要社会资本的投入和积累，以矫正目前环境法治的部分甚至大部分失灵，推动环境法治高效运行，提高环境法治绩效。因而，从社会资本理论视域全面考察和研究环境法治的相关问题并积累提高环境法治绩效的社会资本，是破解环境法治失灵和环境法治研究不足的重要路径。

综上所述，无论从法学研究范式的转换还是从环境法治研究的自身局限来看，我国环境法治失灵的研究有必要引入一种全新的社会科学方法，而社会资本理论在社会科学领域的重要影响及其核心构成与环境法治的高度关联，使其成为我们解释与矫正环境法治失灵的必然选择。

第二章　社会资本理论：考察中国环境法治的新视角

在社会资本身上，历史学家、政治学家、人类学家、社会学家和决策者以及各个领域"内"的各阵营，又一次找到了一种存在于公开的和建设性的争论中的共同语言，一种以过去的150年中受到狭隘的学科主义严重压制的语言。

——［美］迈克尔·伍考克：《社会资本与经济发展：一种理论的综合和政治架构》

社会资本在国内和国外的各个学科都引起了人们的注意，引来不少学者花时间和精力对其进行研究……社会资本概念的提出，为各个学科提供了一种重要的解释范式。这正是它的重要价值所在。

——李惠斌：《社会资本与社会发展》

"社会资本"这一概念很容易引起混淆，人们通常认为它是相对国有资本或私人资本而言的通过社会募集的物质资本。经济学中最早出现的"社会资本"这一术语，就是指与"私人资本"相对应的从社会经济方面获得的财物。即使是马克思在《资本论》中所表述的社会资本概念，也是指与私人资本相对应的个别资本的总和即社会总资本。但本书用于考察环境法治的社会资本与前述社会资本含义完全不同，该理论是现代社会科学的前沿理论，有其独特的发展历程和分析问题的独特视角。

第一节　社会资本理论的历史沿革

要全面理解社会资本的起源与发展，有必要从资本理论的发展历程来介绍社会资本。"为了理解社会资本，我们必须先澄清资本的概念。"① 社会资本理论的发展历程虽然不长，其提出至今才短短30—40年，但却迅速兴起，成为当前很多社会科学研究的前沿热点问题，甚至成为当下流行的狂热。②

一 资本理论的发展历程

资本理论是经济学中的一个重要概念，经历了从物质资本、人力资本到社会资本的发展过程。"资本"一词在12—13世纪的欧洲出现，初意指贷款的本金，以区别于利息。古典经济学鼻祖威廉·配第（W. Petty）和洛克（Locke）的学说中最早提出资本理论，认为资本是与金融交易相关联的，资本与利率的关系是可贷资金与价格的关系。之后，经济学家们对资本的理解日益多样。重农学派和古典经济学家们更多把资本定义为生产资料的储存。亚当·斯密认为资本是收入的积蓄和用来生产的积蓄，并区别了生产性资本和非生产性消费；③ 之后的萨伊、马尔萨斯及李嘉图等对资本进行了初步定义，代表性的定义认为资本包括使用的工具、劳动者的生活必需品和原材料等。新古典经济学家马歇尔认为资本是"一个人从他的资产中期望获得的收入的那一部分……包括为营业目的所持有的一切东西在内"④。

早期的资本理论主要研究土地、货币等物质资本在经济发展中的作用。但随着后工业社会的来临，知识、信息、教育以及和谐的人际关系等非物质因素在经济发展中的作用日益显现，资本理论开始从物质阶段向人本化和社会化阶段扩张。20世纪50—60年代，资本理论由物质资本扩展

---

① ［美］林南：《社会资本——关于社会结构与行动的理论》，张磊译，世纪出版集团、上海人民出版社2005年版，第4页。

② 由于社会资本理论在20世纪90年代迅速兴起并成为许多学科关注的热门概念和分析的重要起点，美国学者埃利诺·奥斯特罗姆（Elinor Ostrom）在《社会资本：流行的狂热抑或基本概念》一文中指出认真理解社会资本并避免使之成为流行的狂热是非常重要的（详见曹荣湘主编《走出囚徒困境——社会资本与制度分析》，上海三联书店2000年版，第23—50页）。本书在此引用"流行的狂热"一词，既想表达社会资本理论发展迅速之意，亦以此警示本书研究要以社会资本理论作为工具对环境法治问题开展有针对性和实效性的研究，避免成为纯粹的理论套用而追逐学术时髦。

③ 参见［苏格兰］亚当·斯密《国民财富的性质和原因研究》（上），郭大力、王亚南译，商务印书馆1972年版，第43、310页。

④ ［英］马歇尔：《经济学原理》（上），陈良璧译，商务印书馆1981年版，第97—98页。

至人力资本领域。舒尔茨和加里·贝克最早看到物质资本理论的缺陷,提出了人力资本概念,把人也作为一种重要资本,"将资本仅仅局限于建筑物、生产设备和存货量实在太狭隘了……投资由于不能明确地将人力资源视为一种资本形式……助长了人们对劳动力的古典概念的固守,将之视为几乎不需要任何知识和技能的体力劳动能力,所有的劳动者都同样地拥有这样的能力"①。人力资本是通过对人的教育、培训和健康等投资形成,是技术、知识等形式集于人身的资本,是人的才干、技能、知识和资历等。人力资本理论的提出,摆脱了资本是具体物质形态的偏见,推动资本向抽象的层次扩展,并为资本的进一步隐喻和深化发展奠定了基础。

20世纪70年代,法国社会学家皮埃尔·布尔迪厄(Pierre Bourdieu)等提出了全新的文化资本概念。他认为文化资本是由系列价值和符号组成,主要有三种形态:一是与人的身体紧密相关联的文化、教育、修养等形式;二是体现在书籍、纪念碑、机器等文化物品中的客观化形态;三是体现在诸如教育资格认定的规定等特定制度安排的制度化形态。由于文化是通过学习教育把知识和思想固化于脑海的精神生产或劳动,需要一定的投资且能够创造新价值,因而是继物质资本之后发现的一种新资本。但林南等认为文化资本是对人力资本的另类诠释,"对于布尔迪厄而言,被一些人视之为人力资本的教育甚至是任何训练,都可以被另一些人视为文化资本"②。不管学者们对人力资本与文化资本的关系如何认定,它们都是一种不同于物质资本的新型资本,呈现了现代资本多元化的发展趋势,为社会资本理论的提出奠定了思想基础。

20世纪60—70年代以来,西方由工业社会逐渐迈入后工业社会。③在前工业社会和工业社会,人类的主要任务是从自然获取并加工生活的各种所需,只不过获取的手段或加工的能力有巨大的差异,因而当时人类社

---

① [美] W. 舒尔茨:《论人力资本投资》,吴珠华等译,北京经济学院出版社1990年版,第2—8页。

② [美] 林南:《社会资本——关于社会结构与行动的理论》,张磊译,上海世纪出版集团、上海人民出版社2005年版,第14页。

③ 美国社会学家丹尼尔·贝尔在《后工业社会来临》一书中将人类社会的发展划分为三个阶段:前工业社会、工业社会和后工业社会。他认为信息社会就是后工业社会,人类所处的工业社会即将结束,而后业工社会已经或即将来临,并深刻影响人类社会的中心任务和主要矛盾关系。本书在此引入后工业社会这一概念来解释社会资本的产生背景。

会的主要矛盾是人与自然的矛盾。但"后工业化社会的中心是服务"[①],"服务业的种种关系是人与人之间的关系"[②]。人类社会的主要矛盾在后工业社会中逐渐由人与自然的关系转向人与人的关系。"正是认识到了人际关系是当代社会的基本矛盾,处理人际矛盾是当代社会的中心任务"[③],在人与人的关系成为社会主要矛盾的背景下,如何处理人与人的关系,如何从人与人的关系中获取资源,以谋取促进人与社会发展的资本,受到实践与理论的重视。与此同时,在工业社会发挥决定性调节作用的国家和市场两种手段的运行,出现了政府失灵和市场失灵的双重失效,迫使人们在国家与市场两种手段之外寻求第三种手段,来解释和解决后工业社会中出现的集体行动困境。第一位获得诺贝尔经济学奖的女性、美国学者埃利诺·奥斯特罗姆(Elinor Ostrom)在长期研究中找到了公共事物的治理之道,引发了人们对第三种手段——社会之手在公共资源管理乃至在整个公共事务管理之中调节作用的高度重视。在这个过程中,人,包括由人构成的组织、团体甚至区域、国家内部以及相互之间结成的网络以及嵌入相应网络的规范、信任等,逐渐被认为具有重要价值,可以作为一种要素投入生产领域,成为经济与社会发展可利用的重要资源和新型资本即社会资本,并可用于解释物质资本和人力资本不能解释的诸多经济与社会问题。因此,随着后工业社会的来临和发展,资本的隐喻不断深化,资本概念由物质阶段和人本化阶段逐渐转向社会化阶段,社会资本也逐渐成为一种与物质资本、人力资本并列的重要资本;社会资本理论也引起了经济学、社会学、政治学、管理学甚至是法学等学科的关注和运用,成为社会科学研究的重要理论热点和前沿问题。

二 社会资本理论的产生

社会资本的一些要素虽然与早期思想家的相关观念有着紧密联系,并在社会科学领域有所研究,但作为一种独立的新型资本意义的社会资本概

[①] [美] 丹尼尔·贝尔:《资本主义文化矛盾》,赵一凡译,生活·读书·新知三联书店1989年版,第198页。

[②] [美] 丹尼尔·贝尔:《后工业社会的来临——对社会预测的一项探索》,高铦、王宏周、魏章玲译,新华出版社1997年版,第182页。

[③] 同上书,第540页。

念,却是在西方社会进入后工业社会时期的 20 世纪 70—80 年代才提出。①

社会学意义上的社会资本概念早期曾由利达·汉尼凡(Lyda J. Hanifan)、简·雅克布(Jane Jacobs)、加里·罗瑞(Glenn Loury)等学者提出,特别是美国经济学家罗瑞在 1977 年发表的《种族收入差距的动力学理论》一文中,论证了社会资本是社会资源之一,认为社会资本存在于家庭关系和社区组织之中,对儿童或青年的心理发展至关重要,②以致不少学者认为罗瑞是提出现代社会资本概念的第一人。

但罗瑞在该文中还没有对社会资本概念做理论化的研究,一般认为最早对社会资本进行理论化研究的学者是皮埃尔·布尔迪厄。布氏 1980 年在《社会科学杂志》上发表《社会资本随笔》一文,正式提出社会资本概念并认为其是"实际或潜在的资源的集合体,那些资源是同对某种持久网络的占有密不可分。这一网络是大家共同熟悉的、得到公认的,而且是一种体制化的关系网络,换句话说,这一网络是同某种团体的会员制相联系的,它从集体性拥有资本的角度为每个会员提供支持……这些资本也许会通过运用一个共同的名字(如家族、班级、部落或学校、党派的名字等)而在社会中得以体制化并得到保障,这些社会资本也可以通过一整套的体制性行为得到保障"③。布氏的社会资本概念是从微观层面提出的个体社会资本,强调其是一种可以从中吸取资源、体制化的持续性社会网络关系,网络中的每个个体都可以根据个人实践能力大小而从中受益,而这种关系网络和受益还得到体制化的保障。布氏对社会资本的分析还处

---

① 社会资本理论发展历程的阶段划分还存在不同观点。随着学者们研究的深入,社会资本概念的第一次提出追溯到了利达·汉尼凡 1916 年在《美国政治社会科学学术年鉴》发表的《乡村学校社区中心》一文,中国人民大学吴军博士和夏建中教授因而把 20 世纪 20—70 年代作为社会资本理论的初创阶段、80 年代作为发展阶段、90 年代作为扩展阶段、21 世纪作为最新进展阶段。该观点有较大影响,但本书以理论化研究为标准,认为早期学者提出了社会资本概念,但还没有开展理论化研究,布尔迪厄才是第一个对社会资本开展理论化研究的学者,其相关研究标志着社会资本理论的产生;科尔曼、普特南等学者对社会资本理论进行了系统化完善,是其发展阶段;而博特、波茨和林南等学者进一步深化了社会资本理论,并推动该理论在经济学、管理学、政治学等社会科学的运用,则是其繁荣阶段。

② 参见[美]詹姆斯·科尔曼《社会理论的基础》,邓方译,社会科学文献出版社 1999 年版,第 351 页。

③ [法]皮埃尔·布尔迪厄:《文化资本与社会炼金术——布尔迪厄访谈录》,包亚明译,上海人民出版社 1997 年版,第 202 页。

于初级阶段，虽然还不够系统完善，但提出了研究社会资本理论的启发性和开拓性思路，对后人深入研究社会资本理论产生了重要影响，标志着社会资本理论的发轫。

三　社会资本理论的发展与繁荣

继布尔迪厄提出社会资本理论后，该理论于20世纪80年代末至90年代中期在社会学领域经科尔曼、普特南的发展，形成了微观、中观和宏观三个层面的理论框架，由注重研究个人社会资本发展为注重研究组织、社区、区域甚至国家的社会资本。[①]

美国社会学家詹姆斯·科尔曼（James Coleman）对社会资本理论做了较系统完善的研究，"关于社会资本的第一个重要的理论表述是由詹姆斯·科尔曼于1988年提出来的。"[②] 科尔曼作为社会资本概念和社会理论的集大成者，其思想主要集中在1988年发表于《美国社会学杂志》的《社会资本在人力资本创造中的作用》一文和1990年《社会理论的基础》一书。科尔曼把布尔迪厄微观的个体社会资本发展至中观层面，并为联结宏观层面的社会资本架起了桥梁。科尔曼的社会行动理论强调社会系统分析，因而他注重从社会结构角度研究社会资本。他认为社会结构的基础是社会关系，而社会关系包含的权威关系、信任关系和以规范为基础的权利分配共识等，是一种重要的资源也即社会资本。他认为"社会资本的定义由其功能而来，它不是一个单一实体，而是具有各种形式的不同实体。其共同特征有两个：它们由构成社会结构的各个要素所组成；它们为结构内部的个人行动提供便利。和其他形式的资本一样，社会资本是生产性的，是否拥有社会资本，决定了人们是否可能实现某些既定目标"[③]。科尔曼对社会资本的存在形式做了具体分析，提出了五种形态的社会资本：（1）义务与期望，是指个体为他人提供一定的服务后，可以从他人那里获取的将对自己承担特定义务的社会资本，但这种社会资本的存量取决于

[①] 社会资本理论发展的每个阶段、每个层面的理论框架和每个领域的理论研究都有很多学者作出了贡献，但因篇幅所限，本书只能列举一些代表性学者的观点。

[②] ［美］托马斯·福特·布朗：《社会资本理论综述》，载李惠斌、杨雪冬主编《社会资本与社会发展》，社会科学文献出版社2000年版，第80页。

[③] ［美］詹姆斯·科尔曼：《社会理论的基础》，邓方译，社会科学文献出版社1999年版，第354页。

社会环境的可信任度。（2）信息网络，是指个体可以从其社会关系网络中可获取的有价值信息并为自己行动提供便利的社会资本。（3）规范与有效惩罚，是指对个人行动有约束力的规范以及对个体不当行为的惩罚。这种社会资本对组织目标的实现和社会秩序的维护等具有重要意义。（4）权威关系，是指行动者之间拥有的能够控制他人行为，以解决共同性问题和增进共同利益的社会资本。（5）多功能的社会组织和有意创立的社会组织等。这种社会资本可以通过组织内部的封闭网络推动个体行动的一致性，增强社会影响并为行动者提供效益。[①] 科尔曼还分析了社会结构、社会网络的封闭性和意识形态等因素对社会资本的影响。他认为从传统社会向现代社会的变迁带来的社会结构变化对社会资本有极大的影响，现代社会结构需要"人工创建的社会组织"来代替传统的社会资本；社会网络的封闭可以确保义务与期望关系的存在，促进内部规范的产生和信任关系的形成；要求个体按照某种既定利益或他人利益行动的意识形态有助于社会资本的生成，而追求个人独立和鼓励个人利益的意识形态容易抑制社会资本的生成；个体之间依赖程度低不利于社会资本的生成、维持和更新。[②]

美国哈佛大学教授罗伯特·普特南（Robert Putnam）将社会资本理论引入了更为宏观的政治学领域，突出从集体层面研究社会资本，架起了社会资本与集体行动和公共政策沟通的桥梁，进一步深化和拓展了社会资本理论的研究和运用领域，引起了各大学科对该理论的重视和传播。普特南的社会资本理论研究成果主要集中在1993年出版的《使民主运转起来：现代意大利的公民传统》、1995年出版的《独自打保龄球——美国下降的社会资本》和1996年出版的《繁荣的社群——社会资本和公共生活》等著作之中，他提出"社会资本是指社会组织的特征，诸如信任、规范以及网络，它们能够通过促进合作行为来提高社会的效率"[③]。他通过在意大利的20年调研，得出意大利南北两地制度绩效的差异在于两地公民精神水平也即社会资本的积累程度的差异。他的调研发现，意大利北部地区

---

① 参见［美］詹姆斯·科尔曼《社会理论的基础》，邓方译，社会科学文献出版社1999年版，第358—367页。
② 同上书，第758—768页。
③ ［美］罗伯特·普特南：《使民主运转起来：现代意大利的公民传统》，王列、赖海榕译，江西人民出版社2001年版，第195页。

建立了很多互助小组、劳动组合、协同组合、扶轮社等社会团体，公民之间、公民与政府之间有很多横向联系的互惠性规范和参与网络，因而整个社会充满活力，公民相互信任；而南部则缺少公共生活的基础，社会和政治参与是纵向的等级关系，公民无意参与公共事务，社会充满腐败、猜疑，政治经济水平较之于北部明显偏低。他通过论证得出结论：体现公民参与规范和网络的社会资本可能是保持经济发展和政府效能的一个基本前提。① 普特南还运用社会资本理论重点研究了自愿性社会团体、公民心、公民信任等问题，指出美国由于受个人主义影响太深，公民与其他社区联系减弱，以致美国公民的参与程度下降和社会资本的衰弱。综合分析普特南的各种论述，可以从三个方面来认识社会资本：主观方面，社会资本主要由信任、互惠和合作等一系列的态度和价值观构成；客观方面，社会资本体现于将家庭、社区、朋友、生活和工作联系起来的人际网络之中；后果方面，社会资本表现为社会关系和社会结构的一种特性，即有助于推动社会行动和把事情搞定。②

布尔迪厄、科尔曼和普特南从微观、中观和宏观三个不同层面构建了社会资本的理论框架。尽管网络都是其基本立足或者重要观点，但他们对网络都没有开展深入研究。博特、波茨、林南等学者则在社会网络分析的基础上，形成了一套关于社会网络的社会资本观，推动了社会资本理论的繁荣发展。

美国芝加哥大学教授罗纳德·博特（Ronald Burt）从网络结构角度研究了社会资本。科尔曼提出的网络封闭强调三角形状的网络体系中建立了两两联系，以形成一个闭合系统（见图2-1），任何信息和资源都可以最短的路程直接流向网络中的任何一点，从而产生规范、信任等社会资本；但博特认为网络结构中存在不能联结的关系也即"结构洞"（如图2-2中B-C之间），网络结构中不能直接联结的成员，只有通过他们共同的联结点（如图2-2中A点）也即处于控制地位的成员才能建立网络，社会资本就是这种能够控制资源的网络结构，是"朋友、同事或更一般的

---

① [美]罗伯特·普特南：《使民主运转起来：现代意大利的公民传统》，王列、赖海榕译，江西人民出版社2001年版，第201—207页。
② 参见[英]肯尼斯·纽顿《社会资本与现代欧洲民主》，载李惠斌、杨雪冬主编《社会资本与社会发展》，社会科学文献出版社2000年版，第387页。

熟人，通过他们可以获得金融和人力资本的机会"①。他进一步认为社会资本的网络结构受到网络规模、网络等级、网络限制和网络密度等的影响。博特重视研究社会资本是网络成员在网络中所处位置或能使用的资源，而不管其所处的阶级或类别，较好地解释了同一网络中的成员有的可以获取资源而有的不能，对进一步深化对社会资本的认识和研究具有重要意义。

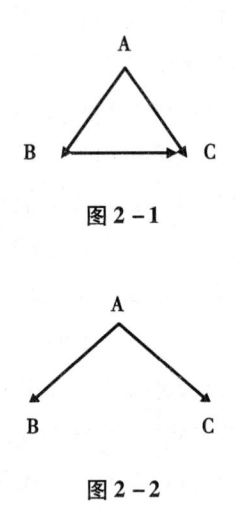

图 2-1

图 2-2

美国普林斯顿大学教授亚历山德罗·波茨（Alejandro Portes）注重从网络成员关系角度研究社会资本。他对社会资本的定义是："个人通过他们的成员资格在网络中或者在更宽泛的社会结构中获得短缺资源的能力——获取（社会资本）的能力不是个人固有的，而是个人与他人关系中包含的一种资产。社会资本是嵌入的结果。"② 不同于博特所强调的网络结构，波茨对社会资本的定义是以自我为中心，并在此基础上指出社会网络具有互惠交换、强制信任、价值内化和有机整合等特征，网络成员所处社会网络的特征差异是其嵌入网络的程度和类型的结果，指明了各种不同社会资本的动因。波茨还从积极和消极两方面分析了社会资本的作用，积极作用是可作为社会控制的来源、家庭的支持和作用家庭之外网络获取

---

① Ronald Burt, *Structrual Hole*, Cambridge: Harvard University Press, 1992, p. 9.
② 转引自［美］托马斯·福特·布朗《社会资本理论综述》，载李惠斌、杨雪冬主编《社会资本与社会发展》，社会科学文献出版社 2000 年版，第 83 页。

收益的来源；消极作用表现为排斥圈外人、对团体内部成员要求过多而阻止其他成员创新成功、限制个人自由和通过规范消除差异，产生向下压力等。①

美籍华裔杜克大学教授林南（Nan Lin）从网络资源角度研究了社会资本。他在深入研究社会资源理论的基础上，认为社会资本可以定义为"在目的性行动中被获取的和/或被动员的、嵌入在社会结构中的资源"②。林南这一定义兼顾了社会结构的制约性和人的能动性，既强调社会资本存在于一定的社会结构或社会关系之中，只有遵守嵌入于该结构或关系之中的规范才能获取社会资本；又注重人之行动的能动性即人可通过有目的的行动而使社会资本有利于自己。林南的研究在社会资本与社会资源之间架起了紧密联系的桥梁，有助于更好地认识关系在社会网络中的作用。

第二节 社会资本理论向相关学科的扩张

社会资本作为一个社会学与经济学交叉且偏重于经济学的概念，最早由经济学家提出，但该概念的理论化研究框架的搭建主要在社会学界。自20世纪90年代中期普特南将该理论引入宏观的政治学研究而在社会科学界名声大噪之后，③ 社会资本理论开启了向政治学、经济学、管理学、法学等社会科学领域的扩张与繁荣，成为经济学家、政治学家、管理学家以及法学家等广泛采纳并用于解释和说明各自学科领域问题的综合性概念和研究方法。④

一 社会资本理论向经济学和政治学的初步扩张

简·弗泰恩、罗博特·阿特金森（Robert Atkinson）、迈克尔·伍考

---

① See Alejandro Portes, "Social Capital: Its Origins and Applications in Modern Sociology", Annual Rev. Social 24, 1998.

② ［美］林南：《社会资本：关于社会结构与行动的理论》，张磊译，上海世纪出版集团、上海人民出版社 2005 年版，第 28 页。

③ 社会资本理论研究中，不少学者跨越了几个阶段，如普特南既将布尔迪厄、科尔曼的微观和中观层面的社会资本发展至宏观层面，又是率先将社会资本扩张至政治学领域，本书在考虑各学者代表性意义观点的基础上而择其一阶段予以论述，而对其他阶段不再赘述。

④ 参见燕继荣《投资社会资本——政治发展的一种新维度》，北京大学出版社 2006 年版，第 1 页。

克（Michael Woolcocok）和比得·埃文斯（Peter Evans）等美国学者从经济发展、创新、制度经济学和国家政策等方面研究了社会资本理论，推动社会资本理论在经济领域的扩张。弗泰恩和阿特金森认为社会资本是科技创新的一个关键因子，是一个组织网络能够进行团结协作和促进生产收益的宝库，是公司建立有效合作关系以及联邦政府将科技管理职责下放各州的关键所在。他们还为联邦政府如何制定政策，培养企业间的社会资本提出了具体建议。① 伍考克认为社会资本理论的研究表明，当各方都以信任与合作的精神共同投入物质资本和人力资本，在经济发展中就能提高生产效率，获得更多报酬。因此，社会资本的积累对经济发展具有重要意义。他还从社会资本角度对经济发展进行了反思，分析了经济发展的困境与机会，并从社会资本层面提出了对发展理论和政策的启示。② 埃文斯认为，当代发展战略过于重视宏观经济学，没有重视宏观经济学依赖的微观经济制度，而规范和网络构成的社会资本，是市场交易制度的基础和市场功能发挥的前提，在经济发展中具有重要意义。③

西班牙学者杰森特·乔丹纳、美国学者鲍伯·爱德华和米切尔·W.弗雷、英国学者肯尼思·纽顿（Kenneth Newton）等学者从政治学方面研究了社会资本与集体行动、公民社会以及现代欧洲民主的关系，推动了社会资本理论在政治学中的纵深运用。乔丹纳认为，社会资本是解释政治稳定与民主发展的关键性因素，具有政治学意义。他对政治科学中的理性选择法、社会资本与建制（institution）进行详细考察后，探讨分析了集体行动与社会资本模型的关系。④ 爱德华和弗雷提出，社会资本与公民社会的概念已在社会科学界和政治实践中引起共鸣，说明这些术语对当代社会思想的分析和描述具有重要作用。他们在分析各种公民社会的内涵和诸多

---

① 详见［美］简·弗泰恩《创新、社会资本与新经济——美国联邦政府出台的新政策，支持与合作研究》，载李惠斌、杨雪冬主编《社会资本与社会发展》，社会科学文献出版社 2000 年版，第 212—227 页。
② 详见［美］迈克尔·伍考克《社会资本与经济发展：一种理论的综合和政治构架》，载李惠斌、杨雪冬主编《社会资本与社会发展》，社会科学文献出版社 2000 年版，第 240—302 页。
③ 详见［美］比得·埃文斯《跨越公私界线的发展战略》，载李惠斌、杨雪冬主编《社会资本与社会发展》，社会科学文献出版社 2000 年版，第 228 页。
④ 详见［西］杰森特·乔丹纳《集体行动理论和社会资本的分析》，载李惠斌、杨雪冬主编《社会资本与社会发展》，社会科学文献出版社 2000 年版，第 315—352 页。

资本形态后，分析了社会资本与公民社会内在价值与理论凝聚力。[1] 纽顿在分析普特南关于社会资本定义内涵的基础上，提出了深度信任的迪尔凯姆模型、浅度信任的托克维尔模型和现代社会中的抽象信任三种社会资本模型，用以解释社会资本与现代社会的关系，并提出了初级民主、次级民主、抽象民主三种民主模式与社会资本的关系。[2]

二 社会资本理论向相关学科的全面扩张

2000 年世界银行出版的研究报告提出社会资本是支撑各种制度的总和以及凝聚各种制度的黏合剂后，[3] 社会资本理论的研究掀起了一个新的高潮并被更加广泛地运用于经济学、政治学、人类学、教育学、法学和管理学等社会科学领域，迅速引起了国内外广大学者的关注和研究，推动了社会资本理论向相关学科的全面扩张。[4]

从国外的主要研究来看，爱德华·格拉泽（Edward Glaeser）从经济学角度研究了社会资本的投资及收益问题；埃莉诺·奥斯特罗姆（Elinor Ostrom）将社会资本理论应用到如何克服"集体行动的困境"以实现更高的经济绩效等问题；斯蒂格利茨（Joscph E. Stiglitz）从组织的视角研究了社会资本与市场经济、社会制度的演化关系等问题；汤姆·舒勒（Tom Schuller）在详细比较社会资本与人力资本的基础上，提出如何在这两种资本相互作用中提高社会资本存量，并以之促进教育、就业和社会稳定等多种政策过程；A. J. 道格拉斯·威廉斯（A. J. Douglas Willms）非常注重社会资本对社会结果的影响评估，并将其引入教育事业的发展，认为社会资本对教育事业的发展有重要作用，并提出了促进社会资本发展的路径。[5]

---

[1] 详见［美］鲍伯·爱德华和米切尔·W. 弗雷《超越普特南的公民社会与社会资本》，载李惠斌、杨雪冬主编《社会资本与社会发展》，社会科学文献出版社 2000 年版，第 359—378 页。

[2] 详见［英］肯尼思·纽顿《社会资本与现代欧洲民主》，载李惠斌、杨雪冬主编《社会资本与社会发展》，社会科学文献出版社 2000 年版，第 379—411 页。

[3] See Stephen Knowles, "Is Social Capital Part of the Institutions Continuum and Is It a Deep Determinant of Development?" *Research Paper*, No. 2006/25.

[4] 查询中国期刊网发现，21 世纪以来，仅国内学者每年发表有关社会资本理论的文章就达 500 多篇，其中一半以上为 CSSCI 来源期刊，亦可见社会资本理论对国内各大社会科学的影响及在社会科学领域运用之广度和深度。

[5] 转引自梁莹《社会资本与公民文化的成长》，中国社会科学出版社 2011 年版，第 12 页。

从国内的主要研究来看,我国对社会资本理论的研究肇始于 20 世纪 90 年代中期并主要集中于经济学领域,21 世纪以来,社会资本理论扩张成为社会科学领域研究的焦点和热点。中国社会科学院的张其仔博士是国内最早研究社会资本理论的学者。他着重探讨了社会资本对增长和发展、技术创新和制度创新等的影响,并对社会资本与经济效益的关系做了量化研究。① 但他关注的是对社会资本中的社会网络的研究,没有注意到制度、规范、信任和文化道德等在社会资本中的地位。国内学者随后对国外的社会资本理论进行了广泛介绍,并结合我国的经济、文化、政治、社会等实际,从经济学、社会学、管理学、政治学等学科角度进行了全面研究,大致体现在三个方面:一是从比较宽泛的经济与文化关系的视角开展的研究(周浩然、张炜,1994;孙是炎,1995;罗治英,1996);二是从制度经济学的视角研究制度、规范以及网络对经济发展的重要意义(吴敬琏等,1999);三是重点关注社会网络,直接以社会资本为对象的理论研究(李培林,1996;张宛丽,1996;边燕杰、丘海雄,2000)。② 21 世纪以来,一些学者围绕社会资本与就业求职、劳动力供给与流动、企业经营发展等方面开展了研究,对社会资本的网络、关系、资源等做了精炼的概括;③ 一些学者讨论了社会资本效益、功能、来源、投资与区域经济发展等问题。④ 2003 年以来,国内一批学者开始从政治学和法学角度研究社会资本,集中关注了社会资本与社会和谐⑤、社会资本与治理⑥、社会资

---

① 详见张其仔《社会资本论——社会资本与经济增长》,社会科学文献出版社 1997 年版,第 99—260 页。
② 参见李惠斌、杨雪冬主编《社会资本与社会发展》,社会科学文献出版社 2000 年版,第 12—15 页。
③ 详见边燕杰、丘海雄《企业的社会资本及其功效》,《中国社会科学》2000 年第 2 期等。
④ 详见燕继荣《投资社会资本》,北京大学出版社 2006 年版;范晓屏《工业园区与区域经济发展:基于根植性、网络化与社会资本的研究》,航空工业出版社 2005 年版;等等。
⑤ 详见卜长莉《社会资本与社会和谐》,社会科学文献出版社 2008 年版。
⑥ 详见周红云《社会资本与中国村级治理改革》,中国编译出版社 2007 年版;苗月霞《中国乡村治理模式变迁的社会资本分析》,黑龙江人民出版社 2008 年版;奂平清《社会资本与乡村社区发展》,中国社会出版社 2008 年版;占小林《社会资本对农村共用土地资源自主治理的影响》,湖南大学出版社 2013 年版;黄晓东《社会资本与政府治理》,社会科学文献出版社 2011 年版;等等。

本与民主①、社会资本与政党②、社会资本与政治发展及公共政策③、社会资本与法治④等之间的关联性，进一步推动社会资本与相关学科和社会实践的深入结合研究。

综上所述，国内外社会资本理论研究已由社会学的研究扩展至政治学、经济学、人类学、管理学、教育学、法学等领域的研究。总的来说，政治学和管理学注重用它来分析组织管理和社会网络；社会学和人类学注重用它来分析社会规范；经济学和法学等则注重用它来分析契约和制度。

三　社会资本理论向环境与资源保护领域的扩张

随着社会资本理论的研究深入，国外很多学者将其扩展到了环境与资源领域。经查阅 CALIS 和 EBSCO 等外文期刊数据库得知，不少文献研究了社会资本与可持续发展、环境政策、环境治理、环保绩效、自然资源管理、气候变化等方面的问题，认为社会资本有助于推进可持续发展，加强自然资源管理，适应气候变化，优化环境政策和环境治理，提高环境治理效率。在可持续发展方面，Platje Joost（2008）认为作为社会资本的制度资本是通往可持续发展的捷径；Paul Selman 等研究了社会资本与可持续发展和环境规划之间的关系；Ann Dale 和 Jenny Onyx（2001）等认为社会资本与可持续发展之间存在有效的平衡；而 Markku Lehtonen（2004）等则从可持续发展的环境社会层面研究了社会资本与环境政策工具的关系。在环境政策方面，Pennington M. 和 Rydin Y.（2000）等分析了地方环境政策背景下的社会资本；Nikoleta Jones（2009）等探讨了社会资本对环境政策工具的影响；Katano Yohei（2007）则专门分析了东京的环境政策与社会资本之间的关系。在环境治理方面，Hiroe Ishihara 和 Unai Pascual（2009）等对社区层面环境治理的社会资本进行了批判；Mertens Ferderic（2011）等则专门分析了亚马孙地区的社会网络、社会资本与环境治理的关系。在环保绩效方面，R. Quentin Grafton 和 Stephen Knowles（2004）等

---

① 详见周红云《社会资本与民主》，社会科学文献出版社 2011 年版。
② 详见祝灵君《社会资本与政党领导》，中央编译出版社 2010 年版。
③ 详见梁莹《社会资本与公民文化的成长》，中国社会科学出版社 2011 年版。
④ 详见马长山《社会资本、民间社会组织与法治秩序》，《环球法律评论》2004 年秋季号；张清《社会资本、权力与法治》，《吉林大学社会科学学报》2007 年第 2 期；黎玉琴《公共权力、法治与社会资本的积累》，《现代哲学》2009 年第 2 期；等等。

探讨了社会资本与国家环保绩效的关系；而 Hari Bansha Dual（2011）等从跨国环保行动的角度分析了社会资本与环保绩效的关系。在自然资源管理方面，Pretty J. 和 Frank B. R.（2000）分析了自然资源管理中的环境团体和公众参与等社会资本形式；Christopher Mcgrory Klyza（2006）等分析了地方环境团体与社会资本创造的关系；而 Jules Pretty（2003）则研究了自然资源管理中社会资本与集体行动的关系。在气候变化方面，Mark Pelling 和 Chris High（2005）对社会资本在适应气候变化的作用方面进行了研究，认为社会资本可以增加适应能力，产生减少针对气候变化脆弱性与响应背景压力的物质干涉和制度变革；Rayner 和 Malone（2001）则指出在面对气候变化与外部压力时，作为社会资本的人与人之间关系的密度，是促进个体与集体变化的基础资源。[①]

国内学者们也积极将社会资本理论运用于环境资源的相关问题研究，认为社会资本无论是对生态文明和环境的整体影响，还是对污染防治、自然资源管理和保护以及生态补偿和农村环境保护等具体方面的影响都非常关键。有学者阐述了社会资本影响生态环境的作用机理，指出要加强引入环境变化中的人文因素，研究环境态度、文化与政策及其相互作用关系，并以网络、信任、规范为测量社会资本的指标，以生态足迹为测量环境影响的指标，分析了甘肃村域层面社会资本与环境影响之间的关系；[②] 有学者引入社会资本理论对环境库兹涅茨曲线假说进行了实证检验，指出社会资本是解释环境污染物排放量的重要原因之一；[③] 有学者以社会资本理论为框架阐述和分析了生态文明建设，认为社会资本与生态文明之间存在紧密关联，社会资本的存量是推进生态文明建设的重要资源，对于塑造公共精神、完善政策法律体系和搭建参与合作平台具有重要作用，因而提升社

[①] 该段文献综述来自 CALIS 和 EBSCO 外文期刊数据库的查询并经笔者整理而成。See Platje Joost,"An Institutional Capital Approach to Sustainable Development", *Management of Environmental Quality*: *An International Journal*, 2008, Vol. 19.

[②] 详见赵雪雁《社会资本与经济增长及环境影响的关系研究》，《中国人口·资源与环境》2010 年第 2 期；《村域社会资本与环境影响的关系——基于甘肃省村域调查数据》，《自然资源学报》2013 年第 8 期。

[③] 详见卢宁、李国平《基于 EKC 框架的社会资本水平对环境质量的影响研究》，《统计研究》2009 年第 5 期。

会资本存量是建设生态文明的必然选择;① 有学者从社会资本理论视角研究了流域水资源、共用土地资源、森林资源等公共池塘资源的管理,着重分析了社会资本对森林资源社区共管的影响以及在流域水资源治理中的功能和运作机制,探讨了社会资本累积与流域水资源治理良性互动的框架,并指出社会资本应用于公共池塘资源管理,有利于克服政府和市场两种手段在管理公共池塘资源的缺陷,政府、市场和社区三种手段结合是推动"公地悲剧"转向"公地繁荣"的关键;② 还有很多学者详细研究了社会资本与生态补偿、农村生态环境等环境与资源保护的具体问题,认为社会资本对于促进生态补偿的实施,保护农村生态环境等具有重要意义。③

四 社会资本理论向法学领域的扩张

经查阅 CALIS 和 EBSCO 等外文期刊数据库得知,国外不少学者将社会资本理论引入了法律、法治的关联性研究,相关文献主要探讨了社会资本与法律的一般关系。Mazur（2002）研究了作为社会资本和可期待利益的信任与法律和伦理的关系;Yves Dezalay 和 Bryant Garth（1997）通过比较法治与关系资本主义的抗衡,分析了法律、律师与社会资本的关系;Fiona M. Kay 和 Jean E. Wallance（2009）通过研究法律实践中的性别、信赖和职业奖励,探讨了作为社会资本的信赖;Aaron Xavier Fellmeth（1996）通过分析信任与法治的关系,比较了美国与中国台湾的社会资本;Mcgreat Paul 和 Mcgreal Paul E.（2008）通过案例分析了公众场合祈祷中宗教规范的执行与宪法社会资本的关系;Bruce L. Arnold 和 Fiona M. Kay（1995）专门研究了法律实践和职业自律组织,分析了这类社会组织中的信任情况,认为这类组织是法律实践和职业自律的重要社会资本;Takahiro Hoshino（2006）通过分析东亚的守法精神、规范意识以及契约

---

① 详见陶国根《社会资本与建设生态文明的行动逻辑》,《福建农林大学学报》（哲学社会科学版）2014 年第 3 期。

② 详见李玉文《流域水资源管理中社会资本作用机制的实证研究》,经济科学出版社 2012 年版;刘戎《社会资本视角的流域水资源治理研究》,博士学位论文,河海大学,2007 年;占小林《社会资本对农村共用土地资源自主治理的影响》,湖南大学出版社 2013 年版;张克中《社会资本与公共池塘资源管理》,《江西社会科学》2006 年第 12 期。

③ 详见郭文献等《流域生态补偿社会资本模拟》,《中国人口·资源与环境》2014 年第 7 期;张方圆等《社会资本对农户生态补偿参与意愿的影响》,《资源科学》2013 年第 9 期;宋言奇《社会资本与农村生态环境保护》,《人文杂志》2010 年第 1 期;等等。

与信任态度，研究了其与相关认知型社会资本的关系；Wise Virginia J. 和 Schauer Frederick（2007）则比较了法律资料与美国法的发展，认为法律资料是一种重要的社会资本。[1]

在国内，一些学者也开始以社会资本理论为解释范式，研究社会资本与法律、法治的关联性。有学者分析了社会资本、民间社会组织与法治秩序的关系，认为社会资本是当代法治秩序的重要动力和支撑，但我国社会资本的异型发展制约了法律秩序的建立，因而有必要发挥民间社会组织的力量，促进社会资本的重建，推进中国的法治建设；[2] 有学者研究了社会资本、权力与法治的关系，认为在我国大力推进法治建设的关键时期，要使政治权力为构建新型社会资本服务，使社会资本成为法治的补充并推动法治秩序的构建；[3] 有学者则分析了公共权力、法治与社会资本积累的关系，认为专制的公共权力是社会资本积累的腐蚀剂，只有现代法治才是社会资本积累的机制，因而要从社会结构秩序化所必需的法治状态维度建构社会资本的积累机制。[4] 有学者探讨了社会资本与司法公信力的关系，分析了影响司法公信力的社会资本因素，提出了通过增加社会资本存量来提升司法公信力的相关对策；[5] 有学者研究了社会资本理论与纠纷解决的关系，认为要通过农村社区化建设，在农民日常生活中培育充分的社会资本，促进信任机制、有机参与网络以及规范系统的形成，即要通过发展多元社会资本促进以司法为中心的农村多元纠纷解决机制的形成；[6] 有学者把社会资本作为刑事政策研究的新的解释范式，分析了社会资本与刑事政策之间的密切关系，认为宏观上社会资本存量与控制犯罪效果成正比，微观上不同的社会资本对犯罪会产生不同的影响，并影响相应的刑事政策；同时，还用社会资本理论解释了青少年犯罪问题，认为当前青少年社会资本的缺失主要体现为社会纽带联系弱化或异化，是青少年犯罪生成的重要

---

[1] 该段文献综述来自 CALIS 和 EBSCO 外文期刊数据库的查询并经笔者整理而成。See Mazur, "Law and Ethics: Trust as Social Capital and as Encapsulated Interests", *Medical Decision Making*, 2002/22, et al.

[2] 详见马长山《社会资本、民间社会组织与法治秩序》，《环球法律评论》2004 年秋季号。

[3] 详见张清《社会资本、权力与法治》，《吉林大学社会科学学报》2007 年第 2 期；黎玉琴《公共权力、法治与社会资本的积累》，《现代哲学》2009 年第 2 期；等等。

[4] 详见黎玉琴《公共权力、法治与社会资本的积累》，《现代哲学》2009 年第 2 期；等等。

[5] 详见杨喜平《社会资本视野下的司法公信力》，博士学位论文，复旦大学，2008 年。

[6] 详见毛高杰《社会资本与农村纠纷解决》，博士学位论文，吉林大学，2012 年。

社会因素，提高青少年工作的社会资本存量是做好青少年犯罪预防的重要途径。[①]

综合国内外相关研究来看，社会资本理论已扩张至社会科学领域的主要学科和重要方面，成为分析社会现象的重要理论工具，对各种社会现象具有强大的解释功能，特别是近年来社会资本理论被引入环境资源保护和法治领域后，为环境治理和法治国家建设提供了新的理论范式，开辟了新的研究视角和领域，对于我们考察环境法治具有重要的启发和指导意义。

第三节 社会资本理论的基本内涵

"社会资本"是社会学与经济学交叉演化而成的一个具有重要影响的概念，其理论是资本理论家族的重要成员。相对于法学学科而言，社会资本更是一个全新的概念。从上述社会资本理论的发展历程和向相关社会学科的扩张过程可以看出，社会资本理论历经诸多学者的发展与阐释，其理论内涵日益丰富，虽然其中仍存在不少争议，但大多数学者对社会资本的定义、属性、构成、类型等的论述中存在不少共性。以下做一简要梳理，以明确其基本内涵而为后文论证奠定基础。

一 社会资本的定义

社会资本的定义具有多维性。不同学者基于知识背景和认知的不同，对社会资本的关注重点不一，有的从功能角度下定义，有的从组织和结构意义上来理解，有的侧重其社会制度（包括正式社会制度和非正式社会制度）的意义，有的重点关注社会规范和社会信任。[②] 有学者将社会资本的定义概括为五种类型：一是资源说，认为社会资本是从社会网络中产生的社会资源的集合体，这种资源是通过体制化的关系网络而实际获取或潜在占有；二是能力说，认为社会资本是主体之间及其与社会联系而获取稀缺资源的能力；三是功能说，认为社会资本是能给人的行动带来便利的社

[①] 详见汪明亮的相关著作和学术论文《社会资本与刑事政策》，北京大学出版社2011年版；《基于社会资本解释范式的刑事政策研究》，《中国法学》2009年第1期；《社会资本视野下的青少年犯罪原因及控制对策分析》，《青少年犯罪问题》2010年第4期。

[②] 参见李惠斌《什么是社会资本》，载李惠斌、杨雪冬主编《社会资本与社会发展》，社会科学文献出版社2000年版，第7页。

会资源；四是网络说，认为社会资本的外在形式就是社会结构、社会关系和社会网络；五是文化规范说，认为社会资本的本质实际上是互惠、信任等文化规范。①

还有学者把社会资本的定义概括为三种类型。"有关社会资本的三种观点逐步发展了概念的内涵。第一种观点包括大多数非正式的和地方的横向组织；第二种观点加入了科层组织；第三种观点建立在前两种观点基础上，加入了诸如政府和法律规则等正式国家结构。"② 第一种观点是以普特南为代表的定义类型，他把社会资本仅看作对一定区域或社区有影响的人们之间的横向联系，其所指的作为社会组织特征的社会资本，仅包括非正式的和地方的横向组织网络，而排除了正式的和纵向的组织网络；第二种观点是以科尔曼为代表的定义类型，虽然他仅把微观的社会资本发展至中观层面，但其所研究的社会资本是从社会结构出发，包含了所有横向和纵向的支配人们行动的社会结构和准则，也就包括纵横向的科层组织网络；第三种观点是社会资本更宽泛的定义类型，包括了影响规则发展和社会结构变迁的社会环境和政治环境。

著名政治经济学家埃莉诺·奥斯特罗姆把社会资本的定义概括为三类，即最狭义的社会资本观、过渡的社会资本观和扩展的社会资本观。③托马斯·福特·布朗（Thomas Fort Brown）则从另一角度将社会资本的定义分为三个层次：微观层面的社会资本分析即嵌入自我的观点；中观层面的社会资本分析即结构的观点；宏观层面的社会资本分析即包含结构的观点。④ 奥斯特罗姆和布朗对社会资本定义的这一概括基本是对应的，最狭义的社会资本观也即微观层面的社会资本分析，是指个人拥有的社会资本，强调个人的社会联系和网络；过渡的社会资本观也即中观层面的社会资本分析，是从社会结构资源视角来定义社会资本并强调社会资本的公共物品性质；扩展的社会资本观也即宏观层面的社会资本分析，是从社会组织的特征视角来定义社会资本，强调社会资本对集体行动和公共政策的

---

① 参见卜长莉《社会资本与社会和谐》，社会科学文献出版社2008年版，第72页。
② ［美］帕萨·达斯古普特、伊斯梅尔·撒拉格尔丁：《社会资本：一个多角度的观点》，张慧东等译，中国人民大学出版社2005年版，第57页。
③ 转引自周红云《社会资本理论述评》，《马克思主义与现实》2002年第5期。
④ 参见［美］托马斯·福特·布朗《社会资本理论综述》，载李惠斌、杨雪冬主编《社会资本与社会发展》，社会科学文献出版社2000年版，第78—79页。

意义。

上述对社会资本定义类型化的概括,表明社会资本是一个多维的概念,从不同的视角以及不同关注重点都可以做出不同定义。但系统梳理社会资本理论的发展历程和有关代表性学者的定义可知,学者们对社会资本的定义也有不少共性,这些共性为我们准确认识和深刻把握社会资本的定义并以之运用于相关社会现象的解释奠定了基础。

首先,这些定义都认为社会资本是一种重要的资本或社会资源,对经济社会发展和解释社会现象有着重要作用,即使有时表现为消极作用。社会资本的价值在于其资本或资源性质,这得到了绝大多数研究社会资本理论学者的认同。社会资本,正是基于物质资本和人力资本在解释经济社会发展中遇到的困境而被学者们在人与人之关系中发现的资源,社会资本理论的发展与繁荣进一步展现了社会资本的资源魅力,社会资本理论向其他学科的扩张过程,更凸显了社会之手的资源特性及其与国家和市场之手在资源配置中的相互促进和相得益彰。

其次,这些定义都强调作为资源的社会资本植根于一定的网络或社会关系之中,网络是社会资本的来源或存在的基础。社会资本理论产生阶段的布尔迪厄认为这种网络是一种持续性的、体制化的社会关系;社会资本理论发展阶段的科尔曼从社会结构角度研究网络,而普特南注重对公民参与网络的分析;社会资本理论繁荣阶段的伯特、波茨和林南等学者则在分析"结构洞"与网络封闭、网络成员关系和网络资源等网络的深度研究中阐述社会资本观;社会资本理论向其他学科扩张中的诸多学者也都注重运用网络来分析社会资本对政治稳定、经济发展、管理和制度运行高效以及社会各方面进步的作用。

再次,这些定义都注重分析网络中资源的构成或形态,一般认为包括互惠规范、信任、合作等。社会资本存在于网络之中,社会资本的资源特性嵌入网络,不同的学者曾用社会信用或信任、规范、制度、合作、知识和价值观念等概念来阐述这种资源的构成或形态。如科尔曼认为这种资源的形态主要表现为义务与期望、规范与有效惩罚、权威关系等,而普特南提出了对后人影响巨大的社会资本构成和形态,即嵌入网络中的规范与信任。不管学者们如何表达社会资本的构成和形态,正是网络中的互惠规范的形成和信任合作程度决定了网络中的资源大小以及助推经济社会发展作用的大小,以致众多学者普遍接受社会资本的三种基本形态:网络、规范和信任。

最后，这些定义大多认为社会资本可以是个人的、企业的、团体的、组织的、社会的甚至是国家的，虽然不同的学者关注的重点不同。布尔迪厄最初论及的是微观的社会资本，仅指个体的可以获取的社会资源；科尔曼将社会资本发展至中观层面，从社会结构角度研究了社会资本，为联结宏观层面的社会资本架起了理论桥梁；普特南将社会资本理论引入政治学领域研究制度绩效后，社会资本理论实现了由注重研究个人社会资本转向注重研究社区、组织、区域和国家社会资本的跨越。虽然之后有学者侧重从网络结构、网络成员关系等角度深入研究微观层面的个体社会资本，但绝不影响社会资本可以是社区、组织和国家的观点的成立。

二　社会资本的属性

综合社会资本的各种定义和学者们的相关论述来看，完全可以肯定社会资本是一种重要的且与物质资本、人力资本相并列的资本，因而它必然具有资本的一般属性，能够带来价值并可积累和投资。但社会资本与物质资本、人力资本的差异何在？埃莉诺·奥斯特罗姆曾经对此做过比较并将社会资本的特性概括为：不会因为使用但会因为不使用而枯竭；难以观测和度量；难以通过外部干预而形成；全国和区域性政府机构对社会资本的类型和范围有很大影响。[①] 还有不少学者从其他角度论述了社会资本的特性。分析社会资本属性的现有研究可知，尽管理论上存在不少争论，但以下方面得到了中外学界的基本认可。

（一）无形资产的属性

物质资本大多可以触摸，人力资本也储存于具体人的头脑中，可以识别和测量，但正如科尔曼所言："社会资本基本上是无形的，它表现为人与人的关系。"[②] 作为嵌入一定网络中的、看不见摸不着的一种无形资产，社会资本需要人或组织之间的联系并在这种联系中形成网络，催生规范、信任等对人与社会具有重要意义的资源。

[①] 参见［美］埃莉诺·奥斯特罗姆《社会资本：流行的狂热抑或基本概念》，载曹荣湘主编《走出囚徒困境：社会资本与制度分析》，上海三联书店2003年版，第31页。

[②] ［美］詹姆斯·科尔曼：《社会理论的基础》，邓方译，社会科学文献出版社1999年版，第356页。

（二）公私兼顾，以公共物品为主的属性

社会资本因存在于一定的网络中而成为网络成员能够获取的一种资源，成为个体的人际关系资源，不管个体是否是有目的的投资抑或基于出生而自然获得，该资本具有私人性。但作为集体或组织的社会资本，是一个国家、地区或组织的重要资源，虽可为个人所用但不能由个人控制，具有公共物品的特性。现代社会需要投入和积累的社会资本，特别是本书用于考察环境法治的社会资本，更强调的是其公共物品特性。"社会资本，如信任、规范和网络，一般来说都是公共用品，而常规资本一般则是私人用品。这是社会资本的一个特性。"[①]

（三）积极或消极的外部性

外部性在经济上的解释是："当一个人的消费或企业的生产活动对另一个人的效用或另一家企业的生产函数产生了一种原非本意的影响时，就会出现外部性。"[②] 概言之，外部性是指一个人的行为对他人产生了有益或有害的影响，有益的影响即为积极的外部性，有害的影响即为消极的外部性。社会资本特别是组织和团体的社会资本是公共物品，具有非排他性，因而也具有外部性。一般人们都普遍认可社会资本的积极外部性。随着组织和团体社会资本的积累，组织和团体内部的规范和信任可以为成员提供更多合作机会，甚至因为组织和团体的信誉而增加对外合作的机会，使组织和团体内外的人受益。但"所有类型的资本都可能带来危害而不是福利，因此无法保证社会资本一定能增加人类福利"[③]，如黑社会组织和邪教组织内部在遵照共同规范的基础实现了合作的目的，积累了社会资本，但却对社会产生了巨大的危害，也即产生了消极外部性。

（四）不可转让性

物质资本可以通过转让获取，作为劳动力的人力资本也可以通过引进人才予以弥补，但社会资本具有不可转让性。社会资本必须嵌入一定的网络，其资源的获取也基于一定的网络，并与其承载的网络共生共存。就个

[①] [美] 罗伯特·普特南：《使民主运转起来：现代意大利的公民传统》，王列、赖海榕译，江西人民出版社2001年版，第199页。

[②] [美] 丹尼斯·缪勒：《公共选择理论》，杨春学译，中国社会科学出版社1999年版，第33页。

[③] [美] 埃利诺·奥斯特罗姆：《社会资本：流行的狂热抑或基本概念》，载曹荣湘主编《走出囚徒困境——社会资本与制度分析》，上海三联书店2000年版，第46页。

体的社会资本而言,个体虽可从网络中获取资源,但却无法支配或控制其中的资源。当网络成员依赖的网络不复存在,社会资本也就丧失;当网络成员欲离开一定的网络,他也无法将自己在该网络中可能获取的资源带走或转让给网络之外的人。就组织的社会资本而言,社会资本丰富的组织或团体,也无法将其社会资本转让给社会资本欠缺的组织或团体。

（五）可再生性和自我强化性

物质资源具有短缺性,其中一些使用完后不可再生。构成人力资源的劳动知识和技能,会因不经常使用而衰退甚至丧失;而作为人力资源的劳动者,亦会因身体和年龄的原因而消失。但无论是个体社会资本还是组织社会资本,都具有可再生性和自我强化性,即使由于某种原因一度衰退或消失也仍可修复,而且还会因为经常使用而强化。就个体社会资本而言,使用机会增多的结果是个人结成的网络密度增大,从中可获取和交换资源的可能性也就更大;就组织社会资本而言,人们经过反复博弈而形成的信任、诚实与合作等规范和美德,具有良性互动的效果;反之亦然。"良性循环会产生社会均衡,形成高水准的合作、信任、互惠、公民参与和集体福利……在恶性循环的令人窒息的有害环境里,背叛、猜疑、逃避、利用、孤立、混乱和停滞,在互相强化着。"①

三 社会资本的构成

社会资本的构成是社会资本理论的核心问题。社会资本构成要素的确定与社会资本的定义紧密相关,不同的定义往往对社会资本的构成产生不同的认识。科尔曼提出了义务与期望、信息网络、规范与有效惩罚、权威关系、多功能社会组织和有意创建的社会组织五种社会资本的形态,实际上就是对社会资本构成的一种概括;普特南对社会资本的定义是社会组织的特征,并通过举例把信任、规范和网络看作社会资本的基本构成要素;波茨的社会资本观强调网络成员通过其资格在网络中或社会结构中获取资源的能力,把关系网络和成员资格看作是社会资本的构成要素;奥斯特罗姆认为"社会资本是关于互动模式的共享的知识、理解、规范、规则和

---

① ［美］罗伯特·普特南:《使民主运转起来:现代意大利的公民传统》,王列、赖海榕译,江西人民出版社2001年版,第208页。

期望,个人组成的群体利用这种模式来完成经常性活动"①,因而她认为社会资本的核心构成是共享的知识、理解、规范和期望;福山则认为社会资本是社团中以信任为基础的非正式规范,把社会成员的普遍信任理解为社会资本的基本构成。②

还有学者从分层分类的角度来理解社会资本的构成。社会资本可以分为个体社会资本与团体社会资本。个体社会资本体现的主要是个人能力,其构成要素主要包括个人的人际关系和成员资格或组织成员身份;团体或组织社会资本体现的主要是团体、组织甚至是一个社会和国家的能力,其构成要素主要包括网络、关系和文化。社会资本也可以分为结构型社会资本和认知型社会资本。结构型社会资本是从网络角度界定的,是指网络和社会结构,因而其构成要素是社会组织、社会网络和社会关系;认知型社会资本与价值、态度和信仰有关,通常被理解为一种文化,其构成要素主要包括规范和信任。③

综上所述,学者们对社会资本的构成表述不一,但其共同之处是都把网络、规范和信任视为社会资本的核心构成要素。"纵观不同的社会资本文献,信任和网络被认为是社会资本的两个关键内容。其他的词,规范或者义务也经常被提到。"④ 以下从网络、规范和信任三个方面介绍主要学者对社会资本构成的相关论述。

(一)网络

大多数学者都把网络或社会关系看作是社会资本构成的客观方面,是研究社会资本的起点和中心。布尔迪厄认为社会资本产生于人与人之间熟识和认可的关系,这种关系网络如果具有持续性并体制化便可为其成员提供资源;科尔曼也强调社会网络特别是社会结构的重要性,并认为网络是嵌入社会结构的人与人之间、团体与团体之间及其相互之间的复杂关系;

---

① [美]埃利诺·奥斯特罗姆:《社会资本:流行的狂热抑或基本概念》,载曹荣湘主编《走出囚徒困境——社会资本与制度分析》,上海三联书店2000年版,第27页。

② 参见[美]弗兰西斯·福山《信任——社会道德与繁荣的创造》,李宛蓉译,远方出版社1998年版,第35页。

③ 参见燕继荣《投资社会资本——政治发展的一种新维度》,北京大学出版社2006年版,第114—116页。

④ Tom Schuller, Stephen Baron and John Field, "Social Capital: A Review and Critique", in Stephen Baron, John Field and Tom Schuller eds., Social Capital: Critical Perspectives, Oxford University Press, 2000, p. 176.

普特南将网络分为横向水平网络和纵向垂直网络，认为公民参与网络是横向互动的网络，正是公民参与网络最终导致意大利南北政府绩效的差异；马克·格兰诺维特（M. Granovetter）认为社会资本是嵌入社会关系网络的一种资源，网络是信任、规范的载体；① 波茨从网络成员关系角度论证了社会资本，并专门分析了关系网络具有互惠交换、强制信任、价值内化与有机整合等特点；博特则重点分析了网络中的"结构洞"，以及影响网络结构的网络规模、网络限制、网络等级和网络密度；林南则重点分析了网络和社会结构中的资源，并认为社会资本的存量及其嵌入的资源主要取决于结构位置的优势、社会关系的优势、网络位置的优势、网络位置与结构位置之间的互动等。②

（二）规范

与网络紧密联系的是网络关系内部的规范或制度，包括正式规范和非正式规范，大多数学者都将其视作社会资本构成的主观方面。从广义上理解，一般认为规范是规定什么行为是可以做的或禁止做的，或者什么行动是被允许的或被制裁的。正是网络中人与人、人与群体以及群体之间的相互交往特别是相互间的重复博弈催生了一定规范，用以调整网络成员的行动而成为一种社会资本的重要构成。"关系紧密的群体内的成员开发并保持了一些规范，其内容在于使成员们在相互之间的日常事务中获取的总体福利得以最大化。"③ 科尔曼认为规范与有效惩罚是社会资本的基本形态之一；而奥斯特罗姆则指出规范是人类致力建立秩序的可预测性的结果，并把共享的规范、知识与规则等作为社会资本的重要形态和解决集体行动困境的方式。大多数学者认为正式规范与非正式规范都是社会资本的构成；但也有学者认为社会资本更多是非正式规范，认为合法的正式规范特别是国家的强制规范对解决集体行动无效甚至有时可能影响社会合作；还有诸如福山这样的大学者认为社会资本不包括正式规范，而仅仅包括非正式规范。对此，奥斯特罗姆等学者认为不能否认国家和地区层次的正式规

---

① 转引自梁莹《社会资本与公民文化的成长——公民文化成长与培育中的社会资本因素探析》，中国社会科学出版社2011年版，第76页。

② 详见［美］林南《社会资本——关于社会结构与行动的理论》，张磊译，上海人民出版社2005年版，第58页。

③ ［美］罗伯特·C. 埃里克森：《无需法律的秩序——邻人如何解决纠纷》，苏力译，中国政法大学出版社2003年版，第204页。

范的重要性，提出法律规则、民主制度和政府对任何社会都是有价值的社会资本，还有诸如格鲁塔尔等学者认为正式化的制度结构，如法律规则、政体、政府、司法系统等是社会资本的最主要内容。①

（三）信任

信任是各大学科高度关注和研究的学术概念，其含义上源远流长，且从不同视角可以作出不同定义。霍斯莫尔（Hosmer）曾概括了信任的五种类型定义：个体期望角度、人际关系角度、经济交换角度、社会结构角度、伦理角度。② 心理学家多依奇（M. Deutsch）最早从个体期望角度界定信任；以齐美尔（Georg Simmer）、安东尼·吉登斯（Anthony Giddens）为代表的社会学家很早从社会关系或社会制度角度研究了信任问题，认为信任是社会最重要的综合力量之一，没有信任社会就将面临瓦解，并认为分析现代社会必须关注信任问题；③ 以肯尼斯·阿罗（Kenneth J. Arrow）为代表的经济学家也都认为信任是经济交换的有效的润滑剂。④ 社会资本理论兴起后，信任一词虽然在定义上仍存在较大争议，但作为社会资本的关键要素却得到了学者们较为一致的认可。科尔曼认为信任是社会资本的形式，是在风险中致力于追求最大化功利的有目的的行为，能减少监督与惩罚的成本。⑤ 普特南认为，信任是社会资本的核心概念，也是社会资本最重要的构成要素，因为信任能降低成本并有效地推动社会行动的实现。福山把信任看作是社会资本的重要组成，而且几乎将信任等同于社会资本，"所谓社会资本，则是在社会或其特定的群体之中，成员之间的信任普及程度"⑥。他认为社会资本以社会信任为基础，并从信任中产生能力，而信任又以文化为基础，经信任的传递，文化成为社会资本深层的决定性条件。⑦ 奥斯特罗姆也认为信任是促进合作的关键因素，社会资本的其他

---

① 参见周红云《社会资本理论述评》，《马克思主义与现实》2002年第5期。
② Hosmer, "Trust", *Academy of Manangement Review*, Vol. 20, 1995 (2).
③ 参见林聚任等《社会信任和社会资本重建——当前乡村社会关系研究》，山东人民出版社2007年版，第145页。
④ 参见郑也夫《信任论》，中国广播电视出版社2001年版，第16—17页。
⑤ 参见[美]詹姆斯·科尔曼《社会理论的基础》，邓方译，社会科学文献出版社1999年版，第136页。
⑥ [美]弗兰西斯·福山：《信任——社会道德与繁荣的创造》，李宛蓉译，远方出版社1998年版，第62页。
⑦ See Francis Fukuyama, *Social Capital and Civil Society*, The Institute of Public Policy, George Mason University, October 1, 1999.

要素也大多是通过信任来促成集体行动。总的来说,大多数学者认为信任是在社会资本的网络与规范等其他要素中产生的,是社会资本的核心要素。纽顿正是在这个意义上提出,不可能存在一个有关信任的没有麻烦的定义,更不可能存在一个比信任更好的社会资本指标。正如前文所述,他还以信任为基本象征划分了深度信任的迪尔凯姆模型、浅度信任的托克维尔模型和现代社会中的抽象信任三种社会资本模型,并以之对应解释初级民主、次级民主和抽象民主三种民主模式。

四 社会资本的类型划分

类型化是研究的重要手段和方法。学者们在研究一个新事物时,往往要对该事物进行类型化分析,以进一步把握该事物的属性和特点。社会资本理论家们在研究社会资本时,往往也将社会资本分成几种类型。前文在论述社会资本的发展历程以及社会资本的定义和构成时,已涉及社会资本在某些方面的分类。社会资本的类型不是绝对的,根据不同的标准,站在不同的角度,可以划分出不同的类型。以下根据社会资本理论家们的分析,就几种主要的社会资本类型予以简要论述,以便更好地认识和理解社会资本理论的基本维度。

(一)个人社会资本与团体或组织社会资本

这是按照获取社会资本的主体不同而划分的一对基本类型。个人社会资本或个体社会资本,是指个人或个体在一定的社会关系网络中所拥有的可以用来实现个人目标的社会资源。这是从微观层面分析社会资本的结果,决定这种社会资本大小的主要因素包括个体与社会网络联系的强弱度、个体在社会网络中的地位和社会关系网络的规模等。博特、波茨、林南等注重从社会网络中分析个体可以获取的社会资本。团体或组织社会资本是一个团体或组织乃至一个社会、地区和国家拥有的嵌入在社会网络中的可用于追求团体或组织目标,实现集体合作的资源。这是从中观和宏观层面分析社会资本的结果,这种社会资本大小的主要因素有社会结构的稳定程度、公民参与程度、信任情况和政治权威情况等。科尔曼、普特南分别从社会结构和社会组织角度研究了团体或组织社会资本。

(二)政府社会资本与民间社会资本

这是按照提供社会资本的主体不同而划分的一对基本类型。政府社会资本一般也称正式的社会资本,是指影响人们互惠合作的政府制度,包括契约的实施、法治和政府允许的公民自由范围。而民间社会资本一般也称非正式社会资本，是指共同的价值、规范、非正式网络和社团成员资格。① 显然，这种类型划分的前提要认可国家法律规则等正式规范是社会资本，如福山仅把非正式规范作为社会资本，那么在他的理论中就不存在政府社会资本之说。这种类型划分的意义在于既充分调动政府与社会两种资源来克服集体行动的困境，又区分两种资源作用的不同。政府社会资本主要通过提供正式规范并通过国家强制力来约束人们的行为，而民间社会资本以其普遍信任和自我约束减少交易成本来提高效益。

（三）结构型社会资本与认知型社会资本

这是从社会资本的主客观方面而划分的一对基本类型。社会资本的基本构成要素即网络、规范和信任一般被分为客观和主观两个方面：客观方面是社会网络或社会结构，即基于一定的人与人、团体与团体或二者相互之间结成的人际关系或网络，既反映了社会的结构关系，也体现了社会的客观现象，是社会关系网络的非人格化方面，一般被称为结构型社会资本；主观方面包括规范和信任，是镶嵌于一定网络的主体之间经过长期的反复博弈而形成的具有很高认可度的共同准则和相互依赖，既反映了主体对共同行为的主观认知和认同，也体现了与主体行动有关的一种社会文化，是社会联系的人格化方面，一般被称为认知型社会资本。也有学者将后一种社会资本细分为关系性维度和认知性维度，其中关系性维度体现为网络的具体内容，包括人际信任、义务与期望、共同遵循的规范和身份标识等；而认知性维度则是网络的认知因素，包括共享的语言和符号、共享的愿景和默会知识等。②

（四）水平结构社会资本与垂直结构社会资本

这是根据社会资本所嵌入的网络或社会结构的特点而划分的一对基本类型。水平结构的社会资本也称横向社会资本或网状社会资本，其所嵌入的社会关系或网络体现为对称的横向联系，呈现横向结构特点，网络中的人或组织具有相同的地位和权力。垂直结构的社会资本也称柱状社会资本

---

① 参见［美］斯蒂芬·克拉克《增长与贫困》，载曹荣湘主编《走出囚徒困境——社会资本与制度分析》，上海三联书店2000年版，第272页。

② 参见郭毅、朱熹《社会资本与管理学研究新进展——分析框架与应用述评》，载郭毅、罗家德主编《社会资本与管理学》，华东理工大学出版社2007年版，第42页。

或纵向社会资本,其所嵌入的社会关系或网络体现为等级制的纵向联系,网络中的人或组织是不平等、不对称的等级和依附关系。普特南更关注水平结构的社会资本,认为一个组织越具有横向性,就越能够发挥正效应,实现互惠合作和制度成功,解决集体行动的困境。他高度关注并研究了邻里组织、合作社、合唱队等公民参与网络的密切横向互动。而垂直结构社会资本虽能维持一个集团内部的合作,但具有高度排外性,不利于全社会形成信任与互惠合作,更多地发挥的是负效应。①

以上对社会资本基本类型的划分,提供了分析社会资本的四个不同视角。第一种类型的划分,澄清了社会资本的拥有者或获得者的认识,有助于从个人和团体两个角度分析两种不同性质的社会资本并以之考察相关的社会现象;第二种类型的划分,明确了社会资本的积累主要来自政府和民间两个方面,有助于认识增加社会资本的方向;第三种类型的划分,来自对社会资本构成和功能的分析,有助于明确社会资本的构成要素和呈现方式,以便更好地推进社会资本的积累;第四种类型的划分,来自对社会组织或网络结构的分析,有助于明确社会资本的投资方向是横向水平联系的网络建构。

第四节　社会资本理论考察环境法治的视角选择

理论具有多维性和多层性,用一个理论特别是其他学科的理论考察另一个学科的事物,从其多维与多层中作出界定并选择合适的视角非常重要。社会资本理论的相关研究表明,其不仅在定义、属性、构成、类型等理论框架方面体现了多层性和多维性,而且还在其相关问题的争议方面体现了复杂性。因而,将社会资本理论引入环境法治进行考察,必然要对其多层性、多维性与复杂性的定义作出界定并选择适度的考察视角。

一　本书对考察环境法治的社会资本界定

社会资本定义的多维性、属性的多面性、构成的多层性以及类型划分的多样性,表明社会资本是一个极具争议却又有开放性和包容性的理论。

---

① 参见[美]罗伯特·普特南《使民主运转起来:现代意大利的公民传统》,王列、赖海榕译,江西人民出版社2001年版,第206页。

但正是学术的争鸣和理论的开放包容，推动了社会资本研究的繁荣以及社会资本理论运用的广泛。每一学科甚至每个学者在运用社会资本理论解释某种社会现象甚至是同一种社会现象时，都会对社会资本作出自己的界定并一以贯之于相关研究之中。因而，运用社会资本理论考察和解释环境法治现象，在梳理社会资本理论的基本概貌后，也要对社会资本进行界定。但本书研究的目的不在于如何科学界定社会资本，而在于如何运用社会资本理论考察以及解释、矫正环境法治的问题并从社会资本理论角度提出完善建议。或许对社会学、经济学或管理学等学科而言，本书对社会资本的界定是不成熟的，但笔者将努力在概括各大学科和广大学者的社会资本共识性因素的基础上，特别是立足对环境法治考察意义层面对社会资本作出界定并分析如下：

社会资本是根植于一定的社会关系或社会结构中的，嵌入一定网络、规范和信任等主客观因素及其蕴含的文化中的，可以促进或阻碍经济社会或其某方面发展的重要资源。

首先，该定义是立足社会资本的中观和宏观层面作出的界定。社会资本经历了微观、中观至宏观层面的发展历程。其最早的研究关注的是微观层面个人之间的社会联系和网络，强调的是个体可以从中获取的资源。本书考察的环境法治虽然也涉及公民因环境资源利益受损而从其网络中获取资源以诉诸法律保护，但环境法治从整体上来看，主要是国家、社会以及地区和组织层面运用法律法规治理环境资源的过程和状态。因而本书主要从社会结构和社会组织特征角度关注社会资本对环境法治集体行动的重要意义。

其次，该定义概括的社会资本构成包括网络、规范和信任等主客观因素及其蕴含的价值文化。这里的网络不仅是普特南关注的横向互动联系的网络，而且还包括等级制的纵向联系的网络；既包括国家的整体社会结构，又包括具有平等和隶属关系的区域之间、组织和团体之间以及个人与组织之间的基于相互联系而形成的纵横向网络。简言之，包括各个层面的纵横向网络以及正式与非正式网络。这里的规范更接近福山强调的非正式规范，不包括由国家强制力保证实施的以法律法规等形式出现的强制规范，但包括民间的不能由国家强制力保证实施但却得到社会与民众高度认同的社会规范及其蕴含的价值理念和伦理习惯等，也包括国家机关以文件形式颁发的政策、与其他主体签订的行政协议以及虽没有下发文件或签订协议但约定俗成或实际执行的行政规范及其蕴含的价值理念和伦理习惯。从广义上来说，以法律法规形式表达的国家强制规范等正式规范也是社会资本的构成，但从社会资本概念的提出背景特别是结合考察环境法治的意义来看，法律法规不宜作为社会资本的范畴，只有法律法规背后的价值理念等才能算作规范。不少学者提出社会资本也可以包括一定的正式规范，但该正式规范也不是国家强制规范，而仅指公司、志愿性团体和其他组织基于自治需要而制定的或约定俗成的准则。[①] 这里的信任是基于一定网络和规范在个人、组织、地区乃至整个国家内部形成的一种可预见性、可依靠性和信赖，既包括个人之间、组织之间以及个人与组织和国家之间的信任，可以从心理学、社会学和政治学等不同学科角度分为人际信任、社会信任、政治信任，也可以从社会学角度内部再分为特殊信任与普遍信任或人格信任与系统信任等。社会资本的这三个核心构成是相辅相成、相互促进的，网络是社会资本的来源，是规范和信任赖以形成的客观基础；规范是在网络中通过主体间重复博弈而形成的规则、准则以及相应的价值理念等；而信任是社会资本的核心要素，也是社会资本最重要的构成，是网络和规范的集中体现。

再次，该定义既重视社会资本的积极作用，也警惕社会资本的消极作用。研究社会资本的学者往往关注社会资本的积极作用，认为社会现象中存在的问题主要是社会资本的缺失，因而更多围绕社会资本的投资或积累而展开研究。事实上，社会现象中存在的问题也表明某种消极作用的社会资本存量过多，需要分析这种发挥消极作用的社会资本的存在及化解。环境法治的考察，我们需要研究和发现的不仅是能够推动环境法治发展，提高环境法治绩效的社会资本，还要分析环境法治问题赖以存在和阻碍环境法治绩效的社会资本并对其予以化解。

最后，该定义强调社会资本的资源属性以及社会资本的各种类型。社会资本是一种与物质资本、人力资本并列的重要资本，是物质资本和人力资本的黏合剂，有助于提高制度的绩效。我国环境法治体系建设取得的主要成就，体现了国家加大对环境法治的物质资本和人力资本的投入，而没有重视对社会资本的投资，以致未能有效建构充分发挥环境法治体系作用的支撑系统，极大影响了环境法治的绩效。同时，社会资本的类型多样，

[①] 参见周红云《社会资本理论述评》，《马克思主义与现实》2002年第5期。

包括个体社会资本与团体或组织社会资本、政府社会资本与民间社会资本、结构型社会资本与认知型社会资本、水平结构社会资本与垂直结构社会资本，这些社会资本的类型都为国家今后在环境法治中加大社会资本投资指明了方向。

二 社会资本理论考察的视角选择：网络、规范、信任

社会资本的定义特别是社会资本的构成揭示了社会资本的基本要素，是作为该理论考察环境法治的最好视角选择。但从现有理论来看，社会资本具体由哪些要素构成尚存在一定争议，即使是大多数学者较为认同的网络、规范和信任这三大构成要素，其具体内涵也存在较大争议。就网络而言，有的学者认为仅限于横向网络，而有的学者认为包括纵横向网络；就规范而言，有的学者认为规范包括正式规范和非正式规范，而有的学者认为只包括非正式规范，即使是共同认可的正式规范或非正式规范，不同的学者对其理解也存在较大差异；信任的内涵也同样存在上述问题。同时，作为从其他学科引入的社会资本，在考察环境法治的视角选择时也要进行概念的结合与转换。以下就根据前文对社会资本特别是社会资本构成的界定选择网络、规范和信任三个考察环境法治的相应视角并分析如下。

（一）网络的视角

前文已阐述相关学者从网络结构、网络成员关系和网络资源等角度论证社会资本，并结合研究需要界定本书考察环境法治的社会资本是宏观和中观层面的社会资本，因而，作为考察环境法治视角的社会资本理论的网络主要是社会结构、组织之间以及公民个人与组织之间基于一定的关联而形成的关系，而不包括公民个人之间相互关联形成的网络关系。

社会结构是社会学领域重点研究且被包括法学在内的其他各大社会科学普遍使用的学术概念。"社会结构居于社会学研究的最核心之处。"[1] 在社会学领域，不同学者有关社会结构的含义相差较大，但一般认为社会结构是一个群体或一个社会中的各组成要素的相互关联方式。社会结构在广义上包括经济结构、政治结构和社会结构等，是经济、政治、社会等领域

---

[1] Smelser, N. J. ed., *Handbook of Sociology*, Sage Publications, 1988, p. 103.

的结构状况;在狭义上主要是指社会阶层结构或城乡二元结构。① 社会结构作为一种从宏观角度研究的社会资本,是环境法治发展的外部环境和基本网络,是考察环境法治的基础性视角。我国的环境法治发展状况与我国的经济结构、政治结构和社会结构的变迁等都有着密切的关联,因而广义的社会结构是基于网络考察环境法治的基本视角。

环境问题的引发,根源于人以及由人组成的政府、企业等各类组织与自然之间的关系,环境法治的主要目的也是调整以自然为中介的人与人(这里的人包括由人组成的政府和各类组织)之间因对待环境与自然的态度而形成的关系以及人与自然之间的关系。因而,组织之间以及公民个人与组织之间的关联模式也是环境法治的重要网络,是考察环境法治的重要视角。由于前文界定的社会资本的网络包括各个层面的纵横向网络以及正式与非正式网络,因而这里的组织涉及面非常之广,可以是国家机关、企事业单位、社会团体和公民志愿性组织等。社会资本的网络与环境法治结合后,可以转换成一系列相应的法学概念。从法治的运行环节来看,这一网络和环境法治结合后可以转换成环境立法网络、环境执法网络、环境司法网络、环境守法和环境法治监督网络等环境法治运行中的具体关联模式。环境法治的问题可以从环境法治的上述网络中考察和分析原因,环境法治体系建设特别是环境法治绩效的提高也可以从构建、拓展与优化环境法治的上述网络中寻找答案。

(二) 规范的视角

有学者指出,制度是由人们共同接受的约束人的行为的规则所构成的规范,② 前文也述及规范或制度是社会资本的重要构成,表明这里的规范或制度在含义上基本相通。从制度的学术研究来看,要给其下一个统一的定义是非常困难的,"给诸如'制度'之类的任何概念下一个合适的定义将取决于分析的目的"③。当今的主流观点是从博弈理论角度阐述制度概念,认为制度是系列的行为规则或规范,对我们理解规范甚至是社会规范具有重要启发和意义。最早从博弈论研究制度的美国经济学家安德鲁·肖

---

① 参见[美]戴维·波普诺《社会学》,李强译,中国人民大学出版社2000年版,第94页。
② 参见王曦、罗文君《论环境管理失效的制度原因》,载高鸿钧等主编《清华法治论衡》第13辑,清华大学出版社2010年版,第302页。
③ [日]青木昌彦:《比较制度分析》,周黎安译,上海远东出版社2001年版,第2页。

特（Schotter）认为制度是社会成员所赞同的、由自我维持或某个权威所维持的一种社会行为规则，规定了特定或反复出现情况下的行为。[①] 肖特的这种观点被称为"内生博弈均衡制度说"，强调的是那种如哈耶克所说的自生自发社会秩序演化而成的制度。[②] 而新制度经济学代表学者道格拉斯·C. 诺思（Douglass C. North）则注重外生性的制度和规范，认为"制度是一个社会的博弈规则，或者更规范地说，它们是一些人为设计的、型塑人们互动关系的约束"[③]。这里的制度显然还包括主权者设计或制定的以及社会参与人通过谈判协商产生的制度，包括正式制度与非正式制度。[④]

规范是哲学、伦理学、人类学、社会学、经济学和法学等多个人文社会学科共同研究的对象。然而，规范是什么？哲学家一般认为，规范是范式，是一定网络成员共有的一整套规定，决定着网络成员的共有信念和价值标准。社会学家和行为科学家一般认为，规范是基于历史形成或规定的行为与活动的准则和标准，如科尔曼认为"规范的存在条件是社会认定对规范涉及的各种行动进行控制的权利……规范定义的权利不是法定的权利……是非正式的，是社会认定的权利"[⑤]；还有学者把规范与社会组织紧密相连，认为规范是社会组织根据自身的需要而提出的、用以调节其成员的社会行为的标准、准则或规则。[⑥] 总的来看，各大学科所指的规范可分为思想规范、政治规范、文化规范、道德规范、社会规范、法律规范、

---

① 参见[美]安德鲁·肖特《社会制度的经济理论》，陆铭、陈钊译，上海财经大学出版社2005年版，第17页。

② 哈耶克认为社会型构的社会秩序不是生成的就是建构的：前者是指"自生自发的秩序"（spontaneous order），后者是指"组织的"（organization）或人造的秩序（a made order），道德、宗教等社会规范都是自生自发的社会秩序，或者说是"人之行动而非人之设计的结果"（参见邓正来《哈耶克法律哲学的研究》，法律出版社2002年版，第10—11页）。本书在此引入"自生自发"概念意指肖特的制度观强调制度的非国家制定性，属于非正式制度范畴。

③ [美]道格拉斯·C. 诺思：《制度、制度变迁与经济绩效》，杭行译，格致出版社、上海三联书店、上海人民出版社2008年版，第3页。

④ 经济学上将正式制度与非正式制度也称为外在制度和内在制度。外在制度通常是指整个法律体系，而内在制度主要指风俗习惯、道德等。参见《"环境法治的拷问与省思"研讨会纪要》，载高鸿钧等主编《清华法治论衡》第13辑，清华大学出版社2010年版，第438页。

⑤ [美]詹姆斯·科尔曼：《社会理论的基础》，邓方译，社会科学文献出版社1999年版，第284页。

⑥ 参见冯忠良《关于行为规范及其接受的认识》，《北京师范大学学报》（社会科学版）1992年第1期。

工作规范、生活规范和学习规范等。

从法学特别是法经济学视角有关规范特别是社会规范的研究来看，其所指的规范与前文界定的考察环境法治的规范，在外延既有一致之处也有不同之处。罗伯特·C. 埃里克森（Robert C. Ellickson）把前人对社会规范理论的研究从人文解释推进到了社会科学方法的层次，并认为社会规范与法律的区别在于前者的制裁来自社会而后者来自政府。[①] 经济分析法学的开创者理查德·A. 波斯纳（Richard A. Posner）在用经济方法分析法律的同时也不忘用排除法界定社会规范不是立法机关或法院等官方机构制定的，也不是通过法律制裁实施的，但常常被遵守的一种规则。[②] 波斯纳的儿子埃里克·A. 波斯纳（Eric A. Posner）则进一步发展了埃里克森开创的社会科学方法论，用社会规范方法论系统分析了法律与非法律合作机制的关系，认为社会规范是内生的，是我们给行为常规贴的标签，其与其他行为常规的区别在于违反后将受到的社会制裁。[③] 国内学者张维迎则认为社会规范与法律的最大差别在于执行机制上，前者由政府或法院等专门机构来执行，而后者具有多元化的执行机制。[④] 概言之，法学特别是法经济学者强调社会规范的来源是社会而不是政府，社会规范能够得到较为普遍的遵守。但笔者以为，国家机关以文件形式颁发的环境政策、与其他主体签订的环境行政协议以及没有下发文件或签订协议但约定俗成或实际执行的环境行政规范，虽然不一定属于上述法经济学所指的社会规范，但它们显然不属于环境法律法规，构成的制度不是环境法律制度，从外部对环境法治会产生重要影响，因而对考察环境法治具有重要意义并可与社会规范一起成为基于规范考察环境法治的最好视角选择。

由此可以得出，本书考察环境法治的规范，是基于一定环境法治网络内在博弈均衡而产生的，或者网络成员人为设计或谈判协商而形成的但未上升为法律法规的约束网络成员的行为规则及其蕴含的价值文化理

[①] 参见 [美] 罗伯特·C. 埃里克森《无需法律的秩序——邻人如何解决纠纷》，苏力译，中国政法大学出版社 2003 年版，第 154 页。

[②] 参见 Richard A. Posner, "Social Norms and the Law: A Economic Approach", *American Economic Review*, 1997 (87)。

[③] 参见 [美] 埃里克·A. 波斯纳《法律与社会规范》，沈明译，中国政法大学出版社 2003 年版，第 50 页。

[④] 参见张维迎《信息、信任与法律》，生活·读书·新知三联书店 2004 年版，第 23 页。

念和伦理。这些规范属于环境治理中的规范，但不包括以国家或政府组织名义制定或颁布并由国家强制力保证实施的环境法律法规。简言之，本书考察环境法治的规范是除国家以立法形式制定的法律法规之外的调整人与生态环境之间关系以及以生态环境为中介的人与人之间关系的所有规范。这些规范虽不是法律法规，但与环境法治之间有着紧密关联，其中有很大一部分是国家环境立法、执法和司法等法治环节的重要理念和指导思想，有的因国家认可而成为环境习惯法，有的甚至成为国家环境治理中的重要政策和行政规范。同时，这些规范有积极和消极两方面的作用，有的可以促进环境与资源的保护，有的却基于网络成员的特殊利益关系而成为阻碍环境与资源保护的"土政策"。这些规范与环境法治结合后，可以转换为一系列环境法学概念，包括环境文化规范、环境习俗规范、环境软法规范等基本规范类型以及环境法治理念、环境政策、环境伦理、环境习惯法、环境行政指导规范、环境自治规范和自律规范等其他规范。但它们内部也存在较大冲突，并与国家环境法治观念、环境法律制度和环境法治运行存在不少矛盾，环境法治的问题可以从这些规范中考察和分析原因，环境法治体系建设特别是环境法治绩效的提高也可以从这些规范的整合中寻找答案。

（三）信任的视角

在社会资本理论产生以前，信任就作为一个重要理论被心理学家、社会学家、经济学家等关注并通过类型或模式划分解释人之行为以及经济社会发展。马克斯·韦伯将信任分为特殊信任和普遍信任并分析了中西方国家的信任类型及其对社会发展的影响，认为特殊信任是基于亲情并以道德、意识形态等非正式制度为保障的信任，如血缘关系、地域关系，中国总体上属于这种信任关系模式；而普遍信任不以情感为基础，是基于契约和法律准则并由契约和法律为保障的信任，其关键是严格遵守契约和法律，美、德等国属于这种信任关系模式。卢曼从社会学角度将信任分为人际信任和系统或制度信任，认为人际信任是以情感为基础的人与人之间的信任关系，而系统信任则是以交往规范和法律制度为基础的，对一般化交往媒介（如货币等系统）的信任。他认为二者是相互促进的，制度镶嵌并根源于人际交往的关系网络中，人际信任有助于整个社会信任的提高。吉登斯把信任分为特殊信任与制度信任，认为前者主要存在于前现代社会而后者主要存在于现代社会。① 社会资本理论产生后,信任被大多数学者融入该理论并认为是产生于一定网络和规范的核心社会资本。

无论学者们如何划分信任的类型并用于解释社会现象,但信任关系的解释框架主要包括谁信任、信任谁、为什么信任即信任的主体、对象和环境圈等要素。② 环境圈其实是包含经济圈、政治圈、文化圈和社会圈的广义的社会结构,属于孕育信任的宏观网络,而信任的主体与对象是信任关系的核心要素。前文已论述,我国环境问题的产生,根源于以经济结构为核心的广义社会结构,并与组织之间以及公民个人与组织之间的网络紧密相关。但从信任关系视角来看,社会网络成员是信任的主体,主体的行为或行为结果是信任的对象,主体基于对大部分甚至小部分对象的不信任,在环境保护与资源开发利用上体现的后果,就是在追求利益的过程中对自然资源无节制的掠夺和对生态环境的肆意破坏。

我国社会正处于从特殊信任模式到普遍信任模式的转型阶段,信任主体之间依靠亲情维系的信任关系正在被逐渐打破,但以契约和法律为基础的信任关系尚未建立,以致出现了熟人之间的"杀熟现象"和陌生人之间的"背信弃约"甚至尔虞我诈两种怪象并存。这种信任危机贯穿于人际信任、社会信任和政治信任等各种信任关系之中,体现在环境法治领域就是引发环境法治观念、制度和运行中的相关问题,导致环境法治的失灵并导致前文所述相关典型环境群体性事件的爆发。因而,有必要从社会资本的信任视角考察环境法治。信任关系与环境法治结合后,也可以转换成环境法治的观念信任、制度信任以及由环境立法信任、执法信任、司法信任等构成的环境法治运行信任的一系列相应的法学概念。环境法治的问题可以从环境法治的上述信任关系中考察和分析原因,环境法治体系建设特别是环境法治绩效的提高也可以从构建与拓展环境法治的上述信任关系中寻找答案。

三 环境法治接受考察的视角选择:观念、制度、运行

环境法治也具有多层性和多维性,有关环境法治的内涵及其包含的层

---

① 参见林聚任等《社会信任和社会资本重建——当前乡村社会关系研究》,山东人民出版社 2007 年版,第 146—147 页。

② 参见上官酒瑞《现代社会的政治信任逻辑》,上海世纪出版集团 2012 年版,第 68 页。

面也存在较大争议。引入社会资本理论考察环境法治，在界定社会资本的内涵并选择其考察的视角后，也有必要界定环境法治的内涵并选择其接受考察的视角。

在生态文明建设提升到中国特色社会主义事业总体布局"五位一体"的高度后，环境法治与生态法治在学界经常被混用，其内涵基本相同。梳理相关研究可知，学者们对环境法治与生态法治建设的实践问题关注较多并做了不少研究。有学者认为环境法治的基本要求有三：一是较为完善的环境法律体系；二是严格执行环境法律的规定；三是严格追究环境法律责任；并认为环境法治理念是环境法治建设的重要内容。① 有学者从建立符合生态理性要求的法律体系、高效运行的生态环境管理体制以及完善生态环境司法机制和公众参与机制等方面阐述生态法治也即环境法治的内涵。② 前文也按照党的十八届四中全会提出的建设中国特色社会主义法治体系的思路，从环境法律规范体系、环境法治实施体系、环境法治监督体系和环境法治保障体系等实践角度梳理了我国环境法治的发展。但要分析环境法治与社会资本的内在逻辑，应当从理论层面分析何谓环境法治，其内涵包括哪些，但目前学术界对此的系统探讨并不多。

笔者认为，环境法治的定义和内涵应根据法治理论和法治的含义来界定。早在古希腊时期，最有影响的是亚里士多德的法治定义，他认为"法治应包含两重意义：已成立的法律获得普遍的服从，而大家所服从的法律又应该本身是制定得良好的法律"③。近代以来，西方学者对法治的定义和内涵做了全面发展，有学者概括西方学者提出的法治具有以下几种内涵：一是国家治理和政府行政中必须服从的一些原则；二是社会普遍存在的信法守法的观念；三是通过规则约束政府行为并维护个体自由权利的制度；四是实施法律规范的原则、方法和制度的总体。④ 法治理论引入我国以后特别是改革开放以后，引起了学术界关于法治与人治问题的三次比

---

① 参见王树义、周迪《生态文明建设与环境法治》，《中国高校社会科学》2014年第2期。
② 详见吕忠梅《中国生态法治建设的路线图》，《中国社会科学》2013年第5期。我国环境法学界对环境法治的更多研究概况可参见本文第一章第三节对我国环境法治研究的观点梳理。
③ ［古希腊］亚里士多德：《政治学》，吴寿彭译，商务印书馆1965年版，第199页。
④ 参见汪太贤、艾明《法治的理念与方略》，中国检察出版社2001年版，第17—20页。

较集中的大讨论,① 有学者结合法治理论在当代中国的发展和三次集中大讨论的情况,认为法治的外延是关于法治思想、法治原则与法治制度三者相互关联而形成的有机整体,其构成要件主要包括法治的观念要件、实体要件和形式要件。② 综合学者们有关法治的观点,其共性体现在把法治分成观念、制度以及运行三个层面。因而,环境法治的定义和内涵也可以从这三个层面进行把握和论述,并为其接受社会资本理论考察提供视角。从观念层面来看,环境法治需要各类主体把生态文明的核心价值理念贯穿于环境法治的各个环节并树立法律信仰和尚法守法的精神;从制度层面来看,环境法治要求建立完备的环境法律制度,形成完善的环境法律规范体系,实现环境法律规范与政策体系的内在和谐与有机统一以及环境法治的有法可依;从运行层面来看,环境法治不仅需要科学的环境立法,更需要严格的环境执法和公正的环境司法以及全民对环境法律规范的遵守和相关主体对环境法治运行的监督。

(一) 环境法治观念的视角

环境法治观念是环境法治的精神条件和环境法治建设的重要内容,社会资本理论考察环境法治也必然要剖析环境法治观念。从网络视角来看,一定的社会结构以及组织与公民个人构成的网络,会滋生或阻碍符合生态理性要求的环境法治观念并形成二者的良性互动或相互排斥,提高或降低环境法治的绩效。从规范视角来看,环境法治观念本身是一种有利或阻碍环境法治建设的规范,其他规范也会推动或阻碍环境法治观念的生成。从信任视角来看,环境立法信任、环境执法信任和环境司法信任等环境法治

---

① 第一次大讨论发生于 20 世纪 50—60 年代,受当时的政治背景影响,人治思想盛行并占压倒性优势,法治主张虽有提起讨论但争论不足;第二次大讨论发生于 20 世纪 70 年代末 80 年代初,当时民主法制正值重建之时,关于人治与法治的争论激烈且影响深远,形成了法治论、人治法治结合论和取消论三种主要观点;第三次大讨论发生于 20 世纪 90 年代,经过广泛讨论达成了建设社会主义法治国家的共识并将依法治国方略写入党的文件和国家宪法之中。详见张恒山主编《共和国六十年法学论争实录·法理学》,厦门大学出版社 2009 年版,第 74—104 页。

② 法治的观念是人们关于法治的认知、评价和情感体验,是一种带有基本倾向的法律意识,主要内容有权利观念、良法观念、法律权威观念、普遍守法观念;法治的实体要件是指独立于法律规范本身而存在,由法治的观念要件所决定的法律在规范社会基本结构的过程中所必须遵循的法律原则以及由这些原则所决定的一系列法律制度的总称;法治的形式要件是构成法治的形式基本元素,包括法治的外部完整统一与内部和谐一致、法律规范的普遍有效性、法律规范的一般性、法律程序的正当性、法学阶层的出现等内容。详见李龙主编《依法治国方略实施问题研究》,武汉大学出版社 2002 年版,第 121—147 页。

的运行信任以及环境法律制度都有赖于环境法治观念的支撑,信任模式的历史变迁催生了不同阶段的环境法治观念,信任关系的缺失也会直接影响环境法治观念的生成并导致环境法治观念的内部冲突。

(二) 环境法律制度的视角

环境法律制度是环境法治的前提和基础,社会资本理论考察环境法治必然要从环境法律制度入手。这里的环境法律制度由国家或政府颁布的环境法律规范构成,包括环境法律法规以及规章,是属于正式制度的范畴而区别于前文在界定规范时的非正式制度。从构成社会资本的网络视角来看,环境法律制度虽以国家或政府名义正式颁布,但其最终决定于一定的社会结构特别国家的经济结构;同时,作为人之设计结果的环境法律制度,也是一定环境立法网络主体基于网络地位进行博弈和利益分配而形成的。从构成社会资本的规范视角来看,规范得到国家认可后可以上升为环境法律制度,即使不能上升为环境法律制度,只要其符合生态理性的要求也能有效支撑环境法治的运行;但如果规范与环境法律制度之间存在不可协调的冲突,则会严重影响环境法律制度的实效和环境法治的绩效。从构成社会资本的信任视角来看,环境法律制度需要信任关系支撑其在社会生活中的运行并促进信任关系的生成和发展,信任关系的缺失也会影响环境法律制度的运行和环境法治的绩效。

(三) 环境法治运行的视角

环境法治只有运行才能取得实效,社会资本理论考察环境法治必然要契入环境法治运行的立法、执法、司法和守法等环节。从网络视角来看,一定的社会结构或关系网络是环境法治运行的基础,这一网络内的资源直接决定环境法治运行的状况,同时环境法治运行的好坏也会产生或破坏一定网络中的资源。从规范视角来看,其中的生态规范和价值观念等是环境法治运行的精神支撑,相应规范的缺失必然影响环境法治的运行状况。从信任的视角来看,信任的存在是环境立法、执法、司法和守法的支撑条件,特别是树立环境法治权威和秩序的重要基础,同时,环境法治的良性运行也会增进信任,推动信任类型由特殊主义转向普遍主义,由人格信任转向系统信任。

综上所述,基于本书对社会资本的界定,社会资本理论考察环境法治的视角应从网络、规范和信任三个层面切入;而环境法治接受社会资本理论考察的视角应在界定环境法治含义的基础上,主要从环境法治观念、环境法律制度和环境法治运行等层面选择全部或部分考察点。同时，社会资本理论对环境法治的考察，应做好关涉学科在法学中的理论结合与概念转换，以便为环境法学甚至整个法学的发展注入新的理论动力和理论活力。

第三章　基于网络的环境法治考察

> 垂直的网络，无论多么密集，无论对其参与者多么重要，都无法维系社会信任与合作。
>
> ——［美］罗伯特·普特南：《使民主运转起来：现代意大利的公民传统》

> 在这种富于伸缩性的网络里，随时随地都有一个"己"作为中心的，这并不是个人主义，而是自我主义。
>
> ——费孝通：《乡土中国·生育制度》

本书所讨论的网络最早源自社会科学中兴起于20世纪30年代的一个独立分析方法——"社会网络分析"，该方法将复杂多样的行动者之间的关系简化成网络结构，并以其特征和变化为视角来描述关系，研究关系结构对群体功能和群体内部的影响。① 社会资本理论兴起以后，社会网络成为学者们最早和最集中关注的社会资本的核心构成要素甚至是社会资本的唯一构成要素。社会资本理论产生阶段的代表性学者布尔迪厄，他从微观层面强调社会资本是一种个体可以从中吸取资源的体制化的持续关系网络；即使社会资本理论研究进入中观和宏观层面的发展阶段后，不论是科尔曼、普特南还是后来的其他学者，大多都是从网络入手分析社会资本并以之解释社会现象；社会资本理论的繁荣和扩张阶段，也有赖于博特、波茨、林南等学者对网络的深入研究。虽然社会网络的社会资本观最初主要是从微观层面分析网络结构、网络成员关系和网络资源，但社会资本理论向其他学科扩张后，学者们既从微观也从中观和宏观层面发展了社会网络

---

① 参见袁方主编《社会研究方法教程》，北京大学出版社2004年版，第621—623页；刘军《社会网络分析导论》，社会科学文献出版社2004年版，第4—6页。

的社会资本观,对经济、政治和其他社会现象作出了具有较强说服力的考察和解释。环境法治作为当前一种受到社会高度关注的社会现象,运用社会资本理论对其考察,有必要在界定考察环境法治的网络的基础上,先从网络入手解析我国环境法治失灵的原因并相应从网络优化的角度探寻相关完善对策。

第一节 考察环境法治的网络

网络作为社会资本的客观方面,是规范和信任等其他社会资本的客观基础。但不同学者对网络的界定和分析视角有很大差异,因而,运用社会资本构成的网络考察环境法治,要分析考察环境法治的网络特别是要结合环境法治的实际将其网络进行法学转换,提出环境法治的基本网络,并分析网络对考察环境法治的重要意义和方法路径。

一 环境法治的网络分析

网络是一定范围的主体成员之间基于一定社会结构和相互关联结成的社会关系或联系模式,因而环境法治的网络也就是环境法治关涉主体基于一定的社会结构和相互关联结成的社会关系或联系模式。但环境法治关涉主体诸多,性质多样,有国家机关、企事业单位、社会团体以及各类组织和公民。环境法治主体之间的关联方式差异较大,有基于国家宏观社会结构形成的网络,有基于区域、行业或环境法治某个方面甚至某个具体的环境案件形成的中观网络;有基于国家管制以及管理与被管理而形成的纵向网络,也有基于市场、社会自治以及相互协作和公民参与而形成的横向网络;有的网络形成的是积极社会资本,对发挥环境法治绩效具有重要意义,而有的网络生成的是消极社会资本,影响环境法治的绩效甚至导致环境法治失灵。因此,有必要首先从不同视角分类梳理环境法治的网络。

(一)环境法治的宏观网络与中观网络

前文已明确考察环境法治的社会资本是宏观和中观层面的社会资本,而不包括微观层面的社会资本,因而环境法治的网络也只从宏观和中观层面界定,而不从微观层面界定。

1. 环境法治的宏观网络。从宏观层面来看,环境法治的网络是指环境法治赖以存在的社会结构,广义上包括经济结构、政治结构和社会阶层结构或城乡二元结构等。这是环境法治与其他社会现象共有的宏观社会资本。从整体上看，我国传统的社会结构具有"家国一体"的特点，社会结构的内在逻辑是家族本位，并呈现出亲属—熟人—陌生人的"差序格局"，① 即使在现代社会，这种"差序格局"在我国社会转型过程中不断裂变并在很多方面逐渐被打破，但其对社会发展和环境法治的影响仍然深远。同时，我国社会的主体也由一元化走向多元化，改革开放前对行政系统高度依附和隶属的个人和社会组织，取得独立法律地位后逐渐从传统的禁锢中解脱出来，成为重要的社会主体和网络的重要成员。② 从具体的社会结构来看，随着我国经济的飞速发展，经济结构中以煤炭为主的能源消费结构和以重工业为主的产业结构对环境保护和环境法治的影响巨大，甚至成为决定环境保护和环境法治效果的根本性社会结构；区域结构以沿海城市发展为中心，致使中西部城市为供应沿海资源而面临日益严重的环境问题；城乡二元结构带来的资源分配不公，致使农村环境超出负荷；权力结构以经济发展为中心，也致使公民的环境权日益受到威胁。③

2. 环境法治的中观网络。环境法治的中观网络主要指环境法治的关涉主体中的组织之间以及组织与公民之间相互关联结成的联系模式，而不包括公民之间形成的关涉环境法治的网络。虽然公民之间也可能形成网络并基于网络获取不同的资源而在环境法律纠纷中处于有利或不利地位并一定程度影响环境司法，但环境法治主要调整的是国家、组织之间及其与公民之间基于生态环境保护而形成的网络，对环境法治绩效能够产生实质影响的也主要是组织之间及其与公民之间的网络。环境法治的关涉组织范围比较广泛，包括国家立法机关、行政机关、司法机关等各类国家机关以及企事业单位和社团等组织，它们基于环境立法、执法、司法、守法和法治监督等而相互之间或与公民之间结成一定的网络，网络成员基于其身份地位、在网络中所处位置、网络的规模、密度和结构等而获得或丧失在环境

---

① "差序格局"是费孝通先生对我国传统社会结构和关系做的形象概括。他认为中国传统的社会关系是按照亲疏远近的差序原则确立的，"以'己'为中心，像石子一般投入水中，和别人所联系成的社会关系，不像团体中的分子一般大家立在一个平面上的，而是像水的波纹一般，一圈圈推出去，越推越远，也越推越薄。在这里我们遇到了中国社会结构的基本特征了"（费孝通：《乡土中国——生育制度》，北京大学出版社1998年版，第27页）。

② 参见颜士鹏《中国当代社会转型与环境法的发展》，科学出版社2008年版，第15页。

③ 参见张梓太、郭少青《结构性陷阱：中国环境法不能承受之重》，《南京大学学报》（哲学·人文科学·社会科学版）2013年第2期。

法治中的有利地位，推动或阻碍国家的环境法治建设，提高或降低环境法治的绩效。

（二）环境法治的纵向网络与横向网络

网络成员身份地位差异较大，在网络内的联系方式也各不相同，具有相同地位和权力的网络成员之间结成的是具有横向结构特点的网络，而具有不平等、不对称的等级和依附关系的网络成员之间结成的是具有纵向特点的网络。环境法治网络的成员也非常复杂，依据其地位和权力是否平等也可以将其结成的网络区分为纵向网络和横向网络。

1. 环境法治的纵向网络。纵向网络的特点是网络成员的地位和权力不平等，在法律上往往处于上下级隶属关系或管理与被管理的关系。从整体上看，我国现阶段的环境法以管制型法为主，其调整手段主要是行政管制，因而环境法调整的社会关系更多的是隶属型的纵向法律关系，法律关系主体之间结成的网络更多也属于纵向网络。从环境法治的运行环节来看，环境立法、执法、司法、守法和法治监督的主体主要是国家立法机关、行政机关和司法机关等国家机关，其上下级之间结成的主要是纵向网络，即使是环境执法和环境司法的对象有大量的企业、其他组织和公民个人，但其与相关国家机关之间存在不平等的管理与被管理关系，结成的也主要是纵向网络。

2. 环境法治的横向网络。横向网络的特点是网络成员地位和权力平等，在法律上往往处于平等地位，至少不存在管理与被管理的隶属关系。随着我国环境法由第一代走向第二代，市场型环境法与契约型环境法不断出现，其调整手段主要是市场和自愿性契约，调整的社会关系也以平等主体间的法律关系为主，相互关联而结成的网络也以横向网络为主。同时，环境法治的立法、执法、司法、守法和法治监督等运行环节虽以国家机关之间的纵向管制为主，但现代社会日益强调多元主体共治，党的十八届四中全会和新修订的《环境保护法》也都强调社会各方参与环境法治，因而各种社会组织以及公众参与环境立法、执法以及加强对环境法治监督的机制会更加健全，环境法治中的横向网络也必然会日益增多。

（三）环境法治的积极网络与消极网络

早期的社会资本理论主要研究和分析网络中可获取的资源，关注的是社会资本的正效益。正如前章所述，美国学者波茨在从网络成员关系角度研究社会资本的同时，首次指出社会资本还有排斥圈外人等消极作用。[①]以社会资本理论的网络考察环境法治特别是环境法治失灵问题，需要在分析环境法治的积极网络的同时，特别警惕环境法治的消极网络。

1. 环境法治的积极网络。环境法治的积极网络是指国家社会结构中和环境法治关涉主体之间形成的有利于促进环境法治建设和提高环境法治绩效的网络。我国环境法治总体建立在积极网络基础上，环境法治建设成就的取得和作用的发挥正是基于积极网络提供的资源。我国经济结构、政治结构和社会结构转型而构建的宏观网络，总体上有利于环境法的发展和环境法治体系建设。我国环境法治关涉主体组织之间以及组织与公民之间相互关联结成的中观网络特别是其中围绕环境立法、执法、司法、守法和法治监督等形成的网络，大多是积极网络，有利于网络成员吸取资源而推动环境法治建设。

2. 环境法治的消极网络。环境法治的消极网络是指国家社会结构中和环境法治关涉主体之间形成的不利于甚至阻碍环境法治建设和影响环境法治绩效的网络。正是这些消极网络提供的资源阻碍了环境法治发展，导致环境法治问题的产生甚至是环境法治的失灵。正如前文所述，我国社会结构转型中的问题特别是经济结构中的问题，是环境问题和环境法治失灵的根本原因。环境法治关涉主体即各种组织之间及其与公民之间结成的既得利益集团或权威关系，为追求经济利益而不惜牺牲生态环境利益，成为影响环境法治绩效甚至是导致环境法治失灵的消极网络。

二 考察环境法治的网络基本类型

从前文分析可以看出，环境法治的网络比较复杂，从不同角度可以对其作出不同分析。但要用社会资本的网络考察环境法治，应当将网络与环境法治进行紧密结合并转换为相应的环境法学范畴。作为宏观网络的社会结构，是环境法治建设的社会条件，也是分析各大社会现象的共同历史背景；而作为中观网络的组织之间以及组织与公民之间的网络，结合环境法治的运行环节来看，环境立法、执法、司法和法治监督等都存在主体之间相互关联而结成的一定网络，而环境守法一般是守法主体的自觉行为，更

[①] See Alejandro Portes, "Social Capital: Its Origins and Applications in Modern Sociology", *Annual Rev. Social* 24, 1998.

少涉及各主体的相互关联并结成网络。因而，环境法治与网络结合后，可以转换为环境立法网络、环境执法网络、环境司法网络和环境法治监督网络等基本网络，前文所述的纵向与横向网络、积极与消极网络，都可以从转换后的环境法治基本网络中查找和分析。

（一）环境立法网络

环境立法网络是环境立法中各相关主体之间基于环境立法工作相互关联而结成的联系模式和关系。其网络成员较多，仅从国家制定法的角度来看，可以分成三大类，第一类是具有立法权的国家权力机关和行政机关；第二类是虽不具有立法权但却负责牵头起草相关环境法规规章的国家机关；第三类是只具有参与立法权的国家机关、企事业单位、社会团体以及各类社会组织和公民。三类主体在环境立法工作中相互关联，结成了复杂的环境立法网络，为环境立法提供各种资源并决定环境立法的结果甚至是环境立法的实效。

从第一类网络成员来看，其相互关联结成的网络的重要体现是我国的环境立法体制，涉及中央和地方具有立法权的主体地位和立法权限等问题。中央立法主体有全国人大及其常委会、国务院及其各部委、中央军事委员会，其立法权限是制定法律、法规和规章；地方立法主体有省（自治区、直辖市）、设区的市和自治州的人大及其常委会、人民政府，[①] 其中，省（自治区、直辖市）的人大及其常委会、人民政府的立法权限是对本行政区域制定地方性法规和政府规章，而设区的市和自治州的人大及其常委会、人民政府的立法权限于对城乡建设与管理、历史文化保护、环境保护等方面的事项制定地方性法规和政府规章。另外，自治州和自治县的人大还可以制定自治条例和单行条例并享有对法律和行政法规的变通权；经济特区的人大及其常委会、人民政府，除了作为一般省份或设区的市享有一般地方立法权之外，还可以根据授权制定仅在本特区范围内实施

[①] 2015年3月修正的《立法法》扩大了立法主体的范围，赋予所有设区的市和自治州具有地方立法权，但立法权限于对城乡建设与管理、环境保护、历史文化保护等方面的事项制定地方性法规和政府规章，而此前的《立法法》只允许部分设区的市即省（自治区）的人民政府所在地的市、经济特区所在地的市和国务院批准的较大的市具有地方立法权且未对其立法权作出特别限定。因此，修正后的《立法法》一方面将地方立法权扩大至所有的设区的市，但另一方面又缩小了省（自治区）人民政府所在地的市、经济特区所在地的市和国务院批准的较大的市的立法权限，使其立法权也限于对城乡建设与管理、环境保护、历史文化保护等方面的事项制定地方性法规和政府规章。

的法规和规章；特别行政区作为我国的特殊地方政权根据其基本法则享有更大的立法自主权。

但第一类网络成员结成的关系不仅仅表现为立法体制。立法体制主要关注立法主体的地位、立法权限及其立法的效力层次等问题，强调的主要是环境立法的纵向网络；① 而环境立法网络还要包括诸多地方立法主体之间形成的横向关系，特别是我国重要的生态功能区往往都是多个省、市、区的行政区划的交界处，更加需要跨省或市级立法主体开展联合立法，但我国现行法律未允许地方联合立法。另外，立法体制中下位法不得与上位相抵触，强调的是纵向网络的权威、命令与服从，而环境立法网络还包括立法主体之间的合作与信任、立法理念与价值共识等问题，还包括同级甚至是上下级立法主体的协同与合作。

第二类和第三类网络成员因不具有立法权而不能单独形成环境立法网络，只有与第一类网络成员相互关联才能形成环境立法网络。第二类网络成员一般是具有立法权的地方各级人民政府的组成部门，承担着地方政府规章甚至是地方性法规牵头起草的任务，对环境立法的结果具有重要影响。除同级政府的组成部门相互之间形成横向网络外，第二类网络成员之间及其与第一类网络成员之间也主要是纵向网络。第三类网络成员范围很广，在环境立法中只具有参与权，无法决定环境立法的结果甚至很难对环境立法起到重要影响，但环境立法的结果最终要关系到第三类网络成员的切身利益。第三类网络成员特别是其中与生态环境存在紧密利害关系的网络成员，对环境立法的参与度和认同度直接关系到环境法律法规实施的效果和环境法治的绩效；同时，第三类网络成员还包括很多能够参加立法咨询和论证的社会团体、专家学者、党外人士和政协委员等，在环境立法中也具有重要地位。因而第三类网络成员之间及其与第一类和第二类网络成员之间形成的网络是环境立法的重要网络，能够为环境立法提供重要资源，推进环境立法的科学化和民主化。

（二）环境执法网络

环境执法网络是环境执法中各相关主体之间基于环境执法工作相互关

---

① 根据《立法法》第81条之规定，我国目前只允许国务院有关部门联合制定规章，而不允许地方人大和政府进行联合立法，表明我国的环境立法体制主要强调是上下级立法机关之间的效力层次分明的纵向关系，只有国务院有关部门在联合立法中存在少数横向关系。

联而结成的联系模式和关系。其网络成员主要有三大类：第一类是具有环境执法权的机关、组织及其公职人员，在环境执法网络中具有主导地位和支配地位；第二类是环境执法的相对人，在环境执法网络中居于被动和被支配地位；第三类是为环境执法提供技术鉴定、居中评价、代为履行等辅助或服务工作的第三方。三类网络成员都无法单独形成环境执法网络。环境执法网络的形成需要以第一类网络成员作为执法主体并在第二、三类网络成员的积极参与下才能形成。

环境执法网络首先表现为环境执法体系。根据我国现行法律规定，具有执法权的主体包括行政机关、法律授权的组织、行政机关委托的组织。法律授权的组织和行政机关委托的组织的环境执法网络相对比较清晰，前者根据法律授权与第二类网络成员即环境执法相对人之间形成的主要是纵向环境执法网络；后者根据某个行政机关的委托而与行政机关和环境执法相对人之间也主要形成纵向网络。行政机关与环境执法相对人之间形成的网络也与此相似，主要形成的是纵向网络。但随着非强制环境执法的引入，如环境约谈、环境行政协议等，行政机关、法律授权的组织和行政机关委托的组织与相对人之间也存在一些具有平等协商性质的横向网络。第三类网络成员在环境执法网络中具有居中的独立地位，在提供环境执法的技术鉴定、评价和代为履行等辅助或服务工作时与其他两类网络成员之间形成的是横向性质的环境执法网络。

但由于我国现行法律确立的是环境保护主管部门集中统一管理和相关职能部门分工合作、齐抓共管的环境执法体系，以行政机关作为执法主体的环境执法网络还有更复杂的一面，即不同行政机关围绕环境执法在网络中该如何分工协作、齐抓共管，又形成怎样的网络？这其中既有纵向环境执法网络，更有横向环境执法网络；既涉及环境执法体系问题，更涉及环境执法机制问题。上下级行政机关之间形成的主要是纵向环境执法网络，而同级行政机关之间形成的主要是横向环境执法网络。在同级行政机关之间，环境保护部门与其他行政机关之间以及其他行政机关相互之间形成的环境执法网络，既涉及各自在环境执法中的主体地位和职责权限等属于环境执法体系的网络，也涉及相互配合，开展综合执法、联合执法等属于环境执法机制的网络。

（三）环境司法网络

环境司法网络是环境司法中各相关主体之间基于环境司法工作相互关

联而结成的联系模式和关系。其网络成员也主要有三大类：第一类是在环境司法网络中行使司法权的国家机关，主要包括人民法院和人民检察院，公安机关在行使侦查权时也是该网络成员；第二类是参与环境司法并承担环境司法结果的具有直接利害关系的当事人，主要包括环境诉讼中的原告、被告或被告人、第三人等；第三类是参与环境司法并为环境司法的顺利完成作证、提供鉴定或从事其他辅助性工作的其他诉讼参与人员，主要包括证人、鉴定人和其他诉讼辅助人员等。三类网络成员也都无法单独形成环境司法网络。环境司法网络需要以第一类网络成员行使司法权为基础，由第二类网络成员启动或受动并在第三类网络成员的参与配合下才能形成。

第一类网络成员之间的关系首先表现为司法体系，是环境司法网络的重要构成。根据我国法律规定，作为第一类网络成员的人民法院之间是监督与被监督的关系，人民检察院之间以及人民法院、人民检察院与其内设机构之间是领导与被领导的关系，形成的主要是纵向网络；而公安机关、检察机关和审判机关之间是相互制约、分工合作的横向网络，涉及侦查权、检察权和审判权的相互配合、相互制约的体制机制问题。第一类网络成员之间及其内设机构之间的关系还涉及环境司法专门化、审判权与执行权分离、设立跨行政区划法院和检察院以及司法机关内部各层级权限的划分等司法体制的问题。

第二、三类网络成员与第一类网络成员共同构成的环境司法网络还涉及环境司法机制和诉讼模式等问题，关涉第二、三类网络成员特别是第二类网络成员在环境诉讼中的地位。第二、三类网络成员在环境司法网络中都具有独立的平等地位，相互之间及其内部是横向网络。由于司法权在环境司法中具有决定性作用，第二、三类网络成员与第一类网络成员之间主要是纵向网络，但在不同的诉讼模式下，第二、三类网络成员特别是第二类网络成员在司法中的地位作用相差较大。如在职权主义诉讼模式下，[①]第二类网络成员在环境诉讼中的作用有限，主要靠第一类网络成员主动查

[①] 职权主义诉讼模式是大陆法系国家诉讼理论研究当事人与法院角色分担的一个术语，强调法院在诉讼程序中拥有主导权、诉讼程序的推进依职权进行、审理对象的确定和事实主张不受当事人的约束并可在当事人之外认定案件事实，法院在证据收集方面拥有主动权。参见李祖军、王世进主编《民事诉讼法学》（第二版），重庆大学出版社 2006 年版，第 41—43 页。

明案件事实并适用法律;而在当事人主义诉讼模式下,① 第二类网络成员在诉讼中的作用更加突出,具有主动性和主导性,而第一类网络成员在此居于被动地位,只是在听取第二网络成员的充分辩论后居中裁判。

(四)环境法治监督网络

环境法治监督网络是各相关主体在监督环境法治运行过程中相互关联而结成的联系模式和关系。其网络成员可以分为两大类:第一类是国家机关,包括国家权力机关、行政机关和司法机关,其对环境法治的监督会产生一定的法律后果;第二类是非国家机关,包括政党、社会组织、公众和新闻媒体等,其对环境法治的监督虽然不一定产生直接的法律后果,但也会因监督主体在网络中的地位高低而对环境法治造成或多或少的影响。每一类网络成员都可以与相应的环境法治机关结成环境法治监督网络。

第一类网络成员在环境法治监督网络中具有重要的法律地位,对环境立法、执法、司法都会产生一定的法律后果。国家权力机关的监督可以改变甚至直接否定环境立法的效力,可以质询环境执法甚至罢免环境执法部门的相关负责人,可以对环境司法的整体状况甚至是个案进行监督并启动一定的法律程序纠错;国家行政机关的监督主要通过上下级隶属关系的一般监督、同级或上下级的专门监督和行政复议等实现对环境执法的监督,而对环境立法和司法较少监督;国家司法机关则主要是通过案件审判来加强对环境执法和司法的监督。第一类同级网络成员在行政上是平等关系,属于横向网络,但从总体上看,由于第一类网络成员对环境法治的监督能够带来的一定的法律后果,其与相关环境法治机关之间结成的主要是纵向网络。

第二类网络成员在环境法治监督网络中也具有重要地位,对环境立法、执法、司法都会产生一定影响。政党特别是执政党基于其在整个国家权力网络中的地位,可以利用其组织体系对环境立法、执法、司法有效发挥监督作用;社会组织特别是环保组织在环境法治中的作用日益突出,可

---

① 当事人主义也是一种重要的诉讼理论,在英美法系中体现为"对抗制"的诉讼体制,强调当事人在诉讼过程中对诉讼资料及证据资料的提出与确定拥有主导权,并由此限定法院审判对象及范围,即法院在判决理由中所需要认定的事实只限于当事人之间争执的事实,法院在认定事实所需要的证据资料必须是当事人提出的证据,法院不能认定没有争执的事实并不能依职权主动调查证据。参见李祖军、王世进主编《民事诉讼法学》(第二版),重庆大学出版社2006年版,第35—39页。

以对环境法治运行的各个环节进行较好的监督,甚至是通过提起环境公益诉讼产生具有法律效力的监督;公众特别是新闻媒体在现代社会中的监督作用更加突出,可以通过公众参与制度以及舆论影响力对环境法治发挥重要的监督作用。第二类网络成员作为非国家监督的组织,与相关环境法治机构结成的都是横向环境法治网络。

环境立法网络、环境执法网络、环境司法网络、环境法治监督网络等环境法治的网络都是根据环境法治运行的主要环节而划分,具有相对独立性,但它们之间并不是彼此孤立,而是相互衔接、相互关联,共同构成了环境法治的基本网络,并与其他环境法治的网络共同嵌入整个宏观环境法治关系即国家的社会结构之中,为环境法治建设提供资源和动力。

三 基于网络考察环境法治的重要意义

环境法治作为当前社会中的重要现象,受到社会各界特别是法学界的空前关注。但法学界目前对环境法治的考察分析过于注重规范研究方法,因拘泥于法律规范本身而难以跳出现行研究中面临的各种困境,而网络作为社会资本的重要构成和客观方面,从法社会学视角为环境法治的研究找到了新的理论工具,探寻了新的研究方法,开辟了新的研究视域,对于完善环境法治理论、环境法学甚至对于整个法学研究都具有方法论的意义。

(一) 网络的基本理论为考察环境法治奠定了坚实基础

网络作为社会资本的核心构成,一直是学者们运用社会资本理论分析各种社会现象的切入点甚至是唯一路径。在社会资本理论的各个发展时期,学者们都注重对网络理论的研究和发展,形成了有关网络或社会网络的系列社会资本观。例如,科尔曼重点分析了社会结构因素和社会网络的封闭性;普特南侧重关注公民参与网络;博特从网络结构角度提出了"结构洞"理论并从网络规模、网络限制、网络等级和网络密度等方面研究了对社会资本的影响;波茨从网络成员关系角度研究了社会网络具有互惠交换、强制信任、价值内化和有机整合等特征;林南从网络资源角度研究了网络成员的身份、关系网性质等问题,发展了格兰诺维特的弱关系力量观点并提出了弱关系作用;① 等等。这些理论都可以紧密结合环境法治的相关主体的相互关系情况,从网络视角深入考察分析我国环境法治的现状特别是环境法治失灵的原因,并寻找提高环境法治绩效的网络优化路径。

(二) 网络的基本类型为考察环境法治提供了基本方法

环境法治的网络可以分为宏观网络与中观网络、纵向网络与横向网络、积极网络与消极网络等基本类型。作为宏观网络的社会结构,指出了环境法治赖以依存的经济结构、政治结构和社会阶层结构等对环境法治建设的决定性作用,拓宽了考察环境法治的深度和广度;中观网络指出了关涉环境法治的组织之间、组织与公民之间的联系模式,为具体考察分析环境立法、执法、司法和法治监督等相关主体的联系模式及其对环境法治的影响提供了方法。环境法治的纵向网络有利于考察分析我国以管制型为主的第一代环境法调整的具有隶属关系或管理与被管理关系的主体之间形成的法律关系;而环境法治的横向网络有利于考察分析走向市场型与契约型的第二代环境法调整的更具平等地位的主体之间形成的法律关系。环境法治的积极网络与消极网络则分别可以考察网络对环境法治的正效益与负效益,有利于我们通过拓展积极网络来提高环境法治绩效以及化解消极网络降低其环境法治绩效的影响。

(三) 环境法治的基本网络为考察环境法治指明了具体路径

前文已述,环境法治的基本网络包括环境立法网络、环境执法网络、环境司法网络和环境法治监督网络等。环境立法网络重点考察环境立法中具有立法权甚至不具有立法权但有参与权的相关主体的关联模式,有利于理清环境立法的体制和机制,推进环境立法的科学化、民主化和现代化;环境执法网络重点考察环境执法中执法主体、执法相对人以及提供辅助工作的相关主体的关联模式,有利于理顺环境执法体制,创新环境执法机制

---

① 弱关系力量观点认为,强关系联结着阶层相同、资源相似的人,因此类似资源交换不必要;而弱关系联结着不同资源的人,资源的交换和摄取主要通过弱关系纽带来完成。林南在此基础上突出了弱关系作用,提出了社会资源理论的三大假设,认为个体拥有社会资源的数量和质量有下列三个因素:一是弱关系强度假设,一个人社会网络的异质性越大,通过弱关系摄取社会资源的几率越高;二是地位强度假设,人们的社会地位越高,摄取社会资源的机会越多;三是社会资源效应假设,一个人的社会网络的异质性越大,网络成员的地位越高,个体与成员的关系越弱,拥有的社会资源就越丰富,从而工具性的行动效果越理想。

并严格追究环境执法责任；环境司法网络重点考察环境司法中具有司法权的主体、参加环境司法并与环境司法结果有直接利害关系的当事人以及其他参与环境司法的相关主体的关联模式，有利于推进环境司法体制改革，实现环境司法的公正和高效权威。总之，环境法治的基本网络贯穿环境法治运行的立法、执法、司法和法治监督等主要环节，直接反映环境法治建设的现状，决定环境法治建设的成就，也导致环境法治建设的问题甚至环境法治的失灵。因而，基于网络考察环境法治，必然要从上述环境法治的基本网络着手。

第二节　环境法治失灵的网络解析

网络在社会资本构成中具有基础性的重要地位。"社会资本可以被想象为一系列的网络。"[①] 作为社会资本重要构成的网络，与环境法治有着紧密的内在关联，是环境法治发展的客观基础和解释环境法治的重要范式。一个国家的环境法治观念，孕育于包含纵向和横向性质的中观层面的基本网络成员在环境立法、执法、司法、守法和法治监督等的关联模式之中，其历史变迁和演化最终决定于该国的经济结构、政治结构和社会阶层结构等作为宏观网络的社会结构；一个国家的环境法律制度，源自该国的环境执法、司法、守法等网络中的丰富法律生活和实践，并基于一定环境立法网络成员的关联模式而得以产生，但其整体发展演变仍随着该国社会结构的变迁而逐渐转型；一个国家环境法治的运行也要以一定的社会结构为基础，并直接贯穿和体现于环境立法、执法、司法和法治监督等基本网络之中。

前文已述，我国已初步形成与生态文明建设基本相适应的环境法治体系，这些成绩的取得，与作为宏观网络的我国社会结构的转型紧密相关，更与我国环境法治具有纵横向性质的各种基本网络的形成和构建紧密相关。同时，我国生态环境恶化趋势还未得到有效控制，环境群体性事件仍然比较突出，反映出我国环境法治还在观念、制度和运行等层面存在不少问题，导致环境法治的部分甚至是大部分失灵。究其原因，环境法治失灵

[①] ［美］J.斯蒂格利茨：《正式和非正式的制度》，载曹荣湘选编《走出囚徒困境：社会资本与制度分析》，上海三联书店2003年版，第117页。

也根源于一定的宏观网络即社会结构之中。作为广义社会结构的经济结构在其中具有基础性地位和决定性作用。但我国现行产业结构不够合理，特别是粗放型和高能耗的发展模式使最终能源消费量中的比重达到70%以上，[①] 加上我国能源消费主要以煤炭为主，致使我国提出的可持续发展观念和生态文明理念难以在环境法治的具体实践中落实，也难以进入环境法律制度或虽进入环境立法也难以在环境执法和司法实践中落实。另外，我国社会结构中社会主体已由一元向多元化转型，[②] 社会组织和公众的环境权利意识日益增强，参与环境法治的热情日益高涨，但我国环境立法、执法和司法以及环境法治的整体运行仍然建立在高度组织化的国家及其政权组织之上，缺少与社会主体多元化以及与社会组织和公众权利意识不断觉醒相适应的政治结构，也是导致我国环境法治失灵的重要社会结构因素。

环境法治失灵更直接与环境法治各相关主体形成的中观网络特别是环境立法网络、环境执法网络、环境司法网络和环境法治监督等基本网络紧密相关，需要我们运用网络的相关理论，从环境法治的基本网络视角对环境法治进行考察并对其失灵原因予以解析。由于环境执法、司法都是环境法实施的主要环节，二者在网络结构中有更多共同之处，因此本书为论述便利而将环境执法网络与司法网络合并称为环境法治实施网络并与环境立法网络和环境法治监督网络一起对环境法治失灵的原因解析如下。

一 环境法治失灵的立法网络解析

环境立法网络是环境法治的基本网络，其中蕴含的积极社会资本可以为环境法治提供资源支撑和动力支持，但其中产生的消极社会资本也会对环境法治起到阻碍作用，影响环境法治观念的生成、制度的完善以及运行的顺畅并导致环境法治的部分甚至大部分失灵。我国环境法治通过立法建立的环境法律规范体系与我国构建和完善的环境立法网络紧密相关，但我国环境法治在观念、制度和运行层面存在的问题，也可以通过考察环境立

[①] 参见赵晓丽《产业结构调整与节能减排》，知识产权出版社2011年版，第22—23页。
[②] 一般认为社会主体一元化是我国改革前的典型社会特征，尽管当时社会也存在众多的个人和组织，但他们都程度不同地隶属或依附于国家机构并被国家以"单位制"的基本方式进行控制，因而不具有独立的主体地位；改革开放后，我国社会主体得以分化，各种组织和个人逐渐从国家的行政隶属中独立出来，取得了独立的法律地位和日益增多的自主权利，社会主体开始从一元化向多元化转型。

法网络去查找原因。运用网络的社会资本观考察，可以发现我国环境立法网络主要存在以下突出问题：

（一）纵向网络突出，而横向网络特别是公民参与网络不足

从上文的分析可以看出，环境立法网络的三类成员之间既结成纵向网络也结成横向网络，但我国现行环境立法中突出的是纵向网络。从立法体制来看，其突出的是上下级立法主体的地位、立法权限及其效力的层次与位阶，属于典型的环境立法纵向网络；现行立法体制虽然允许国务院所属有关部门联合制定规章，但未允许不同行政区划的地方立法主体开展联合立法，即使是针对同一生态功能区，不同行政区划立法主体也不能开展环境联合立法，使得现行立法体制中缺少一种重要的横向网络。立法体制之外的第二类网络成员往往承担了地方立法的起草工作，但它们往往是地方政府的职能部门，与第一类网络成员之间也主要是纵向网络。只有第三类网络成员与其他网络成员之间不存在直接的隶属关系，相互之间形成的是具有横向性质的环境立法网络。

在环境立法纵向网络中，网络成员之间存在上下级的隶属关系或管理与被管理的关系，因而在环境立法的调研、起草和征求意见等过程中，上级很难以平等的姿态与下级对话，或者即使有平等对话之意但下级却迫于隶属关系而不敢充分表达对立法的不同意见。并且，长期处于纵向网络中的环境立法主体，由于官僚体制的影响，即使在与不存在隶属关系的第三类网络成员结成的松散型横向网络中，也难以真正与其他网络成员基于协商民主或商谈理性进行交往，以致有关环境立法特别是政府职能部门负责起草的环境立法，抑或基于对环境破坏者的深恶痛绝而成为史上最严的法律，抑或基于与环境破坏者的利益同盟而成为"没长牙齿的法律"。

"有效的只是所有可能的相关者作为合理商谈的参与者有可能同意的那些行动规范。"[①] 哈贝马斯的商谈理论告诉我们，环境法律制度要得到广泛认同，必须要有利益相关者之间基于平等地位的对话、沟通和协商。否则，即使以国家名义颁布并以国家强制力保证实施的环境法律法规，也难以在法律实践中得到认同和树立权威。而我国现行以纵向网络为主的环境立法网络显然缺少主体间的协商民主或商谈民主，即使是第三类网络成

[①] ［德］哈贝马斯：《在事实与规范之间——关于法律和民主法治国的商谈理论》，童世骏译，生活·读书·新知三联书店2014年版，第132页。

员与其他网络成员之间具有横向性质的环境立法网络，其规模、密度较小且受现行民主体制实际操作的影响，也难以实现它们在环境立法中享有的参与权，更何谈对环境立法的商谈结果。

总之，我国环境立法网络缺少横向网络，特别是缺少公民或公民意见代表的环保组织的参与网络，以致难以搭建相关利益者的平等商谈或交往平台，难以形成有关环境立法"生态善"的社会共识和体现"生态善"价值的环境法律制度，因而在观念、制度和运行层面都会影响环境法治的绩效并导致环境法治的失灵。

（二）权威关系异化，权力机关和行政机关在环境立法网络中错位

科尔曼认为权威关系是社会资本的五大形态之一，也是基础性的社会关系和网络。他所指的权威关系是指行动者之间拥有的能够控制他人行为以解决共同性问题和增进共同利益的社会资本。"可以为权威关系定义如下：如果行动者甲有权控制乙的某些行动，则行动者甲和乙之间存在着权威关系。"[1] 科尔曼认为权威可以授予，其授予方式有两种，一种是被支配者把权威授予支配者时把出让权威的权利一并授予，另一种是未授予出让权威的权利，并因此而形成简单权威关系和复杂权威关系。"简单权威结构只包括两种行动：甲将权威授予乙，乙向甲行使权威；复杂权威结构还包括另外两种行动：甲向乙授予权威的同时还向乙出让了转让这一权威至第三方丙的权利，乙将权威转让给丙，结果是丙向甲行使权威。"[2] 复杂权威关系中的问题是如何不使丙恣意行使权威并不损害甲的利益，否则将导致权威关系的异化以及网络的错位。

运用权威关系理论分析环境立法网络，可以发现其中充满着各种权威关系。仅从同级权力机关与行政机关的关系来看，根据我国宪法和相关法律的规定，权力机关在网络中具有更高的地位，在立法上对行政机关拥有支配和控制的权威；即使是行政机关依法享有独立制定行政法规和规章的权力，但其仍应受同级权力机关的支配和控制，不能与同级和上级权力机关的立法相抵触，否则会被权力机关宣布无效。

但实践中我国很多环境法律往往是由全国人大常委会授权国务院或其

---

[1] ［美］詹姆斯·科尔曼：《社会理论的基础》，邓方译，社会科学文献出版社 1999 年版，第 80 页。

[2] 同上书，第 195 页。

部委先行制定行政法规或规章，待条件成熟后再通过权力机关上升为法律，甚至大量以全国人大常委会名义颁布的环境法律，往往也是先由国务院的相关部委牵头起草，并最终以国务院相关部委的意见为主制定。这种现象在地方环境立法中体现得更为突出，以致我国环境立法实践中存在以行政机关为主导的立法格局，改变了权力机关与行政机关在立法网络中的地位。从权威关系的理论来看，全国人大委托国务院立法或起草相关法律也是权威的授予，二者形成的是简单权威关系，如国务院再委托其部委起草相关法律，则三者形成复杂权威关系。在复杂权威关系中，国务院各部委作为第三方很容易恣意行使权威而导致原有的权威关系异化以及各方在网络中的错位。这一异化现象在地方环境立法网络中体现得更加明显，地方权力机关与行政机关在立法上的权威关系，往往因为权威的主动或被动授予后而在强势政府甚至是政府职能部门的恣意行使权威过程中异化和错位，致使环境法律制度成为政府职能部门权力博弈的产物而不能得到广泛认同，甚至不少没有机会参与环境立法的政府及其职能部门，在未授予权威的前提下通过制定"土政策"来改变环境法律而树立自己在环境法治规范中的权威，以致我国大量的环境法律制度在实践中难以取得实效而影响环境法治的绩效。

（三）强关系突出而弱关系不足，影响了环境立法的民主协商或理性商谈

强弱关系之分是社会网络分析的重要方法。格兰诺维特较早提出把网络关系为分强关系和弱关系，并认为二者在网络中发挥不同作用。强关系是指阶层、地位、身份和资源接近的更具同质性主体之间结成的关系，主要维系着组织和群体内部的联系；而弱关系是指不同阶层、地位、身份和资源的更具异质性主体之间的关系，主要在组织之间或群体之间建立纽带关系；二者区分的维度主要有情感强度、互动频率、互惠交换和亲密程度四个方面。格兰诺维特认为弱关系更有社会学意义，能够充当信息桥，创造更多、更短的局部桥梁并有利于在凝聚力量中发挥重要作用（见图3－1）。[①] 林南超越了格兰诺维特的弱关系作用的观点，进一步认为网络的异质性越大，通过弱关系获取的社会资源的概率就越高。"关系越弱，自我

[①] See Granovetter, M., "The Strength of Weak Ties", *American Journal of Socioloty*, Vol. 78 (6), 1973.

在工具性行动中越可能获取好的社会资本。"[①]

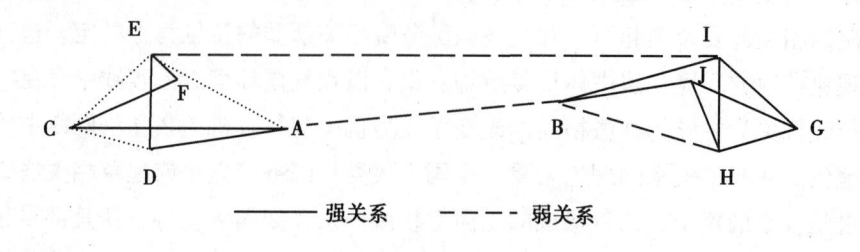

图 3-1

环境立法的网络也可以划分为强关系和弱关系。第一类网络成员作为具有立法权的主体，更具同质性，其内部及其相互之间形成的立法网络关系是强关系；第二类网络成员虽不具有立法权，但往往是负责起草相关环境法规规章的国家机关，其内部和相互之间也更具亲密度和同质性，也是强关系；甚至第一、二类网络成员相互之间也有较强的亲密度，形成的也主要是强关系；而第三类网络成员与第一、二类网络成员之间因更具异质性而结成弱关系。由此可以看出，我国环境立法网络中强关系突出，而弱关系相对不足。强关系虽然有利于立法主体内部达成共识以制定相关环境法律法规，但环境法调整的涉及各类主体即人与人甚至是人与自然之间的关系，仅靠强关系内部高效协商制定的环境法律，难以获得企业和民众的认同而影响环境法治的绩效；而弱关系正好强调不同群体之间的联系和信息传递，有利于环境法调整的各类主体即人与人甚至是人与自然之间的关系得到广泛的理性商谈和民主协商，推动环境立法的科学化和民主化并为环境法治提供良法而实现环境善治。

二 环境法治失灵的实施网络解析

环境执法网络和环境司法网络都是环境法治的基本网络，正如前文所述，本书将二者合并称为环境法治实施网络。作为环境法治实施关键环节的环境执法和司法，对环境法治观念和制度在实践中的落实具有关键作用，并直接体现环境法治运行的效果。我国环境法治绩效问题或环境法治

[①] [美] 林南:《社会资本——关于社会结构与行动的理论》，张磊译，上海世纪出版集团、上海人民出版社 2005 年版，第 65 页。

失灵问题,很大程度上源于环境执法的不严和环境司法的不公,其原因也可以从二者相关主体结成的网络中去寻找。运用网络的社会资本观考察,可以发现我国环境法治实施网络中主要存在以下突出问题:

(一) 封闭性不足和"结构洞"过多难以确保严格执法与公正司法

科尔曼注重分析社会结构因素特别是社会网络的封闭性对社会资本的影响。他强调网络的封闭性,即是一定社会关系中行动者之间相互保持密切联系,相互形成依赖关系并控制着蕴含他人利益的资源,形成三角形状网络体系中的两两联系并构成一个闭合系统(见图3-2)。封闭性的网络可以增加系统内部的相互依赖和有利于网络运行的社会资本,而开放式的网络中存在不能联结的关系(见图3-3),其中的社会资本要弱很多。"如果结构具有封闭性……便可建立规范或确立某种必要的声望,使系统内部的行动者免受他人行动的影响;如果结构不具有封闭性……则难以确立规范等。"[①]

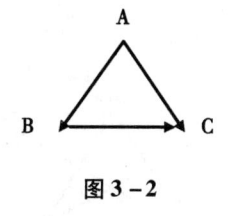

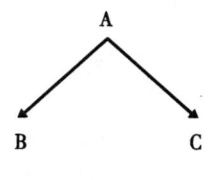

图 3-2

图 3-3

博特把开放式网络结构中不能联结的关系称为"结构洞"(见图3-3中B-C之间的关系),网络结构中不能直接联结的成员,只有通过它们共同的联结点(见图3-3中A点)也即处于控制地位的成员才能建立网络,这种能够控制资源的网络结构就是对网络运行有很大影响的社会

[①] [美] 詹姆斯·科尔曼:《社会理论的基础》,邓方译,社会科学文献出版社1999年版,第374页。

资本。

在环境执法网络中，由于我国相关环境执法权分属不同的职能部门，同级的第一类网络成员之间缺少相互依赖关系和利益资源的相互控制关系且很容易受外部力量干扰，难以自发产生协同配合机制，无法形成封闭网络，以致其中有利于环境执法的积极社会资本很少，环境执法机关容易产生有利就争而有责就推，出现"选择性执法"[①] "钓鱼执法"[②] "九龙治水，治不了水"[③] 等环境执法怪象；第二、三类网络成员之间由于信息不公开，相互缺乏在环境利益资源方面的控制和依赖，难以形成封闭的网络；特别是第一类网络成员与第二类网络成员之间形成的网络存在大量的"结构洞"（见图3-4中B-C之间的关系），环境执法机关也即第一类网络成员占据它们共同的联结点（见图3-4中A_1、A_2、A_3点）而绝对控制资源，以致第二类网络成员即环境执法相对人纷纷与第一类网络成员结成利益集团或利用各自网络的资源寻求第一类网络成员的帮助而逃避法律惩罚，而不顾与本来就没有建立相互控制和依赖关系的其他企业之间的规范甚至是国家法律。

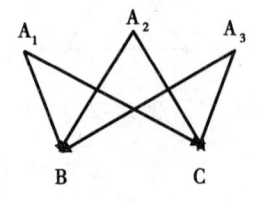

图3-4

---

① 选择性执法是指执法主体对不同的管辖客体，刻意采取区别对待，在环境执法中主要表现为环境执法主体基于地方经济发展或其他重大利益考虑，对一些重大环境违法不管不问而选择一些轻微的环境违法行为或没有重大利益支撑的环境违法行为进行处罚。

② 钓鱼执法是英美法系的专门概念，也叫执法圈套（entrapment），是当事人无罪免责的理由。从法理上分析，当事人原本没有违法意图，在执法人员的引诱之下，才从事了违法活动，国家当然不应该惩罚这种行为。但我国环境执法中往往为完成环境执法任务，而以之引诱当事人违反环境法律法规并处以重罚，引发社会的广泛批评，被认为是政德摧毁道德的恶劣表现。

③ 黄历中用"九龙治水"预测来年的天气雨水很少，原因指多条龙治水，结果没有龙去管行云布雨之事。现在意思多指一件事有多个人或多个部门管，结果一人一个意见，谁也管不好。环境执法中主要是指我国同一生态功能区或环境资源区域往往有多个部门共同执法并在环境执法中争夺利益而推卸责任，导致环境资源不仅没有得到执法的保护，反而在多头执法中被破坏，从而严重影响了环境法治的绩效和环境法治的权威。

环境司法网络的结构也非常类似。由于我国环境司法专门化改革进展还不够，环境司法案件分别归口不同的业务部门办理，第一类网络成员内部业务部门之间没有形成封闭的网络，特别是现行司法体系自身的封闭性不够而在处理案件时容易受到外部力量干扰；第二、三类网络成员之间由于信息不公开且缺乏在环境资源利益方面的控制和依赖，难以形成封闭的网络；特别是第一类网络成员与第二类网络成员之间也存在大量"结构洞"（见图 3–5 中 B_1–C_1 或 B_2–C_2、B_3–C_3 之间的关系），环境司法机关占据共同的联结点（见图 3–5 中 A_1、A_2、A_3 等点）而绝对控制资源，以致第二类网络成员即相关当事人纷纷利用各自网络的资源寻求司法机关的帮助而产生司法腐败和司法不能。

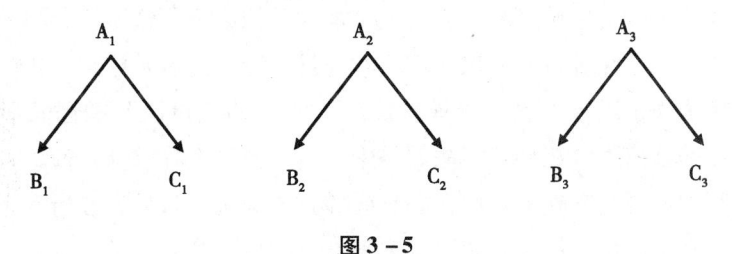

图 3–5

此外，在整个环境法治的实施网络中，环境执法与司法机关之间的网络封闭性也不足，相互之间的依赖程度和资源控制关系也不紧密，以致无法形成有效的环境执法与司法衔接机制，影响环境法治的有效运行和环境法治的整体绩效甚至导致环境法治失灵。

（二）权威关系不足与权威关系过度并存影响环境执法与司法的公信力

环境法治实施过程中形成的网络，不管是环境执法网络还是司法网络，更多是纵向网络，且在网络中有很多"结构洞"，环境执法机关和司法机关占据了其他网络成员的共同联结点，本应对其他网络成员具有绝对的控制和支配关系，能够与其他网络成员之间形成绝对的权威关系，以树立环境执法和司法的权威并确保环境法治的公正与公信。但如果环境执法的相对人和环境司法的当事人能够寻求网络资源来干扰这种权威关系就容易破坏环境执法和司法的公正。"无论执掌规范者之间具有何等程度的封闭性联系，如果目标行动者与规范执行者之外的其他人有联系，目标行动者较少服从规范。"[①] 何况我国环境执法权限较为分散且环境执法机关、司法机关自身及相互之间的封闭性不足，这种本应形成的权威关系在外界力量的干扰下更容易被破坏，影响环境执法机关和司法机关对第二类网络成员即环境执法相对人和环境司法当事人的权威控制和支配，纵容第二类网络成员不遵守环境法律法规。

权威关系在被某方环境执法相对人或环境司法当事人破坏而减弱的同时，也会强化第一类网络成员与其他方或对方当事人之间的权威关系，导致权威关系过度或权威关系滥用。在环境执法网络中，因一方执法相对人通过寻求网络资源破坏或减弱环境执法机关与其之间的控制和支配关系后，环境执法机关作为第一类网络成员为完成相关环境执法任务，必然要从第二类网络成员中选择其他相对人来加大处罚以强化这种控制与支配的权威关系，或者在难以完成执法任务时通过制造条件诱导相对人违反相关环境法律法规，以致出现"选择性执法"和"钓鱼执法"的怪象而损害环境执法的公信力。在环境司法网络中，一方当事人寻求网络资源破坏或减弱对其的控制与支配关系后，必然会导致司法机关与另一方当事人的权威关系过度或强化，以实现司法机关裁判对其更有利的结果，也导致环境司法的不公，最终影响环境执法和司法的公信力和整个环境法治的秩序。

（三）纵横向网络与强弱关系的结构不尽合理影响环境执法与司法的效果

从前文分析可以看出，在我国环境执法网络和环境司法网络中，各类网络成员之间形成的主要是纵向关系而横向关系很少。在环境执法网络中，环境执法机关与行政相对人之间突出了纵向网络，特别是近年来随着环境法律法规"长出牙齿"更加突出了环境执法机关根据相关法律法规对行政相对人的处罚力度，致使环境执法机关与行政相对人的对立关系更加突出，导致一些行政相对人采取暴力形式抗法或想方设法逃避履行执法决定而影响了执法的效果。事实上，环境执法机关还可以通过契约或约谈等非强制手段与行政相对人进行协商性执法，或者引入环境法的私人实施机制以协调执法机关与行政相对人的对立关系，建立具有横向性质的网络而减轻二者的对立并增强环境执法的认同和自动履行的效果。"一个组织

[①] [美] 詹姆斯·科尔曼：《社会理论的基础》，邓方译，社会科学文献出版社 1999 年版，第 335 页。

的建构越具有横向性，它就越能够在更广泛的共同体内部促进制度的成功。"①

在环境司法中，我国司法机关与相关当事人之间形成的也主要是纵向网络而缺少横向网络，突出了国家司法机关对环境侵害人的惩罚和环境受害人的保护，突出了对环境的人身、财产权利等环境司法保护的法益，但对环境的公共利益保护不足。随着我国近年来环境司法改革由被动型转向回应型，②特别是随着国家治理体系和治理能力现代化要求司法发挥在协调社会关系、规范社会行为、化解社会矛盾、应对社会风险、保持社会稳定等方面的优势，③我国环境司法的模式还应走向治理型司法，突出环境司法在平衡价值争议、调和政策冲突和推动政策实施方面的角色。④而治理型环境司法显然要求改变纵向网络占绝对主导地位的现状，增加环境司法的横向网络，吸收公众参与环境司法，并建立司法、政治与民意的良性互动机制。如此，才可大大提高环境司法的公认度和环境司法裁决的履行效果。

在强弱关系方面，就具体案件的处理来看，每个案件的处理都在环境执法或司法中都形成了一个内部群体，需要群内成员建立同质性的强关系，方能更好地实施环境法律法规。但环境案件的复杂性和涉及当事人的广泛性，决定群内成员由于阶层、身份、地位和掌握资源的巨大差异而难以建立同质性的强关系，以致环境案件的处理都相当棘手且难以保证收到当事人普遍认同或自觉履行的效果。而在不同案件的处理中，环境执法或司法都形成了不同的群体，需要在不同群体之间建立异质性的弱关系，以加强不同案件的参照对比和相互借鉴，但我国不是判例法国家且对环境执

---

① [美]罗伯特·普特南：《使民主运转起来：现代意大利的公民传统》，王列、赖海榕译，江西人民出版社2001年版，第206页。

② 被动型环境司法注重用传统的司法模式救济环境污染造成的人身、财产损失，维护国家环境资源管理，惩治环境犯罪，充当权利和秩序的"安全阀"但却收效甚微。因而近年来我国通过环境民事公益诉讼制度、环境刑事司法解释与环境司法体制改革、环境司法专门化等改革逐渐塑造了回应型环境司法，突出对环境生态系统的完整性以及公民享有的基于环境生态系统服务功能的公共利益的保护。参见杜辉《论治理型环境司法——对"环境司法中国模式"的一个补充》，载《环境司法的理论与实践——第二届海峡两岸环境法研讨会论文集》，第46—47页。

③ 公丕祥：《试论司法在国家治理和社会管理中的作用》，《人民法院报》2013年1月23日第5版。

④ 参见杜辉《论治理型环境司法——对"环境司法中国模式"的一个补充》，载《环境司法的理论与实践——第二届海峡两岸环境法研讨会论文集》，第47页。

法和司法的统一指导不够，环境执法和司法中的这种弱关系明显不足，也是影响环境执法和司法效果的重要原因。

三 环境法治失灵的监督网络解析

环境法治监督是保障环境法治有效运行的重要环节，因而环境法治的监督主体形成的关系也是环境法治的基本网络。从我国环境法治体系建设的现状来看，我国已建立了一个由各种机关、组织、公民、媒体组成的包括国家机关监督和非国家机关监督在内的庞大的监督体系，结成了以权力机关、行政机关和司法机关等国家机关为代表的及以政党、社会组织和公民等非国家机关为代表的两大类网络成员相互之间的环境法治监督网络。但如此庞大的环境法治监督体系为何不仅不能保障环境法治的有效运行，反而出现环境法治的部分甚至大部分失灵问题，其原因也可以从环境法治监督相关主体结成的网络中去寻找。运用网络的社会资本观考察，可以发现我国环境法治监督网络中主要存在以下突出问题：

（一）纵向网络中的强关系突出容易排斥圈外人而失去监督的作用

我国环境法治监督网络中的第一类网络成员主要有国家权力机关、行政机关和司法机关，建立了立法监督、一般行政监督、专门行政监督、行政复议和司法监督等监督形式，因其相互之间以隶属关系为主或虽在行政关系上不隶属但在业务上却接受监控，因而相互之间形成的监督网络主要是纵向网络。在第一类网络成员内部结成的纵向环境法治监督关系中，不论是何种监督形式，行使监督权的主体主要是具有同类性质的国家机关。即使从法律上看，权力机关、行政机关和司法机关的性质差异较大，但其在行使监督权时体现更多的是对环境法治监督的同质性，构建的是我国环境法治的国家机关群体，相互之间通过网络联系结成的主要是一种联系紧密的强关系。从理论上分析，强关系是维系组织和群体内部的重要纽带，更容易产生有利于群体内部紧密联系的社会资本，环境法治相关国家机关群体内的强关系可以合力推进环境立法、执法与司法，但强关系的过于突出，在加强环境法治国家机关群体建设的同时，很容易产生消极社会资本排斥圈外人，也很容易包庇群体内成员在环境法治运行中存在的各种问题，致使以国家机关为主的这种内部监督方式往往流于形式而难以发挥对环境法治的实际监督作用，影响了环境法治制度的落实和环境法治的整体运行。

（二）横向网络中的弱关系不足导致难以发挥有效的监督作用

我国环境法治监督网络中的第二类网络成员包括政党、社会组织、公众和新闻媒体等，涉及社会的各个行业和领域，且因其相互之间一般不存在隶属关系并与环境立法、执法、司法等主体即第一类网络成员之间不存在隶属和管理关系，形成的主要是环境法治监督的横向网络，其可基于各自异质性结成的弱关系而更好地发挥对环境法治的监督作用。但第二类网络成员除了政党组织有基于执政党与参政党的较为紧密的联系外，其他社会组织、公众和新闻媒体相互之间缺乏共同的联系平台，难以形成紧密的网络而致这类横向网络中弱关系不足。因而，无论第二类网络成员构成何种环境法治监督形式，行使监督权的主体之间的联系都难以形成规模且不够密度，难以在弱关系中创造更多、更短的局部桥以凝聚第二类网络成员的力量共同发挥对环境立法、执法、司法等环境法治运行环节的作用，致使非国家机关的这种监督形式在实践中往往难以获得有利于环境法治监督的社会资本而不能取得良好的环境法治监督效果。

（三）"结构洞"的普遍存在致使信息难以在网络内传递而减弱监督作用

从以国家机关为主的第一类网络成员构成的纵向监督网络来看，基于其相互之间的隶属和管理关系以及内部容易形成的强关系，看似可以形成一个两两联系的闭合系统以便监督信息在网络内部流动而发挥监督的作用，但这个闭合系统往往是自上往下的单向流动，上级可以监督下级，而同级之间、下级对上级之间甚至是上级对下级之间基于利益同盟或其他关系而致网络内部的监督信息被人为阻断，导致网络中存在大量的博特所说的"结构洞"，致使监督信息不能在监督网络中形成循环流动而影响环境法治的监督效果甚至失去作用。

从以非国家机关为主的第二类网络成员构成的横向监督网络来看，由于社会组织、公众、新闻媒体等的监督属于非国家监督，其提供的监督信息不能直接产生法律效力而需通过传递至有权的国家机关根据相应法律审查后决定是否启动相关监督程序。正如前文所述，第二类网络成员之间因缺少共同的联系平台，相互的弱关系明显不足，而有权的国家机关基于享有法律监督程序的启动权就很容易成为第二类网络成员的共同联结点，并在第二类网络成员之间形成多个"结构洞"，致使相关的监督信息不能在监督网络内循环流动，而只能流向基于各种利益关系而不一定启动监督程序的它们的共同联结点——有关国家机关，致使第二类网络成员在它们之间及它们与第一类网络成员之间形成的横向监督网络中发挥环境法治监督的作用有限。

综上所述，以社会资本客观构成的网络为视角，在分析我国社会结构即环境法治的宏观网络的基础上，运用网络的相关理论考察解析环境立法网络、执法网络、司法网络和法治监督网络等环境法治的基本网络，查找了我国环境法治失灵的"另类"原因，为我们更全面认识环境法治的观念、制度和运行中的问题并从网络视角寻求相应解决办法探寻了新的路径。

第三节 环境法治的网络优化

从前文的分析可以看出，我国环境法治与其网络有着紧密的内在关联，环境法治的失灵和环境法治在观念、制度和运行中的问题，都可以从其网络中查找原因。那么，环境法治失灵和环境法治相关问题的解决，也可以针对查找的原因从网络视角寻求答案。

从环境法治的宏观网络来看，环境法治的问题根源于一定的社会结构即经济结构、政治结构、社会阶层结构等的不合理。而整个社会结构的优化是一个逐渐转型发展的过程。经济结构的优化需要国家调整产业结构、推进绿色化发展以加强生态文明建设，为环境法治发展奠定坚实的经济基础；政治结构的优化需要国家适应社会发展加速推进政治体制改革和民主化进程，实现治理体系和治理能力的现代化，为环境法治发展提供政治保障；社会阶层结构的优化需要随着传统社会向现代社会的转型而加强公众、社会组织和媒体在整个国家中的地位和作用，充分发挥各个社会阶层和多元化社会主体在环境法治建设中的重要作用。显然，这些宏大的网络虽是环境法治发展的重要社会资本，但不是本书要研究的重点。本书要研究的网络优化主要是在立足上述宏观网络转型的基础上，基于前文的分析而集中于中观层面的环境立法网络、执法网络、司法网络和法治监督网络等环境法治的基本网络。

通过前文对上述环境法基本网络的解析可以发现，环境法治失灵的原因主要体现在环境法治相关基本网络中纵横向网络、权威关系、强弱关系、网络的封闭性和"结构洞"等方面的不尽合理。笔者认为，环境法治基本网络中存在的上述问题，可以集中归因于环境法治网络中的网络成员、网络结构和网络运行机制等方面的问题，而这些问题的系统解决需要整体考虑，从模式选择、战略部署和实践路径等方面着手，优化相应的环境法治网络，尽量减少影响环境法治失灵的网络因素。

一 环境法治网络优化的模式选择

环境法治的网络是环境法治关涉主体之间基于环境立法、执法、司法和法治监督等环境法治运行环节相互关联结成的社会关系和联系模式，其网络要为环境法治提供足够的积极社会资本支撑，优化的重点应体现在关涉主体即网络成员的优化上。正如前文所述，现行环境法治网络中的关涉主体较多、性质多样，涉及国家机关、企事业单位、社会团体和公民并在基本网络中形成几类网络成员，但国家机关的地位过于突出，以致整个环境法治网络中纵向或垂直网络过多而致积极社会资本缺失。"垂直的网络，无论多么密集，无论对其参与者多么重要，都无法维系社会信任与合作。"[1]

自20世纪90年代开始，很多国家都开展了一场社会资本构建运动，采取一定的法团主义模式，[2] 通过增加更多容易形成横向网络的网络成员，改善网络结构和运行机制，以便把各类网络成员的组织化利益融合到国家的决策中，以增加社会资本而减少社会冲突，实现国家与社会的互动合作。法团主义因而成为各国通过网络构建社会资本的重要模式，为我国环境法治网络优化提供了重要理论参考和实践借鉴。根据政治组织与社会组织的力量对比，现有理论将法团主义分为社会法团主义与国家法团主义两种法团主义模式。

（一）社会法团主义模式

社会法团主义是传统民主国家依托市民社会传统，通过自下而上的组织关系，发展壮大社会组织构建社会资本的一种模式。该模式下的社会资

---

[1] ［美］罗伯特·普特南：《使民主运转起来：现代意大利的公民传统》，王列、赖海榕译，江西人民出版社2001年版，第204—205页。
[2] 法团主义是斯密特（P. C. Schmitter）最早根据"国家中心论"和"社会中心论"提出的一个特指的观念、模式或制度安排类型，它的作用是将社会中组织化利益融合到国家的决策结构中。See Pilipee C. Schmitter, "Still the Century of Corporatism?" in Philippe C. Schmitter, Gerhard Lehmbrach ed., *Trends Toward Corporatist Intermediaion*, SAGE Publications, 1979, p. 9.

本的构建主体是社会组织，社会力量在整个国家的网络中占据主导力量，而公民可以在宽松自由的环境和社会互助活动中培养参与的主动性和积极性，养成合作的习惯。社会法团主义模式具有以下典型特征：参与网络合作的组织数量多、规模大；各个领域都有多个代表性组织；社会自由决定进入合作体系且竞争强度高但不具有强制性；社会组织的代表性地位是与其他组织共享而非垄断；团体不受国家的特殊保护和承认；国家对社会组织的控制权力小，形成的是横向网络。[1]

显然，社会法团主义强调以"社会为中心"，因而该模式下的社会组织能够更好地自由发展，并与社会的其他网络成员甚至是政治组织结成横向网络，从而更加有利于优化网络关系和积累社会资本。但社会法团主义模式的产生必须要有成熟的市场经济和民主的政治制度作为前提条件。

(二) 国家法团主义模式

国家法团主义是与社会法团主义相对应的另一种构建社会资本的主要模式。大量新兴政治现代化国家通过这种模式，自上而下地推动社会组织发展而优化网络并积累社会资本。该模式下的社会资本的构建主体是政治组织，国家或政治力量在整个国家的网络中占据主导力量，而公民合作和参与往往是在被动情况下进行的。国家法团主义模式具有以下典型特征：参与网络合作的组织数量非常有限；某个领域往往只有一个代表组织；社会合作是由国家安排的且竞争性很低；社会组织的代表性地位是垄断的；团体受到国家的特殊保护和承认；国家对社会组织的控制权力大，形成的是带有纵向性质的网络。[2]

国家法团主义模式对于市场经济发展比较滞后的国家优化网络和积累社会资本具有重要意义。这些国家在传统的威权主义体制下，通过发展市场经济和有意安排社会组织的产生并进一步通过市场机制为更多社会组织的产生和发展提供空间，社会组织的出现优化了网络并积累了社会资本，形成了挑战威权主义政治的力量，但社会组织又是在国家和政治的控制下，有利于国家把威权主义嫁接于市场并使社会和市场力量控制在政治之下，因而国家法团主义是政治转型国家优化社会网络和积累社会资本的重

---

[1] 参见谢岳、葛阳《社会资本重建中的政治命题》，《上海交通大学学报》（哲学社会科学版）2006年第3期。

[2] 同上。

要模式，虽然其与社会法团主义相比还存在不少差距。

（三）从国家法团主义走向社会法团主义

社会法团主义和国家法团主义这两种模式，是在特定政治社会背景下产生的两种优化网络和积累社会资本的理论和实践模式，其思路对于我国环境法治网络的优化和积极社会资本的提升都具有重要启发。从政治社会发展的阶段来看，我国属于正在经历政治转型的新兴政治现代化国家，大多社会组织特别是群团组织的建设和管理都受到国家和政治组织的领导、控制并在社会发展中发挥了重要作用，因而，我国社会网络的优化和社会资本的积累更多属于国家法团主义。

在国家法团主义模式下，我国以政治组织为主体来优化网络和构建社会资本具有浓厚的政治色彩，虽然通过国家指导的社会组织传递与意识形态相符的政治价值和政治规范实现了政治与社会的合作，但这种模式不可避免地导致社会资本政治化并逐渐使得改善的社会网络再次国家化而致提升的社会资本不能持久而失去意义。[①] 因而，要真正优化网络和提升社会资本，在基于国家政治社会背景选择国家法团主义模式后，要推动国家政治社会的改革，发挥国家、社会和公民的共同作用，并最终使国家法团主义走向社会法团主义。

具体到我国的环境法治网络的优化，我国可以先以国家法团主义为主，通过国家有意识的安排和指导社会组织的大力发展，发挥社会组织自身及其凝聚各类网络成员的作用，逐渐改善当前环境法治基本网络中纵横向网络、权威关系、强弱关系以及网络的封闭性和"结构洞"等方面的不合理问题。随着市场经济的成熟和政治体制改革的深入推进，我国还要通过法律以及其他形式鼓励社会组织的发展，减少政治的控制并最终过渡到取消政治对社会组织的控制和指导，真正实现社会组织在环境法治中的独立地位和独特作用，以便更好地全面优化环境法治的网络，为环境法治绩效的提高提供坚实的社会资本支撑。

二 环境法治网络优化的战略部署

环境法治网络优化的模式选择后，就应明确相应的战略部署。前文的

[①] 参见谢岳、葛阳《社会资本重建中的政治命题》，《上海交通大学学报》（哲学社会科学版）2006年第3期。

相关论述表明，我国环境法治网络优化和社会资本的积累应在立足国家法团主义模式的基础上，发挥国家、社会和公民的协同作用，推动国家法团主义走向社会法团主义。因而，要优化环境法治网络，真正提升社会资本并融入我国环境法治的过程中，需要在战略部署上推动国家、社会和公民三方的协同合作。

(一) 国家层面：支持环保 NGO 等社会组织发展并深化机构改革

环保 NGO 作为非政府环保社会组织，虽然在设立和管理过程中仍受国家的管理和控制，但其从法律上与国家机关之间并不存在隶属关系，因而是我国的一支重要社会力量，在我国环境法治建设中的作用日益突出，已由一般的社会监督逐渐发展至介入公共事务和政府决策，并推动了环境保护甚至是全面的公众参与，对优化我国环境法治的网络具有重要意义。我国政府虽然越来越重视社会组织在国家治理中的作用，国务院 2005 年出台的《关于落实科学发展观加强环境保护的决定》和环境保护部 2010 年出台的《关于培育引导环保社会组织有序发展的指导意见》，也都体现了政府对环保 NGO 发展的积极支持。但由于我国对环保 NGO 的成立实行许可主义而不是登记主义，要求法定主管部门批准且注册登记条件较高，使得不少环保 NGO 不能合法注册，面临合法性、资金筹集和人员配备等一系列问题。[1] 然而，我国要由国家法团主义走向社会法团主义，更需要不受政治控制的环保 NGO 的发展壮大，国家为此应为环保 NGO 特别是非官方背景的环保 NGO 的发展创造条件，修改《社会团体登记管理条例》等法规，放宽环保 NGO 等社会组织的登记条件，改经业务主管部门审查同意为直接向民政部门登记管理并为其筹集社会资金提供税收等经济政策上的便利。

此外，国家还应深化机构改革，简政放权，优化内部机构设置，改变国家权力行使方式，以便加强与相关环保社会组织的联系并形成更具横向性质的网络。就环境法治的机构而言，要加强环境立法机构建设，强化人民代表大会及其常务委员会在环境立法中的作用并发挥人大代表联系选民的工作机制，以加强人大与社会组织和公众的联系；要在加强环境执法机构权威的同时，深化大部制改革，赋予环保部门对环境执法的综合协调、

---

[1] 参见曹明德《中国环保非政府组织存在和发展的政策法律分析》，载高鸿钧等主编《清华法治论衡》第 19 辑，清华大学出版社 2013 年版，第 26—28 页。

监督和公共服务等更多职能，并通过环保部门与环保社会组织的联动吸引公众参与环境执法监督；要深化环境司法专门化改革，在加大环境司法专门机构建设的同时，大力支持环保社会组织提起环境公益诉讼，发挥专家、公众和媒体等各类群体与司法机关在环境司法网络中的协同作用。

（二）社会层面：积极发挥环保 NGO 等社会组织在环境法治中的独特作用

无论是国家法团主义还是社会法团主义模式，社会组织在国家治理中都具有重要作用。环保 NGO 作为最具活力和影响力的社会组织，在整个国家治理体系特别是环境治理中具有重要地位。但我国环保 NGO 数量和规模不大，在我国非政府组织中所占比例不到 1%。[①] 据中华环保联合会 2008 年统计，环保 NGO 总数为 3539 个，但其中大部分有官方背景，纯粹民间背景的只有 508 个，仅占其中的 14.35%，且其中超过一半未合法注册。[②]

而环保 NGO 特别是没有官方背景的环保 NGO 是现代环境法治网络中的重要成员，它们虽不具有直接的执法权，但可以发挥社会组织在现代治理中的作用，凝聚社会各界力量与国家机关形成横向网络，积极参与环境立法、执法、司法和法治监督等环境法治的运行环节。环保 NGO 作为致力于推动环保事业的公益性社会组织，团结了各界关爱环保事业的人士，为环境利益各方代表的对话、沟通与协商提供理性商谈的平台，在环境立法中可以发挥其专业优势并代表社会力量表达公众和社会的生态实践理性，[③] 推进环境立法的科学化和民主化；在环境执法和司法中，作为社会组织的环保 NGO 既可以充当国家强制力实施的缓冲平台，也可以作为政

[①] 刘振国：《民间组织管理的相关政策以及民间组织如何建立双赢的合作伙伴关系》，《中华环保联合会会刊》2009 年第 11 期。

[②] 相关数据参见中华环保联合会《2008 环保蓝皮书：中国环保民间组织发展状况的报告》，第 3 页；曹明德《中国环保非政府组织存在和发展的政策法律分析》，载高鸿钧等主编《清华法治论衡》第 19 辑，清华大学出版社 2013 年版，第 18—19 页；黄娜《环保非政府组织参与环境司法的现状研究》，载谢立红等主编《中国环境法治》2014 年卷（下），法律出版社 2015 年版，第 60 页；等等。

[③] 生态实践理性是立足于康德古典理性哲学中实践理性哲学的"人是目的"的基本立场，从环境与资源开发、利用和保护的社会实践活动出发，主张和倡导通过社会对话、沟通与协商的社会建构的基本立场和价值取向，兼顾人作为主体的内在价值需要和外在生态客观规律，致力于推动与促进以生态价值、生态伦理道德的社会共识为核心的"生态善"的社会实现。参见柯坚《环境法的生态实践理性原理》，中国社会科学出版社 2012 年版，第 5—8 页。本书在此引用"生态实践理性"这一概念的目的是体现环保 NGO 在形成和实现生态实践理性中的作用。

府通过环境执法践行生态实践理性的有力监督者,特别是《环境保护法》赋予环保 NGO 提起环境公益诉讼的权利后,环保 NGO 可以直接作为公众利益的代表者通过司法途径保护生态环境,进一步突出其在环境法治中的作用。

(三)公民层面:积极参与环境法治实践并培养保护环境的公共精神

公民是社会的基本组成,也是环境法治网络的基本成员,对于优化环境法治网络乃至提高环境法治绩效具有重要意义。"作为一个社会的公民,不论年龄大小,都应该具有改革社会、促进社会进步的责任和勇气,都应该主动参与政治、参与公共事务管理。"[①] 随着我国社会由管理走向治理和善治,[②] 环境治理主体日益多元,公民应积极参与环境法治实践并成为环境法治追求目标——环境善治的重要主体。而环境善治必然要求公民直接或通过一定的社会组织积极参与环境立法和环境政策的制定,参与环境影响评价和环境执法、司法的监督,以提高公民对环境法律制度的认同并促进环境法治的实施效果。"制度化的公众参与既可提高立法的针对性,又可减少实施的阻力。"[③]

而公民参与环境法治并要在环境法治网络中发挥重要作用,应当培养保护环境的公共精神。普特南特别强调公民参与网络中的公共精神,并把公民共同体内的这种精神概括为平等、团结、信任、合作和宽容等。[④] 我国传统社会中社会资本的缺失体现为缺乏公民参与意识和公共精神,以致进入现代社会不少公民虽然对出现的各种环境问题深恶痛绝,但自身也明显缺乏环境保护意识,整个公众参与网络中保护环境的公共精神极度缺乏。而公民参与网络的形成,公民参与要真正在环境法治网络中发挥作用,提高环境法治的绩效,公民自身环境意识和保护环境公共精神的提高就非常重要。

---

① 李国强:《现代公共行政中的公民参与》,经济管理出版社 2004 年版,第 274 页。
② 善治的精神内核包括合法性、法治、透明性、责任性、回应、有效、参与、稳定、廉洁、公正 10 个方面,而其中大多数方面都强调公民的认可、参与、平等以及政府对公民的公开、责任和保障等。参见俞可平《增量民主与善治》,社会科学文献出版社 2005 年版,第 146—147 页。
③ 吕忠梅:《超越与保守——可持续发展视野下的环境法创新》,法律出版社 2003 年版,第 190 页。
④ 参见[美]罗伯特·普特南《使民主运转起来:现代意大利的公民传统》,王列、赖海榕译,江西人民出版社 2001 年版,第 100—104 页。

三 环境法治网络优化的实践路径

环境法治网络优化的模式选择和战略部署确定后,就可以围绕纵横向网络、权威关系、强弱关系、网络的封闭性和"结构洞"等方面的问题,从环境立法网络、环境法治实施网络和环境法治监督网络等方面探讨优化的具体措施。

(一)环境立法网络的优化

前文已分析,我国环境立法网络主要存在纵横向网络结构不合理特别是公民参与网络不足、权威关系异化导致权力机关与行政机关错位以及强关系突出而弱关系不足等问题。对此,笔者认为,首先要在从国家法团主义走向社会法团主义的进程中,加大环保NGO的建设和公民参与网络的构建,通过环保NGO等社会组织和公民参与立法来增加横向网络,既可以改变纵横向网络结构不合理的问题,还可以发挥环保NGO、环保专家、立法专家以及第三方立法机构在环境立法中的作用,推进环境立法的科学化和民主化,并使制定的环境法律制度更具社会基础和民意基础而获得更广泛认同以便社会和公众自觉遵守执行。

其次,在国家立法机关层面,也要推动横向网络的建设。除上下级立法机关要加强协商沟通外,在允许国务院各部委制定联合规章的基础上,要打破我国现行立法体制对地方联合立法的限制,逐步允许地方立法机关联合制定地方性法规,以推动最具实质性的环境立法横向网络的建立。1923年的《中华民国宪法》和1946年颁布、目前在我国台湾地区使用的《中华民国宪法》,都允许地方对除政治盟约之外的教育、环境、财政、税收等方面的事项进行联合立法,[①] 但我国《宪法》和《立法法》至今未允许地方联合立法。而我国现行重点生态功能区基本都跨省市级行政区域,[②] 各省自治区、直辖市基于自身利益最大化的追求而

[①] 详见1923年《中华民国宪法》第25、32条和1946年《中华民国宪法》第108、109条,转引自崔卓兰等《地方立法实证研究》,知识产权出版社2007年版,第506—508页。

[②] 我国构建了以青藏高原生态屏障、黄土高原—川滇生态屏障、东北森林带、北方防沙带和南方丘陵山地带的"两屏三带"以及大江大河重要水系为骨架,以其他国家重点生态功能区为重要支撑,以点状分布的国家禁止开发区域为重要组成的生态安全战略格局。国家重点生态功能区为数众多、环境要素复杂、区域差异大,且大多跨省市级行政区域。详见《国务院关于印发全国主体功能区规划的通知》(2011年6月正式发布)。

在相关地方环境立法中不可避免存在较大冲突，迫切需要通过地方联合立法来优化环境立法的横向网络，通过立法机关在沟通协商的基础上联合制定地方性法规。

最后，要根据党的十八届四中全会精神的要求，突出人大及其常委会在立法中的主导地位，改变以往政府部门主导立法的现状，改变环境立法网络中权威关系异化以及权力机关与行政机关的错位问题。人民代表大会作为权力机关和立法机关在宪法中具有绝对权威地位，理应成为环境立法中的权威，不能因环境立法的专业性强而以政府立法为主导。相反，人大作为代议机关，其代表由选民选举产生，能够更好更广泛地联系其他机关、社会组织和广大公民，可以建立联通环境法治各种网络的信息桥，成为强化环境立法甚至整个环境法治网络中弱关系的重要纽带。

（二）环境法治实施网络的优化

环境法治实施网络包括环境执法网络和司法网络，其存在的主要问题是网络的封闭性不足和"结构洞"过多、权威关系不足和权威关系过度、纵横向关系和强弱关系不尽合理。网络封闭性不足的主要原因是环境执法权分属不同部门和环境审判归口不同业务庭，因而其网络的优化重点应是环境执法体制和环境司法体制改革。要通过深入推进大部制改革把环境执法权相对集中或者建立综合环境执法、联合环境执法等环境执法的区域联动和协同机制，通过设立环境审判庭甚至环境法院集中审理相应环境案件，并加强环境执法与司法的衔接和良性互动机制，以便在环境法治实施网络中形成一个更加封闭的系统而提升社会资本和提高环境法治绩效；"结构洞"的过多则需要深入推进环境信息公开，加强社会组织和公民参与环境执法和司法，并发挥各类监督主体特别是新闻媒体和社会舆论对环境执法和司法的监督，以填补网络中的"结构洞"并减少和防止环境法治腐败。

权威关系不足与权威关系过度也主要是因为网络封闭性不足和"结构洞"过多所致，因而其网络的优化方式与前述大致相同。而纵横向网络和强弱关系的结构不尽合理，主要是因为环境执法和司法机制的原因所致。对此，应多引入市场、契约等手段，引进行政约谈等非强制手段，推动我国环境执法从"命令—控制"型走向市场型和自愿协议型;① 而在环境司法网络中,要深化司法体制改革,加强公众对司法的监督,推动我国环境法治由被动型走向回应型再走向治理型;② 以改变环境执法和司法网络中纵向关系过多而横向关系明显不足的结构,实现环境执法和司法网络的扁平化。就强弱关系的结构来看,其网络的优化一方面应建立有利于各方当事人充分沟通协商的平台和程序,以推动各方当事人共同致力解决环境执法与司法中的争议并息讼服判而形成强关系;另一方面应加强典型案例的指导,使不同案件的当事人之间能通过典型案件发挥信息桥作用建立弱关系,确保同类案件能够得到相同的处理。

(三) 环境法治监督网络的优化

正如前文所述,环境法治监督网络中的主要问题是纵向网络中的强关系突出而容易排斥圈外人、横向网络中的弱关系不足而难以发挥有效的监督作用、"结构洞"的普遍存在致使信息难以在网络内传递而减弱监督作用等方面。环境法治监督的纵向网络主要是国家机关的监督,其中的强关系过于突出表明国家机关内部基于共同利益或既得利益很容易相互包庇偏袒,要避免强关系排斥圈外人的最好办法之一就是推进环境法治信息的公开透明,使得国家机关自身的法治行为和对法治的监督职责暴露于公众之下而致其无法相互包庇偏袒。另外,为避免环境法治监督的纵向网络中强关系过多,还可以多增加横向网络而改变其网络结构。但我国环境法治监督的横向网络主要是政党、社会组织、公众和新闻媒体等非国家机关的监督,其相互之间及与国家机关之间形成的是弱关系且这种弱关系明显不足而难以发挥监督作用,强化这种弱关系的办法就是要在网络内增加更多的局部桥或信息桥,既要充分发挥人民代表大会代表联系选民的机制,又要充分发挥环保 NGO 等社会组织和新闻媒体表达公众意志的作用,在非国家机关之间及其与国家机关之间架起更多的信息桥,使得横向网络中的弱

---

① 根据环境管理政策工具的特征和演变历程,三分法把环境政策类型分为第一代工具——传统的"命令控制型";第二代工具——市场化工具或基于市场的政策工具;第三代工具——自愿环境管制。本书在此引用作为环境执法的发展阶段并把后两者作为改善环境执法纵向网络关系过多从而优化环境执法网络关系的重要措施。参见肖建华《生态环境政策工具的治道变革》,知识产权出版社 2010 年版,第 17—33 页。

② 参见杜辉《论治理型环境司法——对"环境司法中国模式"的一个补充》,《环境司法的理论与实践——第二届海峡两岸环境法研讨会论文集》,第 46—47 页。

关系充足从而提升社会资本，以更好地发挥相关网络成员对环境法治的监督作用。

同样，针对环境法治监督网络中的"结构洞"问题，既要加强国家机关之间特别是上下级国家机关之间的信息公开以及协作互动和相互监督而减少"结构洞"的产生，也要加强非国家机关之间的交流，特别是要利用环保 NGO 和新闻媒体搭建相互交流的平台，培养公民参与网络和保护环境的公共精神，减少甚至杜绝非国家机关之间的"结构洞"，而避免出现国家机关成为它们的共同联结点而失去有效监督的作用。

此外，环境立法、执法、司法和法治监督等网络相互之间也要通过加强互动和有效衔接来优化网络，构建环境法治内部各基本环节的良性互动机制，共同促进环境法治社会资本的提升和环境法治绩效的提高。

第四章 基于规范的环境法治考察

　　有效的只是所有可能的相关者作为合理商谈的参与者有可能同意的那些行动规范。

　　——[德]哈贝马斯:《在事实与规范之间——关于法律和民主法治国的商谈理论》

　　说明了要在我国建立一个运行有效力并高效率的社会主义法治,依据、借助和利用本土的传统和惯例的重要性。

　　——苏力:《法治及其本土资源》

　　规范作为社会资本的重要构成,源自一定群体或网络为追求群体或网络秩序而内在博弈均衡或人为设计的行为准则、标准及其蕴含的理念、价值和文化等。环境法治网络及其内部的基本网络和其他网络,也是基于一定的规范而建立成员之间的相互关联模式并决定或影响环境法治的观念、制度的形成以及环境法治运行的状况。如果环境法治网络内的规范发达并能够与环境法治的观念、制度和运行有机融合,则能推动环境法治的发展并取得良好的绩效;反之,规范内部的冲突或与环境法治的观念、制度和运行存在较大冲突,则会影响环境法治的运行和绩效甚至导致环境法治失灵。因而,运用社会资本理论考察环境法治,特别是运用社会资本理论分析我国环境法治的问题和失灵的原因,有必要在考察环境法治的规范的基础上,查找其内部可能存在的冲突及其与环境法治观念、制度和运行可能存在的冲突,以推动规范与环境法治观念、制度和运行的有机融合而提高环境法治绩效。

第一节　考察环境法治的规范

规范不仅是社会资本理论中的一个重要问题，而且是社会学、哲学、伦理学、经济学和法学等各大学科都注重研究的一个热点理论，但基于不同学科关注的重点不一，各学科甚至是法学内部对规范的概念、类型和分析问题的视角等都存在较大差异。因而，基于规范考察环境法治，首先要从界定考察环境法治的规范概念、基本类型和考察的意义等方面着手。

一　考察环境法治的规范界定

前文已述，制度就是由人们共同接受约束的行为规范，社会资本中的规范与制度的含义基本相通，有的学者使用"规范"一词，有的学者使用"制度"一词，还有学者专门提出"制度资本"的概念并发展了制度资本的理论。① 政治学、经济学、管理学等学科更多从制度角度来论述规范，主要形成了"内生博弈均衡制度说"与外生性的制度说以及正式制度与非正式制度两种代表性的观点。以肖特为代表的"内生博弈均衡制度说"强调，制度是基于社会成员内部自生自发的能够反复出现的行为规则，而以诺思为代表的外生性制度说则强调制度是人为设计的调整人的行为关系的约束规范，他还重点分析了制度的基本构成是正式规则、非正式约束及二者的实施特征，② 并认为非正式约束是普遍存在的，"正式规则，即使是在那些最发达的经济中，也只是型塑选择的约束的很小一部分"③；正式制度可以瞬间改变而非正式约束只能潜移默化地改变，正式制度的移植需要非正式约束和信仰体系的支持，"非正式规则给任何一套

---

① 制度资本是华人著名经济学家陈志武教授提出的。他认为如果一国的制度有利于交易市场的容量最大化，有利于经济的深化，那么我们就说该国具有高的制度资本；反之，不利于市场交易的制度则使交易的成本变高，这种成本就是制度成本。笔者认为，制度资本是社会资本的重要组成，是理论界集中对社会资本重要构成的规范或制度进行研究而形成的一种理论，对社会资本理论的研究提供了有力支撑。参见陈志武《为什么中国人勤劳而不富有》，中信出版社 2008 年版，第 56 页。

② 参见［美］道格拉斯·C. 诺思《制度、制度变迁与经济绩效》，杭行译，格致出版社、上海三联书店、上海人民出版社 2008 年版，第 50—85 页。

③ 同上书，第 50 页。

正式规则提供了根本的'合法性'"①。正式制度与非正式制度或正式规范与非正式规范也是各大学科共同关注的问题。"旧制度经济学"代表人物康芒斯在强调法律等正式制度的重要性的同时，也认可习俗和传统的重要作用，认为其会影响或限制集体行动并影响正式制度的形成；②而另一代表人物凡勃伦则提出各种制度是由特定社会思想习惯及生活方式演化而来，"制度实质上就是个人或社会对某些关系或某些作用的思想习惯；而生活所由构成的是，在某一时刻或社会发展的某一阶段通行的制度的综合"③。前文也介绍了各大学科特别是法学学科参照正式制度与非正式制度或正式规范与非正式规范的分类把规范分为法律规范和社会规范。

各大学科对制度或规范的分类及分类标准虽然存在一定争议，但其对正式规范与非正式规范分类的主要标准，是看规范的制定和实施主体是政府等官方机构或正式组织还是社会网络成员，是自生自发或基于内在博弈均衡而产生还是人为设计而约束人们的行为，是靠国家强制力保障或以国家强制力作威胁来实施还是社会成员自觉遵守和履行。④应当说，正式规范与非正式规范的区分，对界定考察环境法治的规范具有很大启示，但本书认为，考察环境法治的规范不能完全从正式规范与非正式规范的角度区分或者不做区分。

前文已界定，本书考察环境法治的规范，是基于一定环境法治网络内在博弈均衡而产生的，或者网络成员人为设计或谈判协商而形成的但未上升为法律法规的约束网络成员关涉环境行为的规则及其蕴含的价值文化理念和伦理。简言之，考察环境法治的规范就是除国家以立法形式制定的法律法规之外的调整人与生态环境之间以及以生态环境为中介的人与人之间关系的所有规范。

从正式规范与非正式规范的分类来看，考察环境法治的规范包括了全部非正式规范，还包括了部分正式规范，即虽由国家相关官方机构或正式

---

① [美] 道格拉斯·C. 诺思：《新制度经济学及其发展》，路平、何玮编译，《经济社会体制比较》2002年第5期。
② 参见[美] 康芒斯《制度经济学》（上册），于树生译，商务印书馆1963年版，第87—91页。
③ [美] 凡勃伦：《有闲阶级论》，蔡受百译，商务印书馆1964年版，第139—140页。
④ 参见[德] 柯武刚、史漫飞《制度经济学：社会秩序与公共政策》，韩朝华译，商务印书馆2000年版，第127页。

组织人为设计的但尚未上升为法律法规的规范。把非正式规范作为重要的社会资本来考察环境法治的规范应当比较好理解，因为非正式规范是环境法治网络成员基于一定的网络关系经过内在博弈均衡而逐渐产生的调整人与自然之间关系以及以生态环境为中介的人与人之间关系的规则、准则，是环境法治正式规范的重要来源或支撑。而国家或正式组织制定的不属于环境法律法规的环境政策、环境协议和环境自治规范等正式规范，虽然更多是国家相关机关或正式组织人为设计的，但它们也一定程度上经历了环境法治网络内部的内在博弈均衡，其之所以要纳入考察环境法治的规范，是因为我国当前的环境治理还主要是以政策治理为主，环境法律法规发挥的作用还非常有限并与相关环境政策特别是地方"土政策"之间存在很大冲突，以致影响我国环境法治的绩效。因而有必要把这部分正式规范纳入考察环境法治的范畴。

从构成要素来分析，法律规范的构成有"三要素说""两要素说"和"四要素说"等观点。① 虽然考察环境法治的规范特别是其中的环境政策和行政协议等更接近法律规范的构成，但考察环境法治的规范总体上形式松散、多种多样且技术性特征微弱，不宜用法律规范的要素进行解析。本书认为可以从形式要素和内容要素两方面来分析考察环境法治的规范。

形式要素包括来源、渊源、效力等。法律规范由国家立法机关制定，以法的形式表达并具有国家强制性。而考察环境法治的规范是一定环境法治网络中网络成员基于长期的内在博弈均衡自生自发或人为设计而产生的，其形式渊源更多是环境理念、伦理、习惯等非正式规范和政策、协议、自治规范等正式规范，其效力主要基于网络成员的认同而自觉遵守，国家强制力在其中的作用很小甚至不起任何作用。即使是环境政策和行政协议等规范是政府机关制定或签订的，但也是一定环境法治网络成员基于商谈理性而形成的且未经立法机关以法的渊源形式颁布的，其效力也不能直接动用国家强制力予以保障。

---

① "三要素说"分旧三要素说和新三要素说，前者认为法律规范包括假定、处理、制裁三部分；后者认为制裁只体现了法律规范的否定性后果，而忽视了肯定性法律后果，为此将其修正为假定、行为模式和法律后果三要素。"两要素说"认为假定部分是多余的，认为法律规范只包括行为模式和法律后果两部分。但张恒山教授认为旧三要素说和新三要素说对法律规则的构成特别是第三部分的制裁或法律后果的解释都不够明确，因而提出了"四要素说"，即规则适用的条件、义务权利规定、违反义务的行为、违反义务的处理规定。

内容要素包括理念、伦理、价值、文化、习俗、政策、规则等。法律规范是由行为模式和法律后果组成的具体行为规则，违反法律规范会产生直接的否定性法律后果、法律制裁甚至是剥夺人身自由和生命的严重刑罚。而本书考察环境法治的规范，即使是环境政策和行政协议也不能直接课以否定性法律后果和法律制裁，其内容要素还包括大量理念、伦理、价值和文化层面的规范，即使有部分规范性较强的规则，其对人们行为的规范也更多是指引性和宣示性，更多需要人们的自觉遵守和履行，即使违反有关规范也更多是靠舆论、威望和社会谴责来追究后果，而难以直接课以否定性法律后果，更何谈法律制裁。

二 考察环境法治的规范基本类型

基于上文的分析可以看出，考察环境法治的规范包括调整人与生态环境之间以及以生态环境为中介的人与人之间关系的所有非正式规范和部分正式规范。正式规范和非正式规范虽然是对规范的基本分类且对我们理解规范具有重要意义，但该分类主要强调的是规范的制定和实施主体的差异，仅做这种宏观分类来考察环境法治来还不具有针对性。因而，要结合我国环境治理的实践，梳理考察环境的规范的基本类型。但我国环境治理的实践非常复杂，相关的环境治理规范也很多，有技术层面的环境标准等技术规范，也有社会层面的环境伦理、习俗和理念等环境社会规范；有理念层面的环境价值观、伦理观等环境文化规范，也有制度层面的环境法律规范、环境习俗规范以及环境行动计划、政策和环境宣言、协议等。综合分析上述不同种类的环境治理规范，根据考察环境法治需要的角度分析，笔者基于前文的界定将环境法治网络中产生的规范分为环境文化规范、环境习俗规范和环境软法规范三种基本类型。

（一）环境文化规范

文化是一个非常复杂的概念，学者们见仁见智。提出文化概念的英国人类学家爱德华·泰勒认为科学、哲学、道德、法律、习惯都是文化，包括"知识、信仰、艺术、法律、道德、风俗以及作为一个社会成员所获得的能力与习惯的复杂整体"[①]；美国人类文化学家克罗伯（A. L. Krober）和科拉克洪（Clyd Kluckhohn）给文化下了一个很影响的定义："文化存

[①] 韦森：《文化与秩序》，上海人民出版社2003年版，第12页。

在于各种内隐和外显的模式中，借助符号的运用得以学习和传播，并构成人类群体的特殊成就，这些成就包括他们制造物品的各种具体式样。文化的基本要素是传统（通过历史衍生和由选择得到的）思想观念和价值，其中尤以价值观最为重要。"① 不管学者们如何定义文化以及如何对文化进行广义、中义和狭义上的分类分层，但都普遍认可人们在长期的实践中形成的文化具有一种规范力量，规范和制约着人们的价值观念、思维方式以及社会活动和社会发展。

从文化的基本要素以价值观念最为重要的角度来分析，在调整人与生态环境之间以及以生态环境为中介的人与人之间关系过程中，一定环境治理网络中的人们基于内在博弈均衡而自生自发形成的一系列理念标准和价值准则，构成了最重要的环境文化规范。从狭义角度分析，作为环境文化规范的核心构成就是环境伦理观、环境价值观以及相关的文化理念。

环境伦理观是以人与自然关系为中心的世界观。传统的伦理学更多关注人在世界的地位以及社会网络中人与人之间的关系，确立的是人类中心主义的世界观。② 随着环境科学和生态科学的发展，伦理学对人与人关系的关注扩展至人与自然的关系，产生"敬畏生命"的观念和伦理学，③ 非人类中心主义的思想逐渐产生并转向生态中心主义，进一步形成了生态整体主义的环境伦理观。而生态整体主义的环境伦理观不仅关注个体生物的价值，而且延伸至物种、种群乃至整个生态系统，并把生态系统的整体利益作为最高价值。环境伦理观是环境法治网络中基于对人与自然关系以及以自然为中介的人与人关系的认识而产生的重要文化规范，对于考察环境法治的观念、制度和运行具有重要意义。

此外，环境文化规范还包括其他诸多的关涉环境的价值理念和文化观念，其中对环境法治较有影响的有科学主义与人文主义、人类中心主义与

---

① 《中国大百科全书》（社会学卷），中国大百科全书出版社 1991 年版，第 409 页。
② 人类中心主义的发展阶段及其与非人类中心主义的争论将在后文中论述。一般认为，人类中心主义在以下三个意义上使用：人是宇宙的中心；人是一切事物的尺度；根据人类价值和经验解释或认识世界。See Webster's Third New International Dictionary, 4th, Merriam Co., 1976, p. 93.
③ "敬畏生命"的伦理学是法国思想家施韦泽（Albert Schweitzer）最早提出，他认为伦理的本质应当敬畏生命，他在对只涉及人与人关系的传统伦理学批判后，提出"只有当人认为所有生命，包括人的生命和一切生物的生命都是神圣的时候，他才是伦理的"。参见章海荣《生态伦理与生态美学》，复旦大学出版社 2005 年版，第 186—187 页。

非人类中心主义、经济主义与生态主义、分配正义与环境正义、权利本位和社会本位及生态本位等价值观念，① 也是基于一定环境法治网络而形成的文化规范，对考察环境法治具有重要意义。

（二）环境习俗规范

环境习俗规范是环境治理网络中的重要规范，作为一种重要的文化现象，及本也可作为环境文化规范中的重要社会规范，但作为社会规范的其他环境文化规范更注重理念与价值层面，而环境习俗规范更具有规范性和制度性，对人们的环境行为具有更重要的调整和规范作用，因而有必要作为考察环境法治的规范的单独类型。

从习惯、习俗或惯例的含义上来看，② 环境习俗规范强调该规范是一定环境治理网络成员在长期的历史实践中基于一定的文化孕育与价值认同并经内在博弈均衡而自生自发的调整人与生态环境之间关系以及以生态环境为中介的人与人之间关系的群体性行为标准、准则和规则。从形式要件来看，环境习俗规范要求在长期的历史实践和文化孕育中一定群体内在博

---

① 科学主义与人文主义、人类中心主义与非人类中心主义、生态主义与经济主义的关系及冲突在环境法治的观念文化层面体现较为明显，笔者将在下文中详细论述，而其他几对关涉环境的文化规范在此简要介绍后不再论述：分配正义是传统法学理论的核心价值，主要涉及财富、荣誉、权利等有价值的东西的公平分配，这一原则指导下的所有权理论是绝对支配权，体现在环境资源领域会认为污染和破坏环境也是绝对所有权的组成部分，因而在应对生态危机时显示了其固有的局限性；环境正义是环境保护运动发展到特定阶段的产物，强调实现人与自然之间的和谐关系，在社会实践层面正当分配环境利益和负担，更加注重环境资源开发、利用和保护上主体的平等性以及社会主体环境权益得到可靠保障；权利本位是以个人主义为基础的近代法的本位观，强调公民的自由和权利神圣不可侵犯，政府不得随意限制公民个人的自由和权利，也不得随意使公民个人负担义务；社会本位是以团体主义为基础的现代法的本位观，强调公民的个人自由和权利应当受社会公益的限制；生态本位要求法律制度应围绕人与自然的和谐相处而精心设计，既要体现人的权利也要反映生态自然的权利，更与环境法的要求相吻合而成为重要的环境法律观念。具体可参见梁剑琴《环境正义的法律表达》，科学出版社2011年版；陈泉生等《环境法哲学》，中国法制出版社2012年版，第549—577页。

② 习惯、习俗和惯例的词义很多时候是混同的，但我国《现代汉语词典》区分了习惯与习俗的差异，认为习惯更多是个体的价值偏好和行为方式，当习惯超越个体生活范围而成为群体生活特征的反映，成为马克斯·韦伯所说的"群众性行为"和群体性标志时，习惯已演化为习俗；韦森教授还考证英文的customary law在我国普遍翻译为"习惯法"，而准确翻译应为"习俗法"；而马克斯·韦伯认为习俗要经历惯例才能上升为习惯法，虽然习俗与惯例的界限非常模糊。本书在此虽不严格区分三者的关系，但以"环境习俗规范"作为考察环境法治的规范类型，亦强调环境习俗规范是一定环境治理网络中群体性的关涉环境的行为方式和规范。参见李保平《从习惯、习俗到习惯法——兼论习惯法与民间法、国家法的关系》，《宁夏社会科学》2009年第2期；[德]马克斯·韦伯《经济与社会》（上卷），林荣远译，商务印书馆1997年版，第356—357页；韦森《经济学与哲学》，上海人民出版社2005年版，第197页。

弈均衡而自生自发形成；从内容要素来看，环境习俗规范调整的是基于生态环境的人与自然之间以及人与人之间的关系，其行为标准、准则和规则得到群体的普遍认同而自觉遵守或基于群体的道德、舆论或权威而被强制履行。"把单纯的习俗与习惯法分开来的是后者背后的强制性力量。"[①] 从这个意义上来说，环境习俗规范就是环境习俗法了，因为这里的强制履行是区别于国家制定法的以国家强制力保障实施，环境习俗规范或环境习俗法只有写入国家制定法中，才能获得这种国家强制力的保障。

那么，环境习俗规范是否是环境民间法，二者的关系如何？这个问题我们可以借鉴理论上有关习惯法与民间法的关系来分析。目前学界关于习惯法与民间法的关系主要有两种观点。第一种观点是两个概念并列使用，不加区分，相互代替。出现这种用法的原因可以解释为三个方面：一是认为二者完全并列，内涵外延一致；二是认为二者有包容关系，但为表明被包容方有独立价值而将二者并列；三是认为二者相互交叉，不易也不宜做区分。[②] 第二种观点则区分使用两个概念，认为二者是属种关系，民间法包括习惯法。如梁治平先生认为"清代之民间法，依其形态、功用、产生途径及效力范围等综合因素，大体可分为民族法、宗教法、行会法、帮会法和习惯法等几类"[③]。综合各种因素来看，笔者认为民间法是与国家法相对应的范畴，环境习俗规范显然不是国家制定法规范，因而只能是环境民间法规范的范畴，因为环境习俗规范和环境民间法规范都不是国家制定并以国家强制力保障实施的。但环境习俗规范又有其独特性，不仅强调非国家制定性，还突出这类规范是经过长期的历史实践自生自发形成并得到一定环境治理网络群体的认可，而环境民间法规范中还包括不是自生自发形成的而是人为设计的调整生态环境关系的规范，如环保组织、行业协会以及其他自治组织通过一定程序制定的关涉环境的自治规范，虽然其中可能认可一些环境习俗规范，但更多可能是基于自治组织代表公众或某个群体意志而制定的规范。这些规范显然与环境习俗规范有较大区别，可以归入下文的环境软法规范之列。

[①] [美]埃尔曼：《比较法律文化》，贺卫方、高鸿钧译，清华大学出版社2002年版，第32页。

[②] 参见郑毅《论习惯法与软法的关系及转化》，《山东大学学报》（哲学社会科学版）2012年第2期。

[③] 梁治平：《清代习惯法：社会与国家》，中国政法大学出版社1996年版，第36页。

（三）环境软法规范

环境治理规范除国家制定法、前述的环境文化规范和环境习俗规范之外，还有不少是国家机构或环保组织、行业协会等自治组织制定的政策文件、行动计划、行政协议以及环保准则、行业规则等自治规范。这类规范与前述两种规范相比的重要特征是，它们主要由官方机构或自治组织等正式组织制定，但又不像国家制定法那样由国家强制力保障实施，而是靠自身特有的实施机制在环境治理中取得较好的效果，因而有必要作为考察环境法治的重要规范类型。笔者认为，由国际法领域兴起并在国内法研究中日益引起关注的软法现象和软法理论，可以较好地对该类规范作出解释并将其概括为环境软法规范，作为考察环境法治的重要规范类型。

软法的概念目前存在较大争议。从下定义的方式来看，主要有性质归纳、[1] 内涵列举[2]和特征描述[3]等方法。从意义的使用上来看主要有三种：一是形式上较"硬"而实效较"软"的法，即虽符合法律规范标准但法律责任欠缺或不严厉；二是实效较"硬"而形式上较"软"的法，即不符合法律规范的标准但实际发挥较强的社会调控作用；三是指道德、习俗、政策、法理等不是法的社会规范。[4] 从使用语境来看，主要有国际语境和国内语境两个方面：国际语境主要指国际条约中缺少强制性和明确义务的不具有法律约束力的文件。国内语境较为复杂，又分为三种情况：一是法律多元意义上的社会规范；二是行政主体制定的非法律性的指导原

---

[1] 如罗豪才教授认为软法"是作为一种事实上存在的有效约束人们行动的行为规则，它们的实施未必依赖于国家强制力的保障"，参见罗豪才等《软法与公共治理》，北京大学出版社2006年版，第6页；Francis Snyder 认为"软法总的来说是不具有法律约束力但可能产生实际效果的行为规则"，See Snyder, Francis, "Soft Law and Institutional Practice in the European Community", in Steve Martin ed., *The Construction of Europe: Essays in Honor of Emile Novel*, Kluwer Academic Publishers, 1994, p. 198.

[2] 如 Jaye Ellis 认为"软法的表现形式极多，包括国际会议的序言性陈述、国家召开的多边会议的目标陈述与宣言、单方声明、行动规范、国际组织发布的行动计划与指导方针、国际组织通过的非约束性的劝告与决议等"，转引自罗豪才等《软法与公共治理》，北京大学出版社2006年版，第6页；又如姜明安教授将软法的表现形式列举为行业协会和高等学校等社会自治组织、基层群众自治组织、人民政协和社会团体、国际组织、执政党和参政党规范本组织活动及其成员行为的章程、规则、原则以及法律、法规、规章中没有明确法律责任的条款等六类，参见姜明安《软法的兴起与软法之治》，《中国法学》2006年第2期。

[3] 如 A. E. Boyle 根据以下几点来确定软法：软法是非约束性的，由一般规范或原则组成而非规则；软法是不准备通过约束性的争议裁决来强制执行的法。参见罗豪才等《软法与公共治理》，北京大学出版社2006年版，第178页。

[4] 参见江必新《论软法效力——兼论法律效力之本源》，《中外法学》2011年第6期。

则、规则和政策，包括指导方针、备忘录、信函、指令、守则等形式；三是治理领域的软法。① 综合学者们对软法的界定，各种观点都有其分析问题的角度和一定的合理性，笔者认为研究软法至少本书探讨软法的重点不在于如何给软法下定义，而在于明确软法的范围。就现有观点来看，软法的范围可以从广义、中义、狭义和泛义四个层面进行界分。广义的软法是指除硬法以外的所有规则，包括国家制定法中法律责任欠缺的软规范、国家机关制定的各种规范文件、社会组织和自治组织制定的自治规范以及道德、习俗、价值理念等所有规范；中义的软法较之广义软法不包括道德、习俗、价值理念等自生自发的规范，而更强调人为设计的规范，"它不依赖国家强制力保障实施，由部分国家法规范和全部社会法规范组成"②；而狭义的软法是在中义软法的范围内减少国家制定法中的法律责任欠缺的法律规范即属于国家实证法范围的那部分，仅指国家机关制定的各种规范性文件、政策以及社会组织和自治组织制定的自治规范；泛义的软法范围仅限于国家制定法层面，泛指那些不管用、实效差的"没有长牙齿的"法律，是在社会生活中不起实际作用的国家制定法。上文界定的环境文化规范和习俗规范正是广义软法扣除中义软法范围的那部分规范，而狭义的软法规范正是本书要界定的考察环境法治的第三种基本类型规范。从狭义的软法规范来看，其中的社会组织和自治组织制定的自治规范属于民间法的范畴，但又可作为一种正式规范的范畴，因而也验证了本书不宜以正式规范、非正式规范以及民间法规范来划分考察环境法治的规范基本类型的观点。

　　罗豪才教授认为中义软法的渊源集中体现在两个层面："一是政法惯例、公共政策、自律规范、专业标准与弹性法条这五种软法规范的主要渊源……二是每一类软法当中的各种具体的软法规范……主要由立法惯例、行政惯例、司法惯例、政治惯例，国家性政策规则、社会性政策规则、政党性政策规则，公共机构自律规范、公务人员自律规范、行业内部自律规范，国家标准、行业标准、地方标准、企业标准，法律原则、柔性法律文

---

① 参见马波《环境法"软法"渊源形态之辨析》，《探索与争鸣》2010年第5期。
② 罗豪才、宋功德：《软法亦法：公共治理呼唤软法之治》，法律出版社2009年版，第367页。

本、弹性法律条款等共同构成的软法规范载体形态。"① 姜明安教授从行政法角度提出，软法的法源主要包括行政法的基本原则、中国共产党党内法规、社会自治规则、行政惯例、行政执法基准等。② 参照上述软法的渊源形式，从狭义软法的角度扣除相关弹性法条、柔性法律文本和法律原则、惯例等后，结合我国环境治理的实践，可以将考察环境法治的环境软法规范的主要渊源或表现形式概括为环境合同、环境保护政策、民间环境自治规则、环境保护自律规范、环境保护行业标准、环境行政指导规范、环境行政调解协议等。③

综上所述，本书考察环境法治的规范的基本类型主要包括环境文化规范、环境习俗规范和环境软法规范，其中环境文化规范和环境习俗规范主要是环境治理网络成员内部基于内在博弈均衡而自生自发产生的调整人与生态环境之间关系以及以生态环境为中介的人与人之间关系的基本原理、准则和规则，但前者主要停留在理念层面并表现为环境伦理观和价值观，后者更多上升为非正式制度层面并表现为行为规范；环境软法规范则主要是环境治理网络成员基于理性商谈并经一定程序而人为设计的正式制度，包括官方机构和民间组织制定的行为规范、规则守则和标准等。

三 基于规范考察环境法治的重要意义

考察环境法治的规范作为社会资本的主观构成和认知型社会资本，总体上是一定网络内主体之间经过长期的反复博弈而形成的具有很高认可度的共同准则，并通过嵌入的方式融入一定社会或网络的政治、经济、文化和网络成员的行为之中。就环境法治网络而言，具有很高认可度的规范也是其网络成员对环境治理网络认知的结果，前文将考察环境法治的规范界分为环境文化规范、环境习俗规范和环境软法规范几大基本类型，与环境法治的观念、制度和运行都有着紧密的内在关联，都对考察环境法治具有重要意义。

---

① 罗豪才、宋功德：《认真对待软法——公域软法的一般理论及其中实践》，《中国法学》2006 年第 2 期。
② 详见姜明安《行政法学研究范式转换》，《人民日报》2015 年 9 月 7 日第 20 版。
③ 该观点参考了国内相关学者的研究成果，参见马波《环境法"软法"渊源形态之辨析》，《探索与争鸣》2010 年第 5 期。

(一) 环境文化规范对于考察环境法治的重要意义

环境文化规范包含范围较广，但前文已从狭义视角和核心构成视角将其界定为环境伦理观和环境价值观，而环境伦理观特别是相应的环境价值观和相关的文化理念对环境法治具有重要的基础性和指导性意义。从环境法治观念层面分析，环境法治观念来源于一定的环境文化规范特别是其中的环境伦理观和价值观。我国环境法治观念的发展演化显然与环境伦理观的产生特别是生态整体主义伦理观的形成紧密相关，我国环境法治观念在实践中的冲突也与环境文化规范的多元性特别是环境价值观中的人类中心主义与非人类中心主义、生态主义与经济主义对立、科学主义与人文主义、分配正义与环境正义、个人主义与团体主义等的相互对立有着明显关联。从环境法律制度层面分析，环境文化规范特别是其中的环境伦理观和价值观对环境法律制度的形成、发展和演变都具有重要意义，一定的环境法律制度的产生发展总是与相应的环境价值理念相伴相随、相生相长；一定的环境伦理和价值观得到社会广泛认同并具有法律意义后，最终也要由文化规范上升为法律规范而形成环境法律制度或者要修改相应的法律规范而形成新的环境法律制度。从环境法治的运行层面分析，环境立法、执法、司法、守法和法治监督都会体现一定的环境文化规范特别是相应的环境立法理念、执法理念、司法理念、守法理念和法治监督理念；而不同的环境价值观和文化理念也会体现或嵌入具体的环境立法、执法、司法和守法等环境法治运行和环境法治主体的行为之中。

(二) 环境习俗规范对于考察环境法治的重要意义

环境法治除了需要一定的理念贯穿于法治的各个运行环节并树立对法律的信仰和尚法守法的精神外，更需要环境法律制度在实践运行中取得良好效果，以建立环境法治追求的秩序和正义。但国家制定法的一元构想总会与现实的多元规范不可避免地发生冲突，特别是我国环境法律制度更多来自西方的外生性规则，天然地存在本土性供给的文化断裂。这种断裂也"说明了要在我国建立一个运行有效力并高效率的社会主义法治，依据、借助和利用本土的传统和惯例的重要性"[1]。而环境习俗规范基于其长期历史实践的内在博弈均衡而自生自发并嵌入一定的社会网络的政治、经济、文化甚至是网络成员的行为之中，往往得到了一定区域或一定环境法

---

[1] 苏力：《法治及其本土资源》（修订版），中国政法大学出版社2004年版，第14页。

治网络内部成员的高度认可和普遍遵守，既可为国家制定的环境法律制度的文化断裂提供本土性供给的弥合，从而成为国家立法的重要渊源和参考，也可在国家制定环境法律规范面临一元构想困境之时提供破解路径。当然，如果国家制定的环境法律规范总是不顾能够得到较高认可的环境习俗规范的存在而另辟他径寻求异质性的行为准则，则不可避免地导致国家制定的环境法律规范与环境习俗规范之间的激烈冲突。从环境法治的运行来看，国家制定的环境法律规范与环境习俗规范的激烈冲突必然会导致环境法治网络内部成员对法律规范的不适应甚至是排斥，影响环境法治的绩效甚至导致环境法治的失灵，即使国家制定的环境法律规范能够得到公力的强势推行而环境习俗规范只能微弱运行。同时，由于我国地域广阔、民族众多、各地差异较大，环境习俗规范因地因群而异，内部不可避免地存在众多冲突，也很容易成为抵制国家法在当地实施的借口而影响环境法治的运行。因而，有必要从环境习俗规范角度对环境法治特别是环境法律制度和环境法治的运行进行深入考察，剖析环境法治失灵的原因并寻找提高环境法治绩效的路径。

（三）环境软法规范对于考察环境法治的重要意义

从本书界定的环境软法规范的范围来看，不管是国家有关机构签订或制定的环境合同、环境保护政策、环境保护行业标准、环境行政指导规范，还是民间组织制定的环境自治规则、环境保护自律规范，其对环境法律制度的辅助、补充和完善功能不言而喻。并且，由于我国的环境法律规范主要是外生性规则而缺乏本土资源的支撑以致其在实践中的运行效果不佳，环境软法规范不仅在环境法律规范制定前可提供重要参考，并可在制定后的具体运用中通过官方机构的环境保护政策和行政指导规范等细化操作来弥补不足，而环保民间组织等民间机构的自治规范和自律规范不仅可以提供制度上的支撑，更可提供文化与理念上的通约。从实践上来看，作为公共治理重要组成部分的我国环境治理，环境软法规范在其中发挥的作用和取得的实效已远远超过了国家的法律规范。如《大气污染防治法》和《水污染防治法》等国家法律出台多年并多次修改，但其在环境治理中的作用显然不如环保部2013年出台的《大气污染防治行动计划》、2015年出台的《水污染防治行动计划》以及国务院2015年出台的《关于加快推进生态文明建设的意见》等环境软法规范。

但我国环境软法规范目前较为复杂，在中央国家机关出台相关环境保护政策加强环境保护和推进生态文明建设的同时，地方国家机关也出台或默认很多地方"土政策"来阻挠或规避国家法律规范甚至是中央环保政策的实施，而民间环保组织和其他社会组织也基于各自既得利益或利益集团的考虑，制定的相关环境保护自治规范和自律规范也与国家法律规范和其他环境软法规范存在不同程度的冲突，影响了我国环境法治甚至是环境治理的绩效。因而，从环境软法规范视角考察环境法治并寻求环境软法与硬法的合作治理也是非常重要的切入点。

第二节　环境法治失灵的规范解析

从广义上分析，构建环境法律制度的环境法律规范也是规范的一种而且是非常重要的一种，决定着环境法治的基础并构成能否形成良法之治的环境法治的前提条件。但环境法律规范体系是我国环境法治体系的基本构成，直接体现了我国环境法治体系建设的现状，因而不宜将其作为社会资本主观构成的规范对环境法治进行考察。前文因此将国家制定的法律规范排除在考察环境法治的规范之外，而仅将环境文化规范、环境习俗规范和环境软法规范等非法律规范作为考察环境法治的基本规范类型。前文已述，环境法治接受社会资本考察的视角是环境法治观念、环境法律制度和环境法治运行，我国环境法治失灵也体现在环境法治观念的冲突、环境法律制度权威性和认同度不高、环境法治运行的不畅等方面，因而有必要在分析环境法治的基本规范类型的基础上对环境法治失灵的前述现象作出解析。

一　环境法治观念冲突的规范解析

"观念分析是法治研究的重要思路。"[①] 前文指出的环境法治失灵问题，首先应从环境法治观念的视角分析，因为环境法理念、环境法治观念往往会直接影响环境法律制度的构建以及环境立法、执法、司法、守法甚至环境法治的运行。"法治的制度、组织、秩序和法治状态的模式及其变迁，在一定程度上都可以从法治观念模式及其变迁中得到说明。"[②] 前文

[①] 王人博、程燎原：《法治论》，山东人民出版社2002年版，第190页。
[②] 同上。

已述，我国在环境法治观念层面尚未完全树立生态文明的价值理念，经济主义思想对环境立法、执法甚至环境司法和守法的影响深远并与我国环境习俗规范和环境软法规范的发展现状也有较大的关系，特别是现阶段支撑我国环境法治运行的环境软法规范，更多是由以追求经济发展为目的的国家官方机构或非环保社会组织制定。而官方机构和非环保社会组织，虽然也经常打着保护生态环境和建设生态文明的旗帜而增强其执政或治理社会的合法性与权威性，并在经济与生态能够协调发展之时注重生态环境的保护，但往往在二者发生激烈冲突之时则将其追求经济利益的本性暴露无遗。由此可见，环境习俗规范和环境软法规范，从深层次分析最终都受制于一定的环境文化规范，也即一定的环境伦理观和价值观。笔者认为，影响我国环境法理念和环境法治观念冲突的环境文化规范较多，以下主要从其中的科学主义与人文主义、人类中心主义与非人类中心主义、生态主义与经济主义等几对相互冲突的宏大价值观念视角论述如下：

（一）科学主义与人文主义的冲突

环境法治的宏观网络和中观网络都非常复杂，其中的网络成员也非常广泛，不仅代表社会的各个阶层，也集中代表了社会的各种文化，而其中最为宏观和突出的可以表现为两种文化即科学主义和人文主义。这两种文化在近代以前处于简单的融合状态，但随着近现代科学的迅猛发展，二者在理念和建制上历经近代科学诞生期的"逐渐分离"、启蒙运动时期在休谟和康德哲学中的"自觉分离"后，在19世纪中后期的实证论中开始走向"激进割裂"，[1] 引发的冲突成为社会各种矛盾的聚焦点甚至是根源。20世纪50年代末斯诺（C. P. Snow）将二者的对立与差异进行了系统阐述并提出了二者割裂和冲突问题的"斯诺命题""斯诺鸿沟"或"斯诺困境"，[2] 引

---

[1] 参见蔡守秋《基于生态文明的法理学》，中国法制出版社2014年版，第536页。

[2] 斯诺在剑桥大学一场著名的瑞德演讲中指出，由于科学家和人文学者在教育背景、学科训练、研究对象以及所使用的方法和工具等诸多方面的差异，他们关于文化的基本理念和价值判断经常处于对立状态，以致相互之间不屑去理解对方的立场甚至彼此鄙视；这两种文化的对立导致对未来作出错误选择与估计并给整个社会造成损失。他认为这两种文化是难以融合的，给英国经济社会发展造成一系列困境及困惑问题。斯诺提到的上述现象问题被人们称为"斯诺命题""斯诺鸿沟"或"斯诺困境"。参见［英］C. P. 斯诺《两种文化》，纪树立译，生活·读书·新知三联书店1994年版，第3—5页。

发了人们关于科学主义与人文主义的几场大争论。①

科学主义思考问题的出发点和目的是运用科学技术认识自然规律，发现自然奥秘，为人类提供开发、利用和保护自然的技术和方法。科学主义成为一个文化或价值理念后，很容易使科技理性发展为科学万能，认为人类可以用科技创造万物并解决人类面临的所有问题，甚至认为人可以用科技把一切动植物消灭掉，创造一个更美好、更贴合人意的人工世界。② 美国哲学家巴雷特指出："现代科学技术把理性和智慧抬到了高于其他一切之上……发动了一场统治自然的狂热斗争，并虚伪地把这种斗争等同于进步。"③ 科学主义的理念体现在人与自然的关系中即是人对大自然无节制的征服、开发、利用，甚至是肆意地攫取，体现在环境法治观念中就是对生态环境资源的开发利用和先污染后治理、先破坏后修复甚至无须修复，因为科技具备这种开发利用、污染治理以及生态修复或者无须修复直接开发替代品的能力。这种环境法治观必然要求通过设计相应的法律制度和加强环境立法、执法、司法等法治运行环节来支持和保障科技对生态环境资源的恣意开发利用，甚至是破坏。

而人文主义作为一种以人为中心和准则的文化理念和思潮，经历了古希腊的萌芽、文艺复兴的人文张扬、启蒙运动的理性弘扬发展后，在19世纪后期科学理性或工具理性的压制下见证了工业社会人的异化，接受了人文精神消解的严峻的考验和挑战，开始用一种新的人文理性看待人、自然与社会的关系，使保护自然生态成为最具正当合法性的当代人文主义思潮运动。④ 人文主义的价值理念在当代逐渐回归人自身和人的生活世界，表达了对生态环境的人文关怀，体现在环境法治观念中就是对生态环境资源的有节制开发利用和对污染的防治，以维护好作为人的利益重要组成的

---

① 西方关于科学主义与人文主义的论战主要有19世纪50年代的生物学家与教会人员的大论战、19世纪60年代的"科学与文化"之争、20世纪中期的两种文化之争、20世纪90年代的科学文化人士与后现代思想家等人文文化人士之间的"科学大战"；中国类似的争论主要有新文化运动的科学与民主之争、20世纪20年代的"科玄论战"以及新中国成立后的意识形态领域的斗争和大批判运动中涉及的相关争论。虽然我国已提出了"科教兴国"和"以人为本"以及科学发展观，但当今的中国仍然存在对"科学万能论"的幻想和对人文精神的漠视。参见蔡守秋《基于生态文明的法理学》，中国法制出版社2014年版，第541—552页。

② 参见［美］马克·斯劳卡《大冲突——赛博空间和高科技对现实的威胁》，黄锫坚译，江西教育出版社1999年版，第95页。

③ 李瑜青：《人文精神与法治文明的关系研究》，法律出版社2007年版，第31页。

④ 参见王继恒《环境法的人文精神论纲》，中国社会科学出版社2014年版，第12—16页。

生态利益，实现人的可持续发展。这种环境法治观必然要求法律制度的设计和环境立法、执法、司法等法治运行环节要协调人与自然的关系，实现人的可持续发展。

(二) 人类中心主义与非人类中心主义的冲突

环境法治的宏观网络即社会结构基于漫长的历史和长期的相互交往，不仅自生自发形成了人与人之间关系的伦理观念和准则，也逐渐形成了人与自然关系的伦理价值。在这些伦理价值和观念中，基于人类中心主义的人与自然关系与基于非人类中心主义的生态伦理观具有很强的代表性，对环境法治观念的形成以及环境法治的发展产生了重要影响。

人类中心主义的思想观念历史悠久，经历了以下发展阶段：第一阶段的"上帝中心论"认为人作为上帝之骄子拥有对自然的统治权力；第二阶段的"理性中心论"在近代自然科学发展的基础上论证了人是中心、目的和自然的主人；第三阶段的"科学主义"在20世纪凭借人类掌握的科学技术走向了激进和极端的人类中心主义，认为人类能够控制与引导自然甚至可以改变规律决定地球和宇宙的发展；21世纪以来人类中心走向改良后的弱人类中心主义，在强调以人为本和人的全面发展的同时并不否认大自然和自然体的价值。[1] 总的来看，人类中心主义在人类历史上产生了巨大影响，形成内容丰富、流派众多的思想。但人类中心主义特别是在科学主义支撑下的人类中心主义认为只有人有价值、目的和利益，只有人可以获得道德待遇和道德权利，而生物和自然界没有价值也没有伦理待遇，即使是改良后的弱人类中心认为大自然有一定价值且人类对生态环境的破坏要负道德责任，但仍奉行人与自然的对立和利益的不相容。人类中心主义的观点特别是科学主义支撑下的人类中心主义，在处理人与自然的关系上以及在环境法治观念中的体现与科学主义很相似，主张为了人的利益开发利用生态环境资源而不惜污染或破坏生态环境并在环境法律制度的设计和环境法治的运行中保障人的这种目的实现而不顾生态环境的容量和承载力。

---

[1] 参见蔡守秋《人与自然关系中的伦理与法》，湖南大学出版社2009年版，第55—61页。

针对人类中心主义的观点，一些学者通过激烈批判形成了生物中心主义①、生态中心主义②、生态整体主义③和非中心主义④等非人类中心主义的思想观点，认为应以生物、生态为中心或者不存在中心，主张生物个体的生存具有道德优先性，物种和生态系统比生物个体更重要，道德共同体和权利主体的范围应扩大到所有生物、非生物的自然存在物即生物及其环境构成的生态系统，并形成了生态整体主义的环境伦理观。⑤ 非人类中心主义的观点在处理人与自然的关系中把生物、生态作为中心或者不强调以谁为中心，认为生物、生态都享有道德待遇和道德权利，因而人类要保护生态环境并可将其上升为法律上的权利主体，体现在环境法治观念中就是要树立保护生态环境的意识，确立生态权利和法律生态化的意识，并把综合生态系统方法引入环境法律制度的设计与环境立法、执法、司法等法治的运行环节之中。

（三）经济主义与生态主义的冲突

环境法治网络中存在的和科学主义与人文主义、人类中心主义与非人类中心主义相关的另一组重要文化规范是经济主义与生态主义。该组文化规范也是环境法治的宏观网络即社会结构和其他社会网络中的网络成员基于内在博弈均衡而自生自发的重要思想观念，对环境法治观念的形成和整个环境法治建设都有根本性的影响。

经济主义的核心观点认为，经济增长是个人追求幸福和社会实现福利的唯一源泉，能推动社会和文明的全面进步，并可惠及人人；人是经济动

---

① 生物中心主义是一种主张以生物为中心的主义，认为人类生存依赖于其他生物，维护自己的生存是所有有机体的生命目的的中心，主张将道德共同体和权利主体的范围扩大至所有生物。详见蔡守秋《人与自然关系中的伦理与法》，湖南大学出版社2009年版，第81—82页。

② 生态中心主义是一种以生态或生态系统为中心的理论，认为人是生物中的一个组成部分，生物是生态系统的一个组成部分，人类的生存依赖于人类生态系统；物种和生态系统比生物个体更重要，维护生态系统的平衡和完整具有十分重要的意义；强调生物物种和生态系统的价值和权利，生物及其环境构成的生态系统和生态过程都是道德关心的对象。详见蔡守秋《人与自然关系中的伦理与法》，湖南大学出版社2009年版，第82页。

③ 生态整体主义主要强调生物及其生境的统一，强调从生态系统或人类生态系统这一整体去考虑问题。详见蔡守秋《人与自然关系中的伦理与法》，湖南大学出版社2009年版，第82页。

④ 非中心主义有两种说法，一是认为无中心，二是认为中心是相对的、变化的，而不是绝对的、僵化的。详见蔡守秋《人与自然关系中的伦理与法》，湖南大学出版社2009年版，第82页。

⑤ 参见蔡守秋《人与自然关系中的伦理与法》，湖南大学出版社2009年版，第81—82页。

物，具有无止境地追求物质财富的本性；经济可以无止境地增长。① 经济主义的盛行是随着市场的发展并在"经济帝国主义"② 思想的推动下而形成的。市场网络之下的成员一般把追求经济利益作为主要的甚至是唯一的目标，为了在市场中获得物质财富往往按照资本逻辑的要求使资产增值最大化。在这种观念指导下，人类必然要大肆开发利用大自然的各种资源以实现通过大量生产和大量消费来发展经济的目的，而全然不顾因大量生产和大量消费给环境造成的污染和对生态造成的破坏。经济主义指导下的环境法治观念必然更加注重保护资本持有者的利益，体现在环境法治中必然要求通过完善制度来保障环境资源的利用和开发，即使其兼顾环境保护的相关规范也往往是以不损害资源的开发利用为前提，并导致环境法治运行中难免因追求经济利益而减弱对环境保护的执法与司法力度。

与之相反的是，生态主义的基本观点认为人不在自然之上，不在自然之外，人就在自然之中，即人是自然生态系统中的一个成员。③ 生态主义要求人类的物质生产和各项活动遵循生态规律，并把对自然过程的干预力度限制在生态系统的承载限度之内。生态伦理之父美国学者奥尔多·列奥鲍德（Aldo Leopold）认为，人类的第三代伦理规范要调整人与生态自然的关系并提出了规范人与大地以及人与依存于大地的动植物之间关系的大地伦理；④ 之后，罗尔斯顿（Holmes Rolston）从人类自身利益和自然对人类的工具价值角度、史怀泽（Albert Schweitzer）从所有生命都有价值角度、汤因比（Arnord Joseph Toynbee）从万物都有尊严角度分别论述了生态伦理观，奠定了生态主义的基本思想。⑤ 生态主义要求将各种生命物

---

① 参见卢风《论环境法的思想根据》，载高鸿钧等主编《清华法治论衡》第13辑，清华大学出版社2010年版，第66—67页。

② "经济帝国主义"思想是经济学将其研究领域扩展到传统的非经济学关注的领域，并把其作为一门显学来解释人类社会的各种现象的思想。如其代表学者美国经济学家贝克尔认为，经济学可以解释所有的人类行为，从结婚生子到宗教信仰，都可以运用经济分析法进行解释，经济学已取代以往哲学的地位。

③ 参见卢风《论环境法的思想根据》，载高鸿钧等主编《清华法治论衡》第13辑，清华大学出版社2010年版，第70页。

④ 参见［美］A. 列奥鲍德《听到野生之歌》，［日］新岛义昭译，森林书店1986年版，第313页。转引自陈泉生等《环境法哲学》，中国法制出版社2012年版，第559页。

⑤ 详见［美］H. 罗尔斯顿《科学伦理学与传统伦理学》，载徐兰译《国外自然科学哲学问题》，中国社会科学出版社1991年版；［法］阿尔贝特·史怀泽《敬畏生命》，陈泽环译，上海科学出版社1992年版；［英］汤因比、［日］池田大作《展望二十一世纪》，荀春生等译，国际文化出版公司1984年版。

种都作为价值主体对待并尊重和赋予它们权利，有利于加强对生态环境的保护，体现在环境法治观念中就是可持续发展和生态文明的系列价值理念，能够为环境立法、执法、司法等环境法治的运行提供思想依据和理念指导。

综上所述，科学主义与人文主义、人类中心主义和非人类中心主义、经济主义与生态主义，作为几组重要的相互对立的环境文化规范，在我国的环境法治观念中都有充分体现并存在较大冲突，成为我国环境法律制度以及环境立法、执法、司法、守法等法治运行环节的消极社会资本，影响了环境法治的绩效并一定程度上要对环境法治的失灵现象承担主要责任。

二 环境法律制度权威不足的规范解析

一般认为，制度与规范的含义基本相通且经常可相互代替。但前文已界定清楚，接受社会资本理论考察的环境法律制度是国家通过立法程序正式颁布的环境法律法规和规章，是属于国家制定法层面构建的环境法律制度；而作为社会资本构成的环境法治规范是除国家制定法之外的行为准则及其蕴含的价值文化理念等，其基本类型包括环境文化规范、环境习俗规范、环境软法规范。

法律制度的完善是法治建设的基础。我国近年来通过加强环境立法，已形成比较完善的环境法律规范体系，构建了比较健全的环境法律制度，但为何未能在我国环境治理中发挥出环境法治应有的绩效？前文对环境法治失灵的分析表明，我国环境法律制度认同度不高，权威性不足是其主要原因。笔者认为，环境法律制度的认同度不高和权威性不足的问题，与作为社会资本重要构成的规范内部存在较大冲突紧密相关。以下从环境法律制度与环境法治规范的基本类型即环境文化规范、环境习俗规范和环境软法规范相互之间存在的冲突视角解析如下：

（一）环境法律制度与环境文化规范的冲突

文化规范的冲突不仅体现在环境法治的观念之中，而且必然体现在已经颁布的国家法律规范构建的环境法律制度之中。前文所述环境法治观念中的科学主义与人文主义、人类中心主义与非人类中心主义、经济主义与生态主义的冲突，也都会对我国的环境法律制度造成重大影响，导致环境法律制度的认同度不高和权威性不足。

科学主义与人文主义、人类中心主义与非人类中心主义、经济主义与生态主义之间的冲突，实际上是人与自然、经济与生态、人的经济利益与生态利益之间的矛盾和冲突，具体而言，关涉的主要是人类内部当代人与后代人以及政府、企业和公民之间的利益冲突。而法律制度的重要任务是对各种利益博弈的关注与衡平，"没有哪一个命令性概念可以脱离利益性概念而独立存在"[1]。"权利人主张的利益常常与否定其利益主张的他人的利益相对抗"[2]，作为命令性概念构成的法律制度又是相互斗争的利益博弈的结果。[3] 当代人与后代人之间以及政府、企业和公民之间的利益也要经过斗争后体现在具体的法律制度之中，但后代人或未来人只能无条件地由当代人代理其利益，当代人在代理过程中难免侵害后代人的利益；公民与强大的政府和企业特别是官企利益联盟集团相比，其利益也显得微不足道或虽微有所重甚至是举足轻重，但在强大的对手面前也无能为力。

由于利益斗争中各方地位或力量大小的不同，在环境文化规范内部的冲突与斗争中，往往科技主义、人类中心主义和经济主义占据上风，致使我国的环境法律制度设计中更多考虑当代人、政府和企业的经济利益，而更少考虑后代人或未来人的利益以及公民的生态利益，更难以考虑到生态环境自身的价值和利益，因而与环境文化规范中的人文主义、非人类中心主义和生态主义存在冲突。如我国自然资源立法特别是早期的自然资源立法，更多是通过《水法》《森林法》《草原法》等自然资源法构建相应的法律制度来保障人类利用现代科技对大自然的征服和攫取而更少考虑对水、森林、草原的污染防治和生态保护。即使之后相关法律构建的环境影响评价制度、"三同时"制度、排污许可制度、公众参与等制度以及新修订的史上最严的《环境保护法》，更多体现人文主义和生态主义，更多考虑公民和后代人的利益，但往往也因政府和企业的强大或政府和企业的抵

---

[1] Pilipp Heck, "The Jurisprudence of Interests", selected from *The Jurisprudence of Interests*, Magdalena School (translated and edited), Harvard Universtity Press, 1948, p.42.

[2] [德] 鲁道夫·冯·耶林：《为权利而斗争》，胡宝海译，中国法制出版社2004年版，第15页。

[3] 参见徐亚文主编《西方法理学新论——解释的视角》，武汉大学出版社2010年版，第35—38页。

制而在实践中被虚化或异化,① 致使不少现行环境法律制度的权威性不足且政府、企业和公民等利益冲突各方对其认同度都不高。

(二) 环境法律制度与环境习俗规范的冲突

如同习惯、习俗、习惯法或习俗规范在人类早期历史发展中具有权威地位一样,环境习俗规范在人类早期环境保护史上也具有重要地位,并可从中探寻不少现代环境法律制度的起源。如西南少数民族地区的"游耕""刀耕火种"② 等环境习俗规范既是当地乃至全国较多地区的权威规范,也被认为是现代环境规划制度的重要来源,对于休养生息和保护环境具有重要意义。③ 但随着经济社会的发展特别是工业文明的迅速发展,国家制定法在法律制度体系中的地位日益强势并对习惯法进行挤压和排斥,环境习俗规范与国家制定的环境法律规范产生较大冲突并在后者的极度膨胀下虽然式微但却很大程度上影响了环境法律制度的权威和认同。

环境法律制度与环境习俗规范产生冲突的原因之一是二者产生的方式不同。从整体上看,我国现代环境法律制度属于外生性规则,主要来自对西方国家环境法律制度的移植且经国家"自上而下"的制定而形成。国家制定法构建的现代环境法律制度作为西方舶来品,更多是立法者人为设计而缺少环境立法网络成员特别是非立法机关网络成员的内在博弈均衡,以致一些国家制定法建构的现代环境法律制度因其规定过严或过松而不能很好平衡各方利益,引起利益关涉相关方甚至各方的不满而难以在实践中认同。而环境习俗规范更具天然的内生性,是一定环境法治网络成员基于内在博弈均衡或自生自发形成的调整人与生态环境以及以生态环境为中介

---

① 虚化的表现主要是政府和企业为追求经济发展或经济利益而置很多环境保护法律制度于不顾,甚至出台地方"土政策"或通过各种办法规避法律来保护环境污染和生态破坏行为,或者通过虚假的手段履行法律规定的相应程序;异化的表现主要是指通过虚假手段通过环境影响评价、排污许可等环保要求而使对环境造成严重污染或对生态造成严重破坏的项目合法化后,结果是相关项目出现严重环境污染或生态破坏事故并造成对人类的伤害。如第一章中所列的不少环境群体性事件特别是 2015 年发生的天津爆炸事件,有的是在权力庇护下置环保与安全要求于不顾,有的是采取各种虚假手段使其环境与安全措施合法化,结果造成重大环境或安全事件,造成对生态环境和人身安全的严重损害。

② "游耕"又称迁移农业,是耕地和住所均不固定的一种原始农业形态;"刀耕火种"也是一种原始生荒耕作制的迁移农业,先以石斧后用铁斧砍伐地面上的树林等枯朽茎、草木晒干后用火焚烧。经过火烧的土地变得松软,不翻地,利用地表草木灰作肥料,播种后不再施肥,一般种一年后易地而种。

③ 参见尹绍亭《云南山地民族文化生态的变迁》,云南出版集团公司、云南教育出版社 2009 年版,第 141 页。

的人与人之间关系的准则和规则,往往深深嵌入一定环境法治网络的经济、文化甚至网络成员的行为之中,即使受到国家制定法的强势挤压排斥而形成冲突,但仍能得到网络成员的较高认同和自觉遵守。因而,环境习俗规范作为"潜在的、活的法律……是人类相互作用的基本法典"[1],必然要对环境法律制度的权威构成挑战和威胁。

环境法律制度与环境习俗规范产生冲突的另一个原因是二者对环境治理的适应性不同。由于不同地域自然资源禀赋、生态系统结构以及文化、经济等维度存在的巨大差异,环境治理具有复杂性和不可预期性,需要遵循"时空有宜的生态规律"[2],而强调法的统一性的现代环境法律制度缺乏环境治理的适应性规则,很容易在具体实施中因为适应性不足而得不到认同,进而影响环境法律制度的权威和环境法治的绩效。而环境习俗规范还具有天然的本土性和地方性,能较好地适应不同自然生态环境和不同区域经济文化的差异,形成因地制宜的规则来调整不同地域的人与生态环境之间以及以生态环境为中介的人与人之间的关系,致使其与强调统一性的环境法律制度之间不可避免地存在冲突而影响国家制定法的权威。

综上,由于环境习俗规范和国家制定法构建的环境法律制度在内生性与外生性、本土性与移植性等方面的差异,二者之间不可避免存在较大冲突。如我国藏区已形成一套系统的、明确的、具体的藏族环保习俗规范,而国家制定法对藏区生态系统的相关法律法规与藏族环保习俗规范存在较大不同,缺乏针对性和操作性。[3] 国家制定法层面的环境法律规范虽然在现代环境法律体系中具有绝对的优势地位并对环境习俗规范进行挤压和排斥,但由于环境习俗规范已深深嵌入一定环境治理网络的经济、文化甚至是网络成员的日常行为之中,环境法律规范不仅无法剥夺环境习俗规范的生存空间,反而会因二者之间的激烈冲突而降低环境法律制度本身的权威。

---

[1] [美] R. M. 昂格尔:《现代社会中的法律》,吴玉章、周汉华译,译林出版社2001年版,第233页。

[2] "时空有宜的生态规律"是指每一个生态系统都有其独特之处,都有其特色的自然要素和社会经济要素,规划、开发、保护某特定区域的生态系统时,要充分考虑其特殊性,也需要有特殊的能适应特定区域生态系统的法律法规予以调整规范。

[3] 详见吕志祥等《藏区生态法研究——从藏族传统生态文明的视角》,中央民族大学出版社2013年版,第16—39页。

（三）环境法律制度与环境软法规范的冲突

环境法律制度权威不足和认同不高，也可以从其与环境软法规范的关系视角作出解释。根据前文的界定，我国环境软法规范总体可以分为两大类，一类是社会组织基于环境治理的需要而制定的环境自治规范和自律规范；另一类是国家机关或政党组织为贯彻落实国家制定的法律法规而制定的配套政策、标准以及签订的环境行政协议等不属于国家法律规范范畴的环境规范性文件和环境行政协议。① 这两大类环境软法规范本应是环境法律制度实施的重要补充和环境法律规范发挥作用的重要桥梁，但由于不同行业和不同地方以及中央与地方之间的利益博弈关系，两类不同的环境软法规范之间及其与环境法律制度之间不可避免存在较大冲突，影响了国家制定法构成的环境法律制度的权威和认同。

环境自治规范和自律规范作为社会组织制定的规范本行业或某领域的生态环境关系的规则、标准、守则和准则，必然囿于该组织内部网络成员的利益或者囿于保护生态环境的公益目的，而制定有别于国家制定法构成的环境法律制度的环境自治规范和自律规范，相互之间及与国家制定法之间必然会形成一定的冲突和矛盾。但由于环境自治规范和自律规范根植于或嵌入社会组织网络内部的经济、文化甚至是网络成员的行为之中，在网络内部具有较高的认同度和权威性，且社会组织还可利用其网络资源扩大环境自治规范和自律规范在社会上的影响，必然会对国家制定法构建的环境法律制度的权威和实施构成影响和挑战。

国家机关和政党组织制定的规范性文件或签订的环境行政协议最为复杂，包括各级国家机关和政党组织制定的各类关涉生态环境的政策、规则、指导规范、行政协议等。这些规范性文件特别是中央层面环保部门颁布的行动计划，在我国环境治理中的作用日益凸显，成为环境法律制度实施的重要平台和载体。但由于我国幅员辽阔、区域差异大、行政层级多，各级各地国家机关制定的规范性文件相互之间以及与国家制定法构建的环境法律制度之间不可避免存在较大冲突，一些地方政府特别是基层政府基

---

① 武汉大学夏少敏 2015 年的博士学位论文《环境软法研究》将环境软法规范分为作为宣示性规范的官方规则、府际环境行政协议和环境自治规范，笔者认为环境行政协议的签订主体也带有官方性质，因而在参考该观点的时候将前二者合并，以环境软法制定主体的类别作为标准将其分为两大类。详见夏少敏《环境软法研究》，博士学位论文，武汉大学，2015 年，第 24—25 页。

于经济主义指导思想追求 GDP 发展而制定了不少保护破坏生态环境行为的"土政策"。这些"土政策"由于深深嵌入当地的政治、经济、文化甚至是民众的日常观念和行为之中，得到了一定社会网络成员的较大认同和遵守，致使我国环境法律制度甚至是中央环境保护政策难以在地方层面落实，很大程度上影响了我国环境制定法的权威和公众的认同，导致环境法治的绩效的不佳甚至失灵。

由此可见，作为考察环境法治的环境文化规范、环境习俗规范和环境软法规范，相互之间及与国家环境法律制度之间都不同程度存在冲突和矛盾。由于上述规范都通过深深嵌入相应的环境法治网络，得到网络内部成员的较高认同和权威服从，从另一角度来看就必然会影响国家环境法律制度的权威及实施的效果，因而，上述规范为我们考察环境法治绩效以及环境法治失灵问题提供了解释的新视角。

三 环境法治运行不畅的规范解析

法治除了需要观念的引领和制度的基石性支撑外，更需要立法、执法、司法、守法和法治监督等实际运行来取得实效。只有观念和制度的存在只能称作法制，而法治表达的是法律运行的状态、方式和过程，[①] 法治必然要求观念与制度的有机结合并运行于立法、执法、司法、守法和法治监督的各个环节。从前文论述来看，我国环境法治失灵在运行中的主要问题是各个环节的体制机制不顺、相互衔接不畅、公众参与不足，其中原因固然很多，但从社会资本主观构成的规范来看，必然也与环境文化规范、环境习俗规范和环境软法规范存在一定关系。

（一）环境法治运行不畅的环境文化规范因素

科学主义与人文主义、人类中心主义与非人类中心主义、经济主义与生态主义等几组重要的环境文化规范的相互对立和相互冲突，对环境法治观念和环境法律制度产生了消极作用，影响了环境法治观念的形成和环境法律制度的权威，也必然会影响承载环境法治观念与制度的环境立法、执法、司法、守法和法治监督等环境法治环节的运行。

从立法层面来看，上述几组相互对立和冲突的文化规范以及其他相关文化规范，受一定宏观网络和中观网络即国家的社会结构以及环境立法网

[①] 程燎原：《从法制到法治》，法律出版社1999年版，第266页。

络中的纵横向关系和强弱关系的影响,科学主义、人类中心主义、经济主义的文化规范往往占据主导地位,政府和企业的经济利益往往优先考虑而公民的生态利益很容易被忽视,导致现行法律虽然规定了人大主导的立法体制,但实际运行中往往是掌控经济发展大权的政府基于一定经济利益集团的影响而以经济主义思想主导环境立法,而人大的环境立法要么缺乏操作性而需要政府的配套规章来落实,要么直接交由政府负责前期立法而自己被架空。从环境执法、司法和守法等环境法治的实施层面来看,环境执法机关、司法机关和主要的守法主体——企业都是在一定环境文化规范特别是理念性规范的指导下贯彻落实环境法律制度或履行环境法律规范规定的职责和义务的过程。但嵌入我国环境法治实施网络中的环境文化规范主要是经济主义和部门主义而缺少生态主义和整体主义,其结果必然是环境法治实施过程为追求经济利益而牺牲生态利益,为追求部门利益而牺牲整体利益,以致出现环境执法不严、选择性执法以及政府与企业合谋的怪象,出现环境司法特别是环境公益诉讼难以启动和司法救济力度有限等问题,出现一些企业甘愿承担较低的违法代价或者冒险逃避高额的税费或法律惩罚而不考虑遵守环境法律法规的乱象。从环境法治监督层面来看,环境文化规范同样影响环境法治监督网络成员对监督权的行使,国家机关不仅受科技主义、人类中心主义和经济主义等价值观念的影响而对环境法治采取消极监督,而且很容易因官方机构具有相互包庇偏袒的政治文化而怠于监督;社会组织和公众也不仅受经济主义思想影响而疏于监督,而且很容易基于个人主义角度认为环境利益与自己不直接相关而消极行使环境立法、执法、司法等法治运行环节中的公众参与权和监督权。

当然,生态主义、生态伦理、生态本位的价值观念和文化理念也在当代社会日益受到重视,成为嵌入环境法治网络的一种虽然不占主导但也重要的文化规范,在我国近年新修订的诸如《环境保护法》等环境法律法规中也曾一度占据主导地位。但环境法治网络是一个整体性的系统网络,即使一些在生态理念和可持续发展理念指导下制定的环境法律规范,其在环境法治实施网络中也很难一以贯之,极易出现我国法治运行各环节相互衔接不畅的问题。

(二)环境法治运行不畅的环境习俗规范因素

环境习俗规范作为嵌入一定环境法治网络的社会资本,其产生发展、组织实施和救济都有自己独特的方式和路径,不仅对环境法治的观念和制度具有重要影响，而且对环境立法、执法、司法、守法等法治运行的环节都会产生积极或消极作用。

从产生发展上看，环境习俗规范主要是在一定社会网络中自生自发或内在博弈均衡而产生的，强调的是网络成员在长期的历史实践中逐渐把大家共同认可的标准、准则和规则上升为共同遵守的规范。通过这种方式产生的环境习俗规范不仅不可避免会存在一些与国家制定法相冲突的地方，而且由于这种自生自发的产生方式是网络成员的充分融入与商谈，能够体现网络成员的共同意志，与国家制定法产生方式中公众的泛泛参与形成鲜明反差，因而容易导致网络成员对国家环境立法方式的排斥以致环境立法机制的不顺和公众参与的不足。从组织实施来看，环境习俗规范已嵌入一定社会网络的政治、经济、文化传统甚至是网络成员的行为之中，其贯彻实施是基于网络成员的认同而自觉实现，当国家制定法要通过一定官方机构依靠行政权力来贯彻执行时也容易引起网络成员的排斥。从救济方式上看，作为民间法重要构成的环境习俗规范，同时具备的"契约性强制力和文化性强制机制两方面特征的社会权力"是其实效的基础性力量，[1]即环境习俗规范主要靠社会舆论、道德约束和文化传统等来保障实施，违反环境习俗规范的救济方式往往是通过社会舆论和道德谴责来敦促网络成员的矫正。习惯于环境习俗规范救济方式的网络成员在面临国家制定法通过国家强制力的保障和国家暴力的制裁来强迫其遵守的时候，也容易形成抵触而引发对国家制定法的规避，致使环境守法效果不佳以及环境法治运行机制的不顺和相互衔接的不畅。

总之，环境习俗规范基于在产生发展、组织实施和救济方式等运行机制上与环境立法、执法、司法和守法等法治运行机制上的巨大差异，致使二者不可避免地存在冲突而影响环境法治运行的效果。即使现代社会国家制定的环境法律规范日益强势推进，环境习俗规范式微运行，但这种式微运行如在我国幅员辽阔和差异较大的区域普遍存在，则对我国环境法治的运行会形成一股较大的消极社会资本进而导致环境法治绩效的明显降低甚至是环境法治的较大失灵。

---

[1] 参见张明新《民间法与习惯法：原理、规范与方法——全国首届民间法、习惯法学术研讨会综述》，《山东大学学报》2006年第1期。

（三）环境法治运行不畅的环境软法规范因素

环境软法规范也是嵌入环境法治网络中调整人与生态环境之间以及以生态环境为中介的人与人之间关系的原则、准则和规则，其在制定方式、实施机制和救济途径上既与国家制定的环境法律规范有相似之处，又有自己的独特之处，不仅会对环境法治的观念和制度产生重要影响，而且对环境法治的运行同样会产生积极和消极作用，而这种消极作用会引起环境法治运行机制的不畅。

从制定方式来看，不论是官方机构或政党组织制定的规范性文件或环境行政协议，还是民间社会组织制定的环境自治规范和自律规范，与国家制定的环境法律规范都属于人为设计而不是自生自发的，都是通过一定的组织程序制定的正式规范，特别是官方机构制定的关涉生态环境的规范性文件，在制定主体、制定方式与国家环境法律特别是法规规章非常相似，只是在制定主体的权限、制定的具体程序和文件的表达方式上不如环境法律法规和规章那么严格。环境软法规范是我国环境法治运行的有力补充和重要支撑，但我国环境软法规范特别是官方机构制定的规范性文件和政策涉及各级各类国家机关，关涉生态环境治理中的方方面面，相互之间及与国家环境法律规范之间在内容、效力等方面不可避免地存在各种冲突，必然影响了我国环境立法、执法、司法和守法。特别是在我国现行环境治理中，官方机构制定的规范性文件的数量、可操作性以及发挥的作用等方面都远远超过了国家的环境法律规范，更加剧了环境软法规范与环境法律规范的前述冲突以及对环境法治运行的消极影响。

从实施机制和救济途径来看，环境软法规范的具体实施和救济都由一定的官方机构或社会组织通过一定的组织体系来实施并用一定的强制力来保障，与国家法律规范的实施和救济具有相似之处，但环境软法规范的实施和救济显然比环境法律规范在实体与程序上都更简单随意和易变，更容易受到行政权力的干预和领导主观意志的影响，因而一旦与环境法治运行发生冲突时必然会对环境立法、执法和司法形成重大障碍。特别是我国现行环境治理的依据还是以规范性文件体现的环境政策等软法规范为主，更容易制造环境法治的混乱并影响环境法治的绩效甚至导致环境法治的失灵。

综合本节的论述，本书选取并界定的考察环境法治的环境文化规范、环境习俗规范和环境软法规范与环境法治的观念、制度和运行环节都有着紧密的关系，特别是它们相互之间以及与环境法治观念、制度和运行之间存在的矛盾和冲突，可以解析我国环境法治失灵中的环境法治的观念、制度和运行中存在的诸多问题，为我们从社会资本理论视角考察环境法治提供了理论和实践支撑，也将为我们矫正环境法治失灵，提高环境法治绩效提供新的方法和路径。

第三节　环境法治的规范整合

我国环境法治建设起步较晚，虽然近年来取得了突出的成绩，基本形成了以环境法律规范体系、环境法治实施体系、环境法治监督体系和环境法治保障体系为主要内容的环境法治体系；但我国环境法律规范体系之外存在的环境文化规范、环境习俗规范、环境软法规范等其他规范特别是这些规范的内部冲突及其与我国环境法治观念冲突、环境法律制度权威不足、环境法治运行不畅之间存在前述关联，很大程度上影响了我国环境法治建设的绩效，导致了我国环境法治的失灵。因而，要提高我国环境法治绩效并矫正我国的环境法治失灵，必然要正确处理环境法律规范与前述环境法治规范的关系，必然要在环境法治的观念、制度和具体运行建设中处理好与前述环境法治规范的关系，因为这些规范已深深嵌入环境法治网络，嵌入环境法治网络的政治、经济、文化甚至是网络成员的日常行为。

法治的道路或法治的驱动模式主要有政府推进型、社会推进型、政府社会互动型三种。① 虽然有不少学者基于综合考虑认为我国要走政府社会互动型法治模式，② 但我国法治建设的实践主要是依靠政府推进，即使近年来国家关注了社会力量在法治建设中的作用。环境法治作为我国法治建设的重要组成，目前选择的也是政府推进型或者是政府主导推进型的法治模式。在此思想的指导下，我国环境法治建设中要处理好环境法律规范与环境文化规范、环境习俗规范和环境软法规范等其他规范的关系，也应在

---

① 政府推进型法治模式主要依靠政府对法治目标和实现步骤进行理性设计和战略规划；社会推进型法治模式反对通过政府理性设计而寻求社会力量驱动法治建设，主张关注基于社会自发秩序所产生的习惯法和惯例是法治的不可缺少部分；政府社会互动型法治模式主张政府和社会双轨驱动法治建设。详见汪太贤、艾明《法治的理念与方略》，中国检察出版社 2001 年版，第 231—232 页。

② 参见汪太贤、艾明《法治的理念与方略》，中国检察出版社 2001 年版，第 247—255 页。

环境法治网络中以政府为主导选择合适的模式、战略和路径对其他规范进行有效整合。

一 环境法治规范整合的模式选择

从环境法治建设的规范来看，除了国家制定的环境法律规范外，还包括前述考察环境法治的规范也即本书界定的作为社会资本主观构成的规范。解决环境法治的相关问题特别是矫正环境法治的失灵问题，要在梳理各种规范的基础上进行环境法治的规范整合，首先要根据我国环境法治的驱动模式选择适当的整合模式。

（一）法律国家主义模式

法律国家主义也即法律一元主义或国家中心主义，强调法律是主权国家通过一定立法程序制定的或以主权国家名义确认的调整人们行为的规则，而将其他诸如习惯法、民间法等非国家制定的社会规范排除在法律之外。虽然自然法理论、主权理论和社会契约理论为国家法的存在提供了一种形而上学意义上的指南，但只有把国家作为正式合法的政治行为体，才能把国家法当作分析的核心。[1] 因而，只有分析实证主义法学的兴起，才能推动法律国家主义的正式诞生并产生持续的影响。分析实证主义法学的鼻祖奥斯丁认为，主权者的存在是法律的必备条件，法是"由政治优势者确立的规则集合体"[2]，他还把霍布斯对权力的清楚确认当作命令的关键，[3] 提出法是主权者的命令；凯尔逊则把这种主权者的命令进一步发展成一个由主权者制定的内在逻辑自洽的封闭的法律规范体系并创立了纯粹法学；[4] 哈特在继承分析法学的国家制定法传统的基础上，论证了国家通过承认规则赋予其他规则法律效力的新分析法学，并在与新自然法学的论战中提出了"恶法亦法"的观点，认为任何符合法律规则形式条件的规则都是法律，"即使其中有些规则违反了一个社会本身的道德"[5]；此后的拉

---

[1] 参见王晶宇《国家中心主义及其法理学倾向》，《法制与社会发展》2012年第4期。
[2] ［英］奥斯丁：《法理学的范围》，刘星译，中国法制出版社2002年版，第31页。
[3] 参见［英］韦恩·莫里森《法理学——从古希腊到后现代》，李桂林等译，武汉大学出版社2003年版，第228页。
[4] 参见张文显《二十世纪西方法哲学思潮研究》，法律出版社1998年版，第86—91页。
[5] ［英］哈特：《法律的概念》，张文显等译，中国大百科全书出版社1996年版，第197页。

兹等分析实证主义法学代表人物也都坚持了法律必须是主权国家制定的传统，奠定了法律国家主义模式的理论基础并助推了现代社会国家制定法的日益强势。

法律国家主义模式对我国法治建设产生了重要影响，推动了我国近年来法制现代化的快速发展。法律国家主义模式体现于环境法治之中，就是要加快国家的环境立法并强调只有国家制定的或以国家名义认可的环境法律规范才是环境法治的规范，而不允许或不赋予非国家制定的或者非经国家认可的其他规范在环境法治中的效力或作用。把环境法治的规范限定于国家制定法，对于维护环境法治的统一性、权威性具有重要意义。但环境法治的规范整合如选择该模式，则要将环境文化规范、环境习俗规范和环境软法规范中符合国家意志或统治阶级意志的部分上升为国家环境法律法规或获得国家的认可并以国家法的名义出现，而要取消或不允许环境文化规范、环境习俗规范和环境软法规范等其他规范存在。由于我国环境法治还处于起步阶段，加上我国环境治理实践的复杂性、地方差异性以及实践中大量环境习俗规范和环境软法规范已嵌入环境法治网络并发挥重要作用，完全采取法律国家主义模式来整合环境法治的规范不可取也不可能。

（二）法律多元主义模式

法律多元主义是对法律一元主义或国家中心主义提出挑战和质疑后形成的相对应的概念，强调法律拥有多个中心或层次，是指"两种或多种法律制度在同一社会中共存的一种状况"[1]，或"在每个社会都存在与群体多样性相适应的法律结构的多样性，它们是相互独立的、相互依赖的、相互渗透的或者三者都存在"[2]。法律多元现象的理论关注可以追溯至孟德斯鸠《论法的精神》和历史法学派对法是民族精神体现的研究，但系统的法律多元理论在西方殖民时期才得以产生，当时主要关注和研究的是殖民地的"本土法"和殖民者带来的"移植法"之间的矛盾冲突与多元共存。20 世纪 70 年代，法律多元主义的研究视野扩展至欧美国家，认为所有社会都存在国家法与非国家法的冲突与依存互动关系，从而普遍形成法律的多元现象。法律多元主义因此也从关注殖民者和被殖民者的法律冲

---

[1] Sally Engle Merry, "Legal Pluralism", *Law and Society Review*, 1988, 22/5.

[2] Laura Nadel, "The Ethnography of Law", *American Anthropologist*, New Series, Volume 67, Issue 6, 1965.

突互动,扩展至国家内部占主导地位群体与不占主导地位群体的法律冲突互动,后者是指诸如种族、宗教和文化上的少数群体等。[①] 美国学者莎莉·恩格尔·玛丽（Sally Engle Merry）将前者称为经典的法律多元主义,而后者称新法律多元主义;还有学者提出法律多元主义现在已进入第三个时期即后现代的法律多元时期。[②] 此外,马克斯·韦伯的团体多元主义、波士斯皮尔（（Pospisll Leopokl）的"法律层次"论、埃利希的"活法"论、昂格尔对习惯法和官僚法以及法律秩序的划分、千叶正士的"三重二分法"等都从不同的角度对法律多元理论进行了分析和说明。[③]

法律多元主义在我国也产生了重要影响,引发了学者们对国家法与非国家法或民间法、习惯法二者之间对立统一关系的研究,特别是新法律多元理论还推动了学者们对传统国家法与非国家法研究的超越,把二者的研究与中国和西方、国家和社会、农村和城市、传统和现代等二元分类联系起来,认为二者之间存在冲突、矛盾、融合、配合等互动关系。[④] 法律多元主义模式应用到我国环境法治的规范整合中,就是要强化环境文化规范、环境习俗规范、环境软法规范的研究和完善,并使之与国家制定法在环境治理的国际法与国内法、国家与社会关系、政府与市场和社会手段、不同主体功能区等实践中互动起来,发挥在国家环境治理中的更大作用。但这种模式可能会导致过分强调非国家法规范在环境治理中的作用,存在抹杀国家制定法与其他规范的区别并引发环境法治规范自身混乱的危险。

---

① See Woodman Gordon R., *What is the Commission About*? 14 Newsletter of the Cofission on Folk Law and Legal Pluralism 3, 1987 – 1988.

② 如桑托斯（Boaventura de Sousa Santos）认为"法律多元主义是后现代法律观的关键概念。不是传统的法律人类学的法律多元主义,在那里不同的法律秩序被看作共存于同一政治空间的分离的实体,而是在我们的生活轨道发生质的跳跃或全面危机以及在呆板的无事发生的日常生活中附加、相互渗透和混合在我们思想中以及我们行为中的不同法律空间的观念。我们处在一个多孔的法制或法制的多孔性的时代,一个迫使我们不断地转变和渗入的法律秩序的多重网络时代。我们的法律生活是由不同的法律秩序相互交叉即法制间（interlegarity）而构建的,法制间是法律多元主义的现象对应物",从而为法律多元现象的研究提供了新路径并推动法律多元理论深入发展。See Boaventura de Sousa Santos, "Law: A Map of Misreading Toward a Postnodern Conception of Law", *Journal of Law and Society*, No. 14, 1988.

③ 参见张钧《法律多元理论及其在中国的新发展》,《法学评论》2010 年第 4 期。韦伯的详细观点可参阅 Max Weber, *Max Weber on Law in Economy and Society*, Max Rheinstein ed., Cambridge, Harvard University Presss, 1954; 埃利希的详细观点可参阅 Eugen Ehrlich, *Fundation Principle of the Sociology of Law*, Cambridge, Mass.: Harvard University Press, 1936; 千叶正士的详细观点可参阅［日］千叶正士《法律多元》,强世功等译,中国政法大学出版社 1997 年版。

④ 参见张钧《法律多元理论及其在中国的新发展》,《法学评论》2010 年第 4 期。

即使是新法律多元理论强调将国家法与非国家法的关系置于具体场景中进行"深描"并关注具体场景与更大场景关系的方式，但在非国家法内部规范的区别上没有取得实质性的突破，面临"法律多元"陷入"规则多元"的困境。①

（三）走向一元多样的环境法治规范模式

由于法律国家主义模式在我国当前和今后很长一段时间的环境法治的规范整合中的不可取且不可能，也由于法律多元主义模式面临模糊国家制定法与其他规范的区别以及非国家法内部规范区别的危险和困境，环境法治的规范整合不宜简单地对上述两种模式进行选择。笔者以为，借鉴我国软法理论提出的一元多样软硬法混合治理的相关研究成果，② 我国也应当推动环境法律规范与环境文化规范、环境习俗规范和环境软法规范有机融合和混合共治，走向一元多样的环境法治规范模式。

"一元"是环境法治网络各类成员基于内在博弈均衡和人为设计相结合以及通过自生自发和商谈理性相结合而形成的对环境法治规范的共识和最大公约数，体现为环境法治的核心价值理念和基本制度，需要以国家制定法的形式确认并在宪法或环境基本法中做出规定且在环境法治运行中坚持和贯彻，其他环境制定法和环境文化规范、环境习俗规范和环境软法规范等规范都不得与之相违背。环境法治的核心价值理念和基本制度是整个环境法治的统帅，既可以统领国家环境制定法，也可以统领环境文化规范、环境习俗规范和环境软法规范等，使国家环境法律规范特别是环境文化规范、环境习俗规范和环境软法规范内部及其相互之间的冲突矛盾不断消解，以建立系统化、体系化、效力层次分明、适用范围清晰的环境法治规范体系。

"多样"是为克服法律国家主义或一元主义缺陷，避免环境制定法不堪环境治理对规范的需求重任，借鉴法律多元主义理论在区分环境制定法和非国家法的基础上，明确它们之间及其内部存在的既相互冲突又相互依存的互动关系。在环境制定法内部，建立门类齐全、效力层次分明的环境法律部门体系；在非国家法内部，梳理完善环境文化规范、习俗规范和软法规范，使其内部及其相互之间协调统一有序、适用领域范围清晰、功能

---

① 参见张钧《法律多元理论及其在中国的新发展》，《法学评论》2010年第4期。
② 详见罗豪才《软法研究的多维思考》，《中国法学》2013年第5期。

职责明确；在环境制定法与非国家法之间，在对环境习俗规范现代价值梳理和选择以及对环境软法规范规范化和系统化的基础上，相互认可和支持而避免对抗和消解，并在一定的环境法治时空等具体场景中共存互动、相生相长、相辅相成，特别是要在具体的环境立法、执法、司法、守法和法治监督等运行环节中建立多样、开放、规范的转换、融合、认可机制，实现环境制定法与环境文化规范、环境习俗规范和环境软法规范的多样发展和协调发展。

二 环境法治规范整合的战略部署

基于前文选择的一元多样的环境法治规范模式，环境法治的规范整合首先要在环境法治核心价值理念和基本制度这个"一元"的统帅下，对环境法治的多样规范的整合进行战略部署。本书考察环境法治的规范主要有环境文化规范、环境习俗规范和环境软法规范等基本类型，因而相关的战略部署可以从上述规范的层面展开。

（一）环境文化规范层面：在生态文明建设中融合与创新

环境文化规范的内容虽然很多，但前文已论述对于考察环境法治较有意义的主要有科学主义与人文主义、人类中心主义与非人类中心主义、经济主义与生态主义等几对理念层面的文化规范。显然，这几对理念层面的环境文化规范内部的冲突及其引起的与环境法治观念、制度和运行的冲突，对我国环境法治的绩效不高和环境法治的失灵要承担重要责任，因而环境法治的规范整合的战略部署首先要对这几对理念层面的环境文化规范进行整合。

前文已分析这几对理念层面的环境文化规范之间存在的冲突，但这种冲突是否不可调和或者它们之间是否存在不可逾越的鸿沟？蔡守秋教授把科学主义与人文主义之间的冲突称为"斯诺命题"，认为二者的冲突不是永久和固定不变的，历史上它们就存在分分合合、若即若离的关系；造成二者分裂的主要原因有两种文化的差异、科学共同体与人文共同体的分裂、人文教育与科学教育的隔绝以及特定历史时代和国家区域等诸多因素；融合作为两种文化的发展趋势已经在当代西方思潮中有所体现并已被当代西方的实践验证，因而可以通过倡导两种文化融合的理念、加强相关学科自身的研究与发展、建立相关的体制机制特别是建立跨学科发展的第三种文化来促进二者的融合与创新。① 人类中心主义与非人类中心主义经过长期的争论后,二者也逐渐靠拢和融合。如人类中心主义针对非人类中心主义的批判,引入全人类和人类整体利益范畴,把以个人为中心改为以全人类为中心,不仅将道德关心延伸至后代人,而且还基于人类利益原则把道德延展至非人类的动物和其他生物甚至是整个自然界,形成了人类中心的现代观或弱人类中心;② 而非人类中心主义也由以往一味强调生物中心、生态中心转向生态整体主义,把人与其他生物构成的生态系统作为一个整体来对待和考虑。③ 由此可见,人类中心主义与非人类中心主义在人类的生态利益和生态的整体利益上可以发现很多共通之处。经济主义与生态主义的冲突也不是绝对的,二者之间也具有通约性和契合性。经济主义虽然以追求经济发展和经济利益作为主要目标,但如果经济发展在自然资源的开发利用中不顾生态环境的承载力,其结果必然是对生态环境的破坏并导致经济发展的不可持续甚至最终危及理性的"经济人"。因而,经济主义的当代发展必然是走向生态经济主义,走向科学发展和可持续的发展道路。④ 而生态主义也不是绝对地排斥经济发展,没有经济发展的生态主义也没有实际意义,生态价值观只是要求市场规律或经济规律服从生态规律,特别是市场规律与生态规律发生冲突时要服从生态规律,而不是只服从市场规律。⑤

综上所述,环境文化规范层面的几对理念之间的通约与契合之处,为相互之间的融合奠定了基础。但环境文化规范的融合仅仅是几对理念之间的融合吗?其融合过程中应以何为指导,融合后又该走向何处?笔者认为,环境文化规范的融合应与当前正在进行的生态文明建设紧密结合,以生态文明的价值理念为指导建设生态文化,并经过一定创新后发展成为环境法治的核心价值理念,发展成为环境法治规范整合模式中"一元"统帅在文化规范上的集中体现。

---

① 详见蔡守秋《基于生态文明的法理学》,中国法制出版社2014年版,第527—571页。
② 参见蔡守秋《人与自然关系中的伦理与法》,湖南大学出版社2009年版,第69—71页。
③ 同上书,第81—82页。
④ 卢风:《论环境法的思想根据》,载高鸿钧等主编《清华法治论衡》第13辑,清华大学出版社2010年版,第69页。
⑤ 参见《"环境法治的拷问与省思"研讨会纪要》,载高鸿钧等主编《清华法治论衡》第13辑,清华大学出版社2010年版,第442页。

（二）环境习俗规范层面：现代价值的梳理和选择

"法律产生于习俗，是习俗的实际规律性创造了法律，习俗是产生惯例和法的源泉。"① 虽然环境习俗规范内部及其与环境法律制度之间存在一定的冲突并对环境法治的运行带来不良影响，但其所具有的现代价值和对环境法律制度甚至是整个环境法治的补充与弥合作用也不言而喻。"只有那些植根于社会之中，特别是能够深深植根于历史深处和大多数人内心深处的法律，才是社会学意义上的'活法'。"② 但环境习俗规范数量众多、差异巨大，且在内容上良莠不齐，要在环境法治中实现环境习俗规范的现代价值，首先要在环境法治规范的整合中对其内容进行梳理，区分"善恶"并作出选择。"一味盲目地认为环境习惯法都会促进现代可持续发展的观点是幼稚的……应当认识到对任何一项环境习惯法进行合理性评估后才有意义。"③

那么面对如此众多的环境习俗规范，该按照何标准做合理性或合法性④评估的梳理和选择，可谓众说纷纭。笔者认为，在前文界定的一元多样的环境法治规范整合模式下，首先要以"一元"即符合生态文明建设要求的环境法治的核心价值理念和基本制度来指导环境习俗规范的合理性或合法性评估，凡是违背生态文明建设背景下的环境法治核心价值理念和基本制度的环境习俗规范，就因其不具现代价值而排除在外。其次要在"多样"原则的指导下梳理和选择环境习俗规范的现代价值。对此，可以参考马克斯·韦伯提出的以"经验性动机和信念"为基础的经验性合法性和哈贝马斯提出的在"商谈理性"基础之上的"重建性"合法性来对环境习俗进行评估。经验性合法性是指"相信结构、程序、行为、决定、政策的正确性和适宜性，相信官员或国家的政治领导人具有在道德上良好

---

① ［德］马克斯·韦伯：《经济与社会》（上卷），林荣远译，商务印书馆1997年版，第368页。
② 尹伊君：《社会变迁的法律解释》，商务印书馆2004年版，第114页。
③ Fred Bosselman, "The Choice of Customary Law", in Peter Orebech, Fred Bosselman, Jes Bjarup, David Callies, Martin Chanock eds., *The Role of Customay Law in Sustainable Development*, New York: Cambridge University Press, 2005, p.435.
④ 合法性一词具有两种含义：一是指个体行为合乎法律规定；二是指某种公共权力或政治秩序的正当性、权威性和实际有效性。本书在此更多指后者的含义，因而与合理性的含义基本相通。参见严存生《法的合法性问题研究》，《法律科学》2002年第3期。

的品质，并且应该借此而得到承认"①，强调主体对规范的内心认同和自觉遵守，是一种信仰的合法，② 具体来说，当一定环境法治网络成员能够普遍对环境习俗规范的正当性基于内心的认同和信仰而自觉遵守，就符合经验性合法性评估的要求而可以认定其可能具有现代价值并进行选择。"重建性"合法性强调规范的正当性是主体通过外在民主商谈而达成的理性共识，是一种合法性的外在方面，具体来说，当环境习俗规范是在哈贝马斯"视野中作为合法意志集束之平台的公共领域，以及作为合法性来源与基础的商谈民主有系统的理解和认识"的基础上，通过"自由、平等、包容、审慎的公共商谈程序，从而达到理性的共识"，③ 那么就可以认定其符合"重建性"合法性评估要求而可能具有现代价值并进行选择。

综上所述，环境习俗规范的现代价值梳理与选择，应按照一元多样的环境法治整合模式的要求，以符合生态文明建设的环境法治核心价值理念和基本制度为指导，在经验性合法性和"重建性"合法性的标准下进行。此外，如果环境习俗规范从形式上符合国家环境制定法或环境制定法认可的公共政策和自治规范等环境软法规范的要求，也可以认为其具有现代价值并进行整合和转换。④

（三）环境软法规范层面：规范化与系统化

从我国近年来的环境治理实践来看，除了出台大量的环境法律法规外，还颁布了大量贯彻落实国家环境法律法规的环境政策，已初步形成了结构合理、门类齐全、内容丰富的环境政策体系且效力作用日益增强。⑤一定程度上可以说，我国以环境政策为主要形式的环境软法规范在环境治理中发挥了甚至超过国家环境制定法的更重要的作用，我国环境治理领域呈现了环境软法之治的现象。但我国环境软法规范内部的冲突矛盾及其对

---

① ［德］哈贝马斯：《交往与社会进化》，张博树译，重庆出版社1989年版，第206页。
② 参见［德］马克斯·韦伯《经济与社会》（上卷），林荣远译，商务印书馆1997年版，第239页。
③ 参见张娟《公共领域、商谈民主与政治合法性——哈贝马斯"重建性"合法性对传统合法性理论的重建》，《湖北行政学院学报》2011年第4期。
④ 本书从经验性合法性、"重建性"合法性和形式合法性来梳理与选择环境习俗规范的现代价值，借鉴了武汉大学郭武博士关于环境习惯法现代价值实现的条件、路径中有关环境习惯法内容的梳理与选择的部分思路，详见郭武《论环境习惯法的现代价值》，博士学位论文，武汉大学，2012年，第134—135页。
⑤ 参见蔡守秋主编《环境政策学》，科学出版社2009年版，第128页。

环境法律制度、环境法治运行甚至是环境法治失灵的影响,需要在环境法治规范的整合中引起重视。而目前环境软法规范特别是官方的环境保护政策和行政指导规范中存在的主要问题是政出多门、政出多层、政令不清,地方"土政策"与中央政策双轨甚至多轨运行,迫切需要通过规范化和系统化的方式,使其在环境法治的规范整合中得到有效解决。

规范化强调从技术上使环境软法规范逐步科学化和合理化,要求正确界定环境软法规范的制定主体及其权限,明确环境软法规范的制定程序特别是公众参与制定的程序,完善环境软法规范的监督机制。① 具体来说,就是要明确官方机构、社会组织或自治机构等不同类型、不同层次的制定主体及其制定环境软法规范的范围和权限,并规范不同主体制定环境软法规范的程序,建立健全监督环境软法规范的制定、实施和救济的相应机制,特别是要对各级行政机关制定环境保护政策、环境行政指导规范、环境保护标准等软法规范提出明确具体的规范化要求。此外,笔者认为,规范化还要求明确不同环境软法规范的制定标准、规格和表现形式,明确承载不同环境软法规范的文件名称、内容甚至是篇章条目结构和语言文字等具体的规范化要求,以使环境软法规范形成一个内在逻辑自洽、结构合理完善的统一整体。

系统化强调从实质上推动环境软法规范的科学化和合理化,是按照一定的标准和方式对已经制定的环境软法规范进行汇编、清理和精细化加工,以尽可能地减少环境软法规范内部及其与环境法律规范之间存在的冲突矛盾,致力形成一个更加和谐统一、逻辑严密的体系化、系统化的整体。具体来说,就是要按照一定标准和程序对现行不同种类的环境软法规范进行分类和汇编成册,按照一定的职权和程序进行清理,以确定环境软法规范的废、改、立,并在此基础上审查、修改、补充以及编纂相应的规范性文件,以使不同环境软法规范之间及其与环境法律规范之间能够更加内在协调和减少冲突。

三 环境法治规范整合的基本路径

环境法治规范整合的模式选择和战略部署确定后,就要探寻环境法治规范整合的具体路径。前文界定环境法治接受社会资本考察的视角主要有

---

① 该观点参照了姜明安《软法的兴起与软法之治》,《中国法学》2006年第2期。

环境观念、环境法律制度和环境法治运行，因而，环境法治规范整合的基本路径也可以从以下几个方面着手。

(一) 环境法治观念的规范整合：生态人文精神塑造

环境法治观念虽然与环境习俗规范、环境软法规范也存在一定的紧密关系，但从存在形态来看，环境法治观念与前文界定的环境文化观念都属于一种理念形态并在与后者的冲突与协调过程中逐渐形成自身的核心价值理念。因而，环境法治观念的规范整合就体现在与环境文化规范的协调整合过程之中。

正如前文所述，科学主义与人文主义、人类中心主义与非人类中心主义、经济主义与生态主义等几对环境文化规范的理念之间存在通约与契合之处，为在生态文明价值理念的统率下的相互融合创新奠定了基础。那么它们的这种融合该走向何处？又应在环境法治的规范整合中产生怎样的环境法治观念呢？笔者以为，塑造生态人文精神并树立和尊重生态人文的环境法治观念至关重要。

首先，生态人文精神是前述几对环境文化规范融合创新的结果。科学主义与人文主义冲突的根源是科学主义对生态规律的违背和人文主义对科学与生态结合的不信任，而二者的融合必然要求生态与人文在结合中塑造新的生态人文精神；人类中心主义与非人类中心主义冲突的根源是人类对自身利益的过度追求超越了生态的承载力和生态伦理未把生态视作人类的利益，而二者的融合必然要求人类与生态的和谐共存并培育生态人文的文化；经济主义与生态主义冲突的根源是经济规律凌驾于生态规律和人的资本欲望囚禁了生态理念，而二者的融合必然要求人类崇尚的资本逻辑必须服从生态规律。

其次，生态人文精神体现了生态文明的核心价值观。生态文明建设要牢固树立尊重自然、顺应自然、保护自然的理念，并融入经济建设、政治建设、文化建设和社会建设的各方面和全过程，[1] 其要处理的关系主要是人与自然或生态环境的关系以及以自然或生态环境为中介的人与人之间的

---

[1] 参见党的十八大报告《坚定不移地沿着中国特色社会主义道路前进　为全面建成小康社会而奋斗》和中共中央、国务院《关于加快推进生态文明建设的意见》（2015年4月25日发布）等文件。

关系，其价值取向必然是人与自然及人与人的和谐，[①] 而生态人文精神就是自然生态之间的生生和谐、人与自然之间的协变和谐[②]以及人与人之间的和谐共处。

最后，生态人文精神突出了环境法治的核心价值理念。德国法学大师拉伦茨认为"法律是根据人的需要从人的本性中推导出的一系列规范"[③]；我国也有不少学者从"以人为本"理念角度论证了人是法的本质。[④] 但"人本"理念作为环境法治的核心价值曾经引起人们的强烈反对，因为现代人本主义突出人性中的自然本性，致使人类为追求物质欲望而与自然相分并呈现反自然的特征，因而应对这种人本加以纠偏。[⑤] 对现代人本理念的纠偏在环境法治中就必然是对自然的尊重，赋予人本以生态意蕴和对自然的情怀，形成以生态人文精神为指导的环境法治核心价值理念。

（二）环境法律制度的规范整合："自上而下"与"自下而上"

从规范角度解析，环境法律制度与环境文化规范、习俗规范和软法规范之间的冲突是导致我国环境法律制度认同度不高和权威性不足的重要原因。因而有必要在环境法治的规范整合中取长补短来消解二者的冲突并提高环境法律制度的认同与权威。但国家制定法构建的环境法律制度该如何与环境文化规范、习俗规范和软法规范整合呢？笔者认为，其与环境文化规范的整合要将环境法治观念整合的结果，即把生态人文精神融入国家环境制定法之中；而与环境习俗规范和软法规范的整合可以通过"自上而下"和"自下而上"的双向互动来实现。

"自上而下"是指以国家环境制定法为主导，依靠国家立法主动将具有现代价值的环境习俗规范以及经过规范化和系统化后且具有成功经验的

[①] 参见徐忠麟《生态文明与法治文明的融合：前提、基础和范式》，《法学评论》2013年第6期。

[②] 自然生态的生生和谐是自然内部的自我和谐状态，即自然界天地万物自然本体普遍的、本然的和谐状态；人与自然的协变和谐是人与自然之间的相互协调状态，即人类在尊重自然生态规律的前提下，在协调和优化人与自然关系的努力中，保证自然生态朝着更加完整、稳定、多样和复杂的方向不断演进，从而实现自然价值递增的同时，也能给人类自身的生存和发展造就更好的环境基础的状态。详见王继恒《环境法的人文精神论纲》，中国社会科学出版社2014年版，第198—201页。

[③] [德] 卡尔·拉伦茨：《法学方法论》，陈爱娥译，商务印书馆2003年版，第8页。

[④] 详见李龙《人本法律观研究》，中国社会科学出版社2006年版，第61—79页。

[⑤] 参见曹孟勤《人性与自然——生态伦理哲学基础反思》，南京师范大学出版社2004年版，第112—113页。

环境软法规范上升为国家环境制定法。"法律制定者如果对那些会促成非正式合作的社会条件缺乏眼力，他们就可能造就一个法律更多但更少的世界。"① 毋庸置疑，浩瀚的环境习俗规范大多是一定环境法治网络成员基于内在博弈均衡或自生自发而受到网络成员的高度认同和自觉遵守，国家在制定环境法律规范的过程中就应在梳理和选择环境习俗规范现代价值的基础上，把一些民众认可度高但不违背环境法治核心价值理念和基本制度的环境习俗规范上升为国家环境法律制度。同样，环境软法规范数目众多且在环境治理实践中发挥作用日益增大，在对其进行规范化和系统化后也可将一些成功的经验和做法上升为国家环境法律制度。通过这种"自上而下"的方式，可以使得国家环境法律制度因摄取了环境习俗规范的本土基因和环境软法规范使其的实用因素而更容易得到认同并可树立法律权威。

"自下而上"是指以环境习俗规范和环境软法规范为主导，通过环境习俗规范和环境软法规范的主动修正或调适，使其相关规范适应国家环境制定法的精神或基本环境法律制度，或者通过环境习俗规范嵌入的网络成员和环境软法规范的制定主体的积极参与和争取，迫使国家立法机关被动接受、认可相关环境习俗规范和环境软法规范使其具有法律效力，如在相关立法中明确环境习俗规范适用的原则、条件及对法律的解释功能。②"社会中的习惯、道德、惯例、风俗等社会规范从来都是一个社会的秩序和制度的一部分，因此也是其法治的构成部分，并且是不可缺少的部分。没有这些非正式制度的支撑和配合，国家正式的制度也就缺乏坚实的基础。"③ 由此可见，通过环境习俗规范与环境软法规范"自下而上"的整合，也可以提高环境法律制度的认同和权威。

(三) 环境法治运行的规范整合：生态实践理性的一以贯之

环境法治的运行状况决定环境法治的绩效。环境法治的规范整合，不仅需要把环境文化规范、习俗规范和软法规范与环境法治观念和环境法律制度进行整合，还要结合环境立法、执法、司法、守法和法治监督等环境

---

① [美] 罗伯特·C. 埃里克森：《无需法律的秩序——邻人如何解决纠纷》，苏力译，中国政法大学出版社 2003 年版，第 354 页。
② 参见袁翔珠《石缝中的生态文明——中国西南亚热带岩溶地区少数民族生态保护习惯研究》，中国法制出版社 2010 年版，第 559—560 页。
③ 苏力：《道路通向城市——转型中国的法治》，法律出版社 2004 年版，第 26 页。

法治的具体运行环节进行整合。笔者认为,要解决环境法治运行中体制机制不顺、相互衔接不畅、公众参与不足等问题,就是要运用"生态实践理性"① 这一理论与实践范式来推动环境法治各运行环节中的规范整合。

环境立法层面的规范整合,就是要在环境法治观念整合的基础上塑造生态人文精神,并把生态人文精神融入国家制定的环境法律规范,融入对环境习俗规范的现代价值摄取以及对环境软法规范的规范化和科学化之中。而生态实践理性是在科学发现与主体认知、生态价值选择与生态伦理道德判断的基础上形成的一个复杂的规范观、目的观、伦理观和实践观,② 能够在协调人的内在价值需求和生态客观规律的关系中既较好地整合各种不同文化规范的冲突而塑造生态人文精神,又通过对话、沟通、商谈以及社会参与和合作的社会建构来把生态人文精神融入国家环境法律规范、环境习俗规范和环境软法规范。如基于民族区域自治制度而行使生态立法权,制定对中央立法适当变通的生态环境保护的自治条例和单行条例,既可以体现生态实践理性协调人的价值需求与生态规律之间的关系,也可以体现中央与民族自治区域之间基于对话商谈而确立的社会建构。

环境法治实施层面的规范整合,就是要把整合好的环境法律制度贯彻落实于环境与资源开发、利用与保护的实践行为之中,以使体现生态人文精神的环境法律规范、环境习俗规范和环境软法规范能够在环境执法、司法与守法中运行顺畅并成为相应主体的行为准则。而生态实践理性主张以整体化、系统化的理性思维,合理地调整和规范、协调与平衡各种不同的但有正当性的社会利益诉求和价值主张,③ 能够较好地通过不同主体间的对话、沟通、协商等理性商谈方式建立环境与资源保护法律秩序的沟通与协同机制,以最大化克服环境法治运行体制机制不顺和公众参与不足等问

---

① "生态实践理性"是武汉大学环境法研究所柯坚教授为分析环境与资源开发、利用和保护社会实践的根本性问题而特别创设的实践理性哲学理念和环境法律秩序建构范式,其基本立场和价值主张包括:一是立足康德古典理性哲学中实践理性哲学的"人是目的"的基本立场,强调生态实践理性从规范性、目的性到伦理性的规范与价值递进;二是从环境与资源开发、利用和保护的社会实践活动出发,主张和倡导通过社会对话、沟通与协商的社会建构;三是要求从人作为主体的内在价值需要和外在生态客观规律出发,关注人作为意志自由主体的社会发现、社会约束和社会控制问题,进而推动与促进以生态价值、生态伦理道德的社会共识为核心的"生态善"的社会实现。详见柯坚《环境法的生态实践理性原理》,中国社会科学出版社2012年版,第5—10页。

② 参见柯坚《环境法的生态实践理性原理》,中国社会科学出版社2012年版,第146页。

③ 同上书,第147页。

题，并在环境法治的实施过程中协调环境法律规范与环境习俗规范和环境软法规范之间的冲突与矛盾，采用环境综合执法、联合执法、协同执法等多种强制性环境执法机制和行政约谈、自愿性行政协议等非强制执法手段，以及通过环境私益诉讼、公益诉讼、仲裁、调解、和解等多元纠纷解决手段来实现环境与资源开发、利用和保护的公共目标。

环境法治监督的规范整合层面，就是要监管并督促各种环境法律规范、环境习俗规范和环境软法规范在环境立法、执法、司法甚至是环境法治监督自身中不出现或尽可能不出现冲突，以使环境法治整体运行的各种规范协调统一和体制机制顺畅。而生态实践理性要求从解决环境公共性事务的社会交往、社会商谈的理性观念出发，通过民主化、法治化的社会参与来形成保护环境公共事务共识，并强调按照公众参与、程序正义和社会权利保障等原则[①]进行社会建构，能够较好地协调国家机关内部、政党和社会组织、公众和新闻媒体内部及其相互之间对环境法治的监督，以避免或减少不同监督主体基于自身利益或社会潜规则的因素而怠于行使监督权，以促进环境立法、执法、司法和守法等环境法治运行环节中各种规范的有效整合并推动环境法治绩效的明显提高。如在厦门PX事件中基于生态实践理性的环境民主原则、公众参与和民众权利，有效地对政府的行为包括环境执法行为进行了监督并推动事件圆满解决。[②]

总之，通过从环境法治观念、环境法律制度和环境法治运行等视角进行规范整合，可以有效地推动环境法律规范与环境文化规范、环境习俗规范和环境软法规范的双向互动和相辅相成，消解环境法治失灵中的规范冲突因素，并朝着有利于提高环境法治绩效的方向发展。

[①] 参见柯坚《环境法的生态实践理性原理》，中国社会科学出版社2012年版，第159—181页。

[②] 详见蔡守秋《厦门PX事件——环境民主和公众参与的力量》，载李恒远等主编《中国环境法治》2008年卷，法律出版社2009年版，第166—171页。

第五章　基于信任的环境法治考察

没有哪种纯粹的法律制度能够经受民众高度的疏远或怀疑，也没有哪种法律体系能在法律无法获得高度信任和尊重的情况下有效运转。

——[澳]菲利普·佩迪特：《共和主义：一种关于自由与政府的理论》

建立信任文化，形成工作合力，为落实中央的决策部署和实现公众的期盼共同奋斗。

——环境保护部部长陈吉宁 2015 年 8 月 25 日在全国环保厅局长研讨班座谈会上的讲话

作为社会资本核心构成的信任，与前述考察环境法治的网络和规范这两种社会资本构成交织在一起并相互之间有着紧密的关系。网络作为社会资本的客观结构，孕育或创造了一定社会的规范和信任这两种主观社会资本；同时，信任的存在又会促进网络的发展和规范的需求及其有效实施，一定网络内的信任状况既会影响网络成员之间的关联模式以及网络资源的摄取，也会影响网络内规范的运行和绩效，特别是当信任通过一定网络的传递和规范的保障而成为普遍信任后，会成为社会资本的重要组成而与网络、规范等一起强化社会资本的力量，引导社会资本在不同个体和群体之间流动。① 当信任嵌入一定的环境法治网络，也就会影响环境法治网络内的观念、制度以及环境立法、执法、司法、守法和法治监督等环境法治环节的运行效果。因而，在以网络、规范考察环境法治之后，有必要从信任

---

① 参见翟学伟、薛天山主编《社会信任：理论及其应用》，中国人民大学出版社 2014 年版，第 225—226 页。

角度着手，在界定考察环境法治的信任内涵和类型的基础上，解析我国环境法治失灵的原因并从环境法治信任的建构角度提出相关对策。

第一节 考察环境法治的信任

信任是一个很复杂的概念。在社会资本理论产生之前，信任就得到不少学科的关注和研究；社会资本理论产生后，很多学者将其归入社会资本的核心构成，甚至有学者认为是社会资本的唯一构成。① 不同的学科和不同的学者，虽然对信任作为社会资本的重要构成基本没有争议，但对信任的具体内涵和基本类型划分却存在较大分歧，因而基于信任来考察环境法治，首先必须界定考察环境法治的信任的基本内涵、基本类型并明确其考察环境法治的重要意义。

一 考察环境法治的信任界定

信任的含义源远流长且在不同学科中差异较大。前文曾述有学者从个体期望、人际关系、经济交换、社会结构以及伦理等角度概括了信任的五种类型定义，虽然表达了信任在不同层面的含义，但要对信任作出准确界定并奠定考察环境法治的基础，需要从不同学科视角梳理信任的相关含义及其分析问题的视角。

（一）信任的学科界说

从心理学视角来看，其主要研究的是人际信任，关注的是微观社会个体的心理，并以此为基础从人的个性特点、心理特质等角度认为信任是一种心理预期和心理过程。如霍斯莫尔认为信任是"当个体面临预期损失大于预期收益不可预料的事件时，所做的一个非理性的选择行为"②；还有一些学者认为信任是个体的一种概括化的期望，或个体所有的、构成个人特质的诚意、善良和信任别人的一部分。③ 心理学视角的信任能够较好

---

① 如福山把社会成员的普遍信任理解为是社会资本的基本构成，规范和网络等也是以信任为基础，因而信任是社会资本的唯一构成。参见［美］弗兰西斯·福山《信任——社会道德与繁荣的创造》，李宛蓉译，远方出版社1998年版，第35页。
② 转引自张超、严煤《政府信用与民众信任》，《社会》2002年第11期。
③ 参见丁香桃《变化社会中的信任与秩序——以马克思人类学理论为视角》，浙江大学出版社2013年版，第9页。

地解释人们对社会转型带来的心理变化而产生的信任危机以及因个体差异而产生的不同信任度。

从经济学视野来看,其关注的主要是信任与经济的关系,信任一般被认为是经济交换的有效润滑剂,经济落后往往与信任缺乏有关,信任程度的不同往往也间接反映了国家和地区经济社会发展水平的差距。如新古典经济学家阿罗认为,"世界上很多经济落后可以通过缺少相互信任来解释"[①]。总的来看,经济学对信任的研究主要有两种思路:一种是沿着传统经济学对"经济人"的基本假设进行;另一种则是经济社会学的思路即通过批判理性人而强化文化的作用。第一种思路认为经济活动主体精于算计,守信与背信是其基于理性计算而选择的结果。如威廉姆森(Williamson)将信任的类型分为计算的信任、制度的信任和个人的信任。计算的信任指信任的产生或丧失是理性计算的结果并往往以契约的形式规定下来;制度的信任指行为主体迫于法律制度或非正式社会规范的惩罚或约束而守信;个人的信任是指行为主体基于私人关系而在契约不完全或理性有限的条件下仍然守信。第二种思路认为个人总是基于嵌入一定的社会结构、社会关系而作出自己的行动选择,"经济人"假设无法解释个人经济行为与所处社会之间的关系,无法解释行动者基于文化而产生的信任关系。格兰诺维特以其嵌入理论解释和分析了信任与经济秩序和经济交易成本的关系;而福山则从文化与经济关系的角度对信任问题进行了跨文化的研究,认为信任与经济规模、经济效益、经济发展与繁荣的关系密切。[②]综上分析,经济学视野下的信任研究虽然主要关注和分析信任与经济发展的关系,认为信任可以在经济活动中降低交易成本和提高经济效益从而对经济的发展与繁荣产生重要作用,但其对信任的分析主要是基于理性经济人的计算或基于文化的影响而产生的主体之间的信赖,实际上是一种个体或经济组织之间的人际信任研究。

从社会学视野来看,信任是与其嵌入的网络即一定的社会结构、社会关系及其经济、政治、文化等密切相关的一种社会现象,除关注人与人之

[①] *Altruism Morality and Economic Theory*, New York: Basic Books, 1975.

[②] 参见马俊峰等《当代中国社会信任问题研究》,北京师范大学出版社2012年版,第40—42页。格兰诺维特的论述可详见[美]马克·格兰诺维特《镶嵌:社会网与经济行动》,罗家德译,社会科学文献出版社2007年版;福山的论述可详见[美]弗兰西斯·福山《信任——社会道德与繁荣的创造》,李宛蓉译,远方出版社1998年版。

间的信任关系外，更关注信任与社会系统和社会秩序的关系，认为信任是社会秩序的基础，因而注重研究信任的功能与社会作用。早期的社会学家韦伯把信任分为特殊信任和普遍信任，认为前者是建立在血缘、地缘或者情感、私人关系基础上的信任关系，而后者不以情感而以信仰共同体为基础，是建立在契约和法律之上的信任。正是这种普遍信任使人们之间的交往从熟人范围向外扩大，为整个社会的人际关系和社会秩序奠定了稳固的基础。① 卢曼认为"信任指的是对某人期望的信心，它是社会生活的基本事实"，信任最重要的功能是简化社会的复杂性机制从而使社会发展成为可能，② 并与社会结构和制度变迁之间存在互动关系。他还将信任分为人际信任和系统信任或制度信任，认为前者与人际间的情感关联，而后者以社会规范、法律制度为基础。吉登斯对信任的界定是"对一个人或一个系统之可依赖性所持有的信心，在一系列给定的后果或事件中，这种信心表达了对诚实或他人的爱的信念，或者，对抽象原则之正确性的信念"③。他对信任的基本分类是特殊信任和制度信任或系统信任，认为前者是与亲缘、地域、宗教、传统等相关联的主要存在于前现代社会的信任，而后者是与友谊、抽象体系、未来取向等相关联的主要存在于现代社会的信任。④ 我国学者郑也夫教授在借鉴卢曼系统信任观点的基础上，认为现代社会建立在抽象系统之上，应以抽象信任为基础，⑤ 抽象信任主体经常是不确定的，并且往往借助抽象的一般化的媒介产生关系；而传统社会是以熟人构成的社区为基本单元，往往是一种具体信任关系，信任主体是明确的且一般直接发生关系。⑥ 由此可见，社会学视角下的信任主要围绕信任与社会的关系而展开，虽然不同学者之间都存在一定争议，但其基本分类主要是人际信任与系统信任、特殊信任与普遍信任、具体信任与抽象信任。

---

① 参见马俊峰等《当代中国社会信任问题研究》，北京师范大学出版社2012年版，第50页。
② 参见［德］尼克拉斯·卢曼《信任：一个社会复杂性的简化机制》，瞿铁鹏、李强译，上海人民出版社2005年版，第3页。
③ ［英］安东尼·吉登斯：《现代性的后果》，田禾译，译林出版社2000年版，第30页。
④ 参见林聚任等《社会信任和社会资本重建——当前乡村社会关系研究》，山东人民出版社2007年版，第147页。
⑤ 参见郑也夫《信任论》，中国广播电视出版社2001年版，第170页。
⑥ 参见马新福、杨清望《法律信任初任》，《河北法学》2006年第24期。

从管理学或组织行为学视野来看,其对信任的研究主要从宏观、中观、微观三个层面探讨组织中信任的动力问题。宏观层面从经济学、社会学、心理学等相通的视角对信任的生成模式进行了研究,认为在组织中信任是可实现的且是调控组织运行的机制和推动网络组织运行的关键;① 中观层面通过对各种合作的具体网络考察研究了网络中信任建立的机制,认为信任可以化解复杂的现实问题并比使用权威等其他手段更具效率;② 微观层面的研究认为组织中具体主体间的信任与心理学、社会学密切相关。组织的信任研究表明,信任不仅关涉个体心理,而且涉及社会关系以及社会结构和文化背景,因而管理学或组织行为学中的信任研究已开始了一种多学科视野的信任研究,在学术研究的理路上有重大突破。③

从政治学视野来看,其对政治信任的研究也超越了学科界限,综合运用心理学、社会学等学科的视野对政府或政治性组织之间及其与民众或公众之间的信任问题开展了研究,包括民众对政府及其制定的法律的信任、对执政党的信任以及对整个政治制度的信任,也包括政府、政治性组织之间及其与民间组织和经济组织之间的信任,体现为政府信任、政府信用、政府诚信和政府公信等政治信任。"政治信任被认为是一种对政府的基本评价或情感性的取向。"④ 但政治学视野下的信任与前述的心理学和社会学视野下的信任有较大差别,其关注的重点不是人与人或人与社会之间的依赖,而是"外在客观条件的反映,它不是'信任人格'基本特征的表达,而是对政治现实的评价"⑤。简言之,政治信任体现为一定网络中的主体对政治体系的态度、评价、信念和期待,是主体基于直接或间接的互动合作而对政治体系的支持关系。

综上所述,心理学研究信任的重点是人格特质,经济学从基于理性计算到文化元素两个方面研究了信任对经济的影响,社会学则从社会关系的角度研究了信任是社会关系的黏合剂和社会秩序的基础,而管理学或组织

---

① 参见 [美] M. 克雷默、R. 泰勒编《组织中的信任》,管兵等译,中国城市出版社 2003 年版,第 21—46 页。
② 同上书,第 22 页。
③ 参见上官酒瑞《现代社会的政治信任逻辑》,上海世纪出版集团 2012 年版,第 38 页。
④ Arthur H. Miller, "Political Issues and Trust in Government: 1964-1970", *The American Political Science Review*, Vol. 68, No. 3, Sept., 1974.
⑤ Kenneth Newton, "Trust, Social Capital, Civil Society, and Democracy", *International Political Science Review*, Vol. 22, No. 2, 2001.

行为学开始从跨学科角度研究信任的运行机制问题，政治学也跨越了学科栅栏研究民众或一定网络主体对政治体系的信赖关系。

（二）环境法治的信任分析框架

环境问题作为一个需要多学科共同关注的现象，相关的环境法治信任也必然要从跨学科的视角研究相关信任问题的分析框架。从上述不同学科视野的分析来看，环境法治的信任似乎最接近政治信任，因为政治信任中包括了民众对政府制定的法律的信任。但这里的对政府制定的法律的信任更多是指对政府出台的法律制度本身的信任，而没有包括法律的观念和运行等内涵。我国法学界近年来有一些学者专门区分了法律信仰与法律信任问题并重点研究了法律信任，[①] 一般认为，法律信任是理性主体在与法律的交往过程中或者以法律为中介的交往过程中，即使明确认识到法律的天生局限但仍基于对法律的信赖而选择法律作为调控其参与的社会关系的手段。这里的法律信任显然不是停留在法律制度及内容的公正，而更强调法律的运行及法律之下其他主体的行为是否合法，强调主体在一定社会关系网络制约下基于有限理性而认可人与法的沟通及法律之下人与人的社会关系和谐。[②] "法是一身兼二任的东西：它既是知识系统，又是行动系统；它不仅可以被理解为一个规范语句和规范诠释的文本，也可以被理解为建制，也就是一套行动规则。"[③]

前文已论述，环境法治涉及观念、制度和运行三个层面并以之作为接受包括信任在内的社会资本考察的三个视角，因而环境法治的信任更不能只从某个学科视野进行分析，也不能仅限于政治学的政治信任范畴进行界定。笔者认为，环境法治的信任是一定环境法治网络内主体对环境法治观念、制度和运行的心理需求和预期，这种预期是对环境法治的认同和信赖，或者虽不完全认同但仍选择环境法治系统调控其与生态环境之间的关系以及以生态环境为中介的其与他人之间的关系。

---

① 详见马新福、杨清望《法律信任初任》，《河北法学》2006年第24期；刘国华、公丕潜《论法律信任》，《行政与法》2012年第11期；姜起民、解维升《法律信仰命题质疑与法律信任生成的路径选择》，《中国海洋大学学报》（社会科学版）2012年第5期；郭春镇《从"神话"到"鸡汤"——论转型期中国法律信任的建构》，《法律科学》2014年第3期；等等。

② 参见马新福、杨清望《法律信任初任》，《河北法学》2006年第24期。

③ ［德］哈贝马斯：《在事实与规范之间——关于法律和民主法治国的商谈理论》，童世骏译，生活·读书·新知三联书店2014年版，第139页。

从学科视野来看，环境法治的信任分析必然超越学科界线，涉及心理学、社会学、经济学、管理学、政治学、法学等学科，需要综合应用各学科对信任的界定和分类探讨相关的信任问题。从心理学视野来看，环境法治的信任也要以个体的心理特点和心理特质为基础，需要个体从心理层面对环境法治的观念、制度和运行产生需求与预期并进而形成信任或不信任；从经济学视野来看，环境法治的实践也必然会面临"经济人"的理性计算而选择是否遵守以及如何遵守环境法律规范或基于一定社会结构、社会关系以及文化的影响而非理性地选择是否遵守环境法律规范；从社会学视野来看，环境法治的信任也必然建立在一定社会关系基础上并要求普遍信任支配特殊信任或者系统信任支配人际信任；从管理学视野来看，环境法治的信任也追求在人际信任、网络信任的基础上建立基于信任的可实现、可调控的环境治理组织实施机制；从政治学视野来看，环境法治信任的重要内容就是广大民众与法治系统的重要实施主体即政府之间的政治信任关系。

从信任的结构要素来看，一般认为包括谁信任、信任谁、为什么信任和怎样信任等方面，[1] 也即涉及信任的主体、对象、基础和表达等问题。信任的主体只能是人，"只有人才能信任或者去信任，但值得信任可以归属为个体或者制度"[2]，因为信任的基础是心理现象，是基于个体的人的心理特质而产生的一种心理预期和信赖，而组织是由人的集合而组成，组织本身并无心理现象，一个组织对其他组织、个体或制度等产生信任，主要是基于组织的决策者或组织的核心成员的心理预期。因而笔者认为，环境法治的信任主体只能是公民，包括在组织中起决策作用的公民，具体而言，是环境法治网络中的个体公民或组织中的决策者或核心成员才是信任主体，只有具体的公民或组织中的决策者才会产生一种心理的预期或信赖。信任的对象的范围就非常广泛，可以是人的行为、组织的行为以及人和组织的行为结果，这种行为结果在法治中可以体现为法治观念、法律制度和法治的具体运行。因而笔者认为，环境法治的信任对象是人或组织与法治有关的行为和行为结果，其中的重点是环境法治的观念、环境法律制

---

[1] 参见上官酒瑞《现代社会的政治信任逻辑》，上海世纪出版集团2012年版，第40页。
[2] Margaret Levi, "A State of Trust", in Valerie Braithwaite and Margaret Levi eds., *Trust and Governance*, Russell Sage Foundation, 1998, p. 80.

度以及环境立法、执法、司法、守法等环境法治行为及其结果构成的环境法治系统。信任的基础是主体与对象之间的信任关系的形成，因而环境法治的信任是公民对一定环境法治系统的需求与预期。如果公民没有对环境法治的需求，或者虽有需求但没有对环境法治绩效的预期，都无法形成环境法治的信任。事实上，在生态环境良好、人类还无法对生态环境造成破坏的情境之下，公民就没有产生对环境法治的需求，更没有形成对环境法治绩效的预期，也就不存在环境法治的信任问题。信任的表达一般包括心理、话语和行动，具体到环境法治中，心理就是公民对环境法治系统的信念、情感、态度和期待；话语是对环境法治系统以文字形式表达出来的情感、态度和信念等；信任主体基于一定的心理或话语表达后，就会采取一定的行动来体现对环境法治的信任或不信任。

二 考察环境法治的信任基本类型

从前文分析可以看出，信任是一个复杂概念，涉及心理学、经济学、社会学、管理学、政治学和法学等多个学科，且每个学科对信任的研究角度既有共性，也有差异性。因而，在界定考察环境法治的信任是一个跨学科多视野的概念后，首先要梳理其相关分类并理清其基本类型。从学科视野来看，考察环境法治的信任有心理学视野下的信任、经济学视野下的信任、社会学视野下的信任、管理学视野下的信任和法学视野下的信任；从相关的学科内部，考察环境法治的信任也可分为抽象信任与具体信任、普遍信任与特殊信任、人际信任与系统信任等类型。[①] 笔者认为，上述分类视角不一且较为分散和凌乱，但其都可体现在环境法治的观念、制度和运行层面，因而可以从环境法治的信任对象视角出发，将考察环境法治的信任基本类型分为环境法治的观念信任、制度信任和运行信任。

（一）环境法治的观念信任

观念作为环境法治的精神内核，要在环境法治实践中发挥作用，必须要得到广大公众和构成一定组织的个体成员特别是其中的决策者和核心成员的认同和信赖。因而，个体公民以及组织中的决策者对环境法治的观念应当存在一种需求和预期，二者之间可以形成一种信任关系即环境法治的

---

① 上述分类在前文已提到并做了简单分析，详细内容参见林聚任等《社会信任和社会资本重建——当前乡村社会关系研究》，山东人民出版社2007年版，第146—149页。

观念信任。环境法治的观念信任是个体公民与组织中的决策者在一定网络中对环境法律的伦理基础、价值取向和精神内涵的心理需求和预期。当个体公民与组织中的决策者对环境法治观念的需求形成后，对具体的环境法治观念如能有较为一致的预期且这种预期能够较好地体现在环境法治的实践中，则这种信任关系能够形成对环境法治发展的积极社会资本；否则，个体公民如没有对环境法治观念的需求，或者虽有需求但各自基于自身的利益而预期不一，则会导致环境法治观念的冲突并影响环境法治的发展而成为消极的社会资本。

环境法治的观念信任首先来源于心理学的人际信任，是人与人之间的心理特质和具体的信任关系催生了一定环境法治观念的需求和预期。当这种人与人之间的信任关系是建立在血缘、地缘或情感的基础上，是基于一定血缘、地缘或情感而形成的较为一致的观念需求和预期，则这种对环境法治观念的信任属于社会学视野下的特殊信任；而当这种人与人之间的信任关系与情感无关，而是基于人与人之间的契约或法律的规定而逐渐趋同形成的一致预期，则这种对环境法治观念的信任属于社会视野下的普遍信任。同时，环境法治的观念往往与一定政治组织或政府的倡导和意识形态工作紧密相关，主流的环境法治观念更多体现了一定时期政治组织或政府的价值取向，因而环境法治的观念信任也具有政治信任的属性，涉及个体公民或组织中的决策者对政府意识形态倡导特别是政府实际工作中体现的法治观念的认同与信赖。

（二）环境法治的制度信任

制度作为环境法治的前提和基础，要真正成为约束环境治理网络中的个体和组织的行为规则，也必须得到一定环境治理网络的个体公民及组织中的决策者的认同和信赖。因而，个体公民以及组织中的决策者对环境法律制度也会产生一种需求和预期，二者之间可以形成一种信任关系。随着环境问题的产生和环境问题的加剧，个体公民与组织中的决策者对环境法律制度的需求逐渐产生并表现为一种急迫的预期，当这种预期在环境法律制度中能够得到体现，则形成二者的信任关系并有利于个体公民和组织的自觉遵守从而实现环境法治的目标；当这种需求和预期没有产生，或者虽然产生但预期未能在环境法律制度中得以体现，则二者不能形成信任关系，不仅不能实现环境法治的目标且可能使环境法律制度与其他环境规范形成激烈冲突而致环境法治遭到破坏并使已经出现的环境问题不能得到法治的控制甚至是进一步的恶化。

显然，这里的环境法治的制度信任总体属于政治信任范畴，是个体公民或组织中的决策者对一定立法机关或政府机关制定的法律制度的信任。同时，这里的环境法治的制度信任虽然强调的是个体公民或组织中的决策者基于需求与预期的实现而产生的对制度的认同和信赖，但也与社会学中的信任有一定的联系和区别。如科尔曼和吉登斯、福山提出的制度信任或系统信任都属于社会信任范畴，是建立在法律制度和社会规范基础上的社会关系中呈现的人与人之间的普遍信任关系，① 这种普遍信任关系是政治信任中制度信任所产生的结果或者是其追求的目标；而环境法治的制度信任更多强调环境法律制度对信任主体的需求与预期的满足，并不必然强调信任主体对制度信任之后而产生的普遍信任的社会后果。韦伯提出普遍信任与吉登斯、卢曼提出制度信任或系统信任非常相似，因而也与这里的环境法治的制度信任存在与前文类似的联系和区别。但三者提出的人际信任或特殊信任都强调基于情感而形成的信任关系，因而不是这里的环境法治的制度信任的结果或追求的目标，恰恰相反，却是环境法治的制度不信任的结果，是信任主体基于制度不能满足其需求与预期而产生不信任后，转而寻求不以制度为基础而以血缘、地缘或情感等因素为基础的信任关系所形成的社会信任模式。

（三）环境法治的运行信任

环境法治只有通过实际运行才能真正发挥作用，环境法治的观念和制度最终都要通过环境立法、执法、司法、守法等予以落实，因而环境法治的运行更需要得到广大公众和组织中的决策者的认同和信赖，个体公民与组织中的决策者也应当对环境立法、执法、司法和守法等产生需求与预期，形成环境立法信任、环境执法信任、环境司法信任和环境守法信任。当个体公民和组织中的决策者对环境立法、执法、司法和守法产生需求并形成预期后，这种预期能够在环境法治的具体运行中得到实现，则二者之间形成信任关系并成为积极社会资本推动环境法治的发展和绩效的提高；

---

① 科尔曼主要研究了"法人组织"中信任产生的具体机制，将外在的法律制度作为信任的产生基础并从法规制度角度理解信任；吉登斯和福山则强调内在的惯例、习俗、道德等社会规范在塑造信任方面的作用，认为惯例、习俗、道德等是信任产生的深层基础。参见董才生《社会信任的基础：一种制度的解释》，博士学位论文，吉林大学，2004年，第23—24页。

而当这种预期与环境法治运行的现实形成巨大反差,就会导致个体公民与组织中的决策者对整个环境法治运行的不信任而成为消极社会资本,阻碍环境法治的发展并影响环境法治的绩效甚至导致环境法治的失灵。

除环境守法是个体公民或组织中的决策者相互之间的人际信任外,环境法治的运行主要是由立法机关、执法机关和司法机关等政治组织负责实施,因而其更多体现的也是一种政治信任,即个体公民和组织中的决策者对政府的信任。当然,这种信任也是以心理学视野中的个体心理特质以及经济学视野中的理性人或文化影响为基础,是个体基于理性计算的心理认知或文化影响而形成的对环境立法、执法、司法和守法的需求和预期;这种信任也和社会学视野中的特殊信任与普遍信任、人际信任与制度信任、具体信任与抽象信任等信任模式有着紧密的关联。当社会信任中普遍信任主导并支配特殊信任、制度信任主导并支配人际信任、抽象信任主导并支配具体信任时,环境法治运行的信任就更容易形成并有利于推动环境法治的发展和绩效的提高;反之,特殊信任、人际信任、具体信任模式下的主体往往寻求基于情感的信任,导致环境法治运行的信任缺失并降低环境法治的绩效甚至导致环境法治的失灵。

三 基于信任考察环境法治的重要意义

从不同学科视野来看,信任是人际交往的心理需求和预期,是经济交换的有效润滑剂,是社会关系和社会秩序的基础,是组织管理运行机制的关键,是政治合法性以及政治运行的重要动力。"社会信任和合作的角色作为公民文化的一个成分是无论怎样强调也不过分的。它在某种意义上是保持民主政体有效运行的一般动力来源。"[1] 环境法治虽然主要是法学学科的问题,但其涉及心理学、社会学、管理学、政治学等学科,是心理、经济、社会、管理和政治等问题的综合体现,因而综合不同学科的信任视角对考察环境法治的观念、制度和运行也具有重要意义。

(一)信任与环境法治观念相生相长

环境法治观念是一定环境法治网络中的成员对环境法律和环境治理的伦理价值和精神理念,其形成是个体公民和组织中的决策者基于一定心理

---

[1] [美]阿尔蒙德·维巴:《公民文化——五国的政治态度和民主》,马殿君等译,浙江人民出版社1989年版,第578页。

现象而产生的思想认知、心理需求和预期，因而环境法治观念与心理学视野上的信任紧密相关，没有心理上对一定环境法治观念的需求和预期，信任关系就难以有效形成；同样，没有基于心理学视野上的信任关系的存在，特别是没有个体公民对环境法治观念的一致预期或近似预期，环境法治观念也难以形成，即使能够形成的环境法治观念也是相互冲突的环境法治观念。从社会学视野来看，信任体现为对社会关系和社会秩序和谐的维护和促进。一定的环境法治观念必然要在一定的社会关系和社会秩序的前提下产生，建立在普遍信任、制度信任和抽象信任基础上的社会关系和社会秩序，在处理涉及以生态环境为中介的人与人之间的关系时，人类更加容易产生符合生态文明价值理念的环境法治观念；而建立在特殊信任、人际信任和具体信任基础上的社会关系和社会秩序，在处理涉及以生态环境为中介的人与人之间的关系时，人类往往是基于情感特别是基于私人情感的合谋，更容易产生对生态环境攫取的观念，而更少考虑生态环境自身的伦理价值。从政治学视野来看，信任体现为对政治体系的认同和信赖，或虽不完全认同和信赖但仍愿意接受这种政治体系。在人类社会进入生态文明时代，环境法治的观念往往是作为政治体系范畴的意识形态的重要组成，因而，一定个体公民或组织中的决策者对政治体系的信任状况也就决定一定的环境法治观念。同样，占主流的环境法治观念在一定网络内的形成和扩散，也会在一定程度上影响政治信任的状况。

（二）信任与环境法律制度相得益彰

制度与信任之间存在辩证关系。从心理学视野来看，包括正式制度与非正式制度在内的制度都是基于一定网络内个体公民或组织中的决策者的心理需求与预期而产生。前文已述，非正式制度是网络成员基于内在博弈均衡或自生自发的社会秩序而产生，自生自发是该种秩序形成的方式，其产生的非正式制度就不是刻意制定的产物，[①]也就必然是一定个体公民或组织中的决策者基于心理需求和预期也即信任而形成的制度；即使正式制度是由一定机构或正式组织人为设计并强制其成员遵守，但其实质也是个人或社会对某些关系的思想习惯和通行的非正式制度的综合，[②]即正式制

---

① 参见［英］弗里德利希·冯·哈耶克《法律、立法与自由》（第一卷），邓正来译，中国大百科全书出版社2000年版，第67页。

② 参见［美］凡勃伦《有闲阶级论》，蔡受百译，商务印书馆1964年版，第139—140页。

度也主要是基于个体公民或组织中的决策者的心理需求和预期所产生,只是一定的机构或正式组织把这种心理需求和预期通过一定程序进行了综合并以成文的方式予以表达。同时,心理学视野层面的人际信任的形成也有利于正式制度与非正式制度在一定网络内得到网络成员的普遍认同和遵守,因为这些制度体现了他们的心理需求和预期;反之,如果制度特别是正式制度未能反映和体现网络成员的心理需求和预期,则难以获得网络成员的认同和遵守。因而,我国环境法律制度要获得普遍的认同和遵守,就要较好地体现和反映个体公民和组织中决策者的心理需求和预期。

信任与制度的关系也能较好地体现在政治信任中。政治信任作为综合了心理学、社会学等学科视野的一种信任的重要形态,基于制度的信任就是其中的一种重要形式,也就是说,包含环境法律制度在内的完善的体系化的法律制度是形成、提升政治信任的重要机制。"制度居间促成信任,因为制度'代表'和体现着某种价值观,而且为对这些价值观的忠诚和向这些价值观的靠拢提供了激励和合理性证明。"[①] 相关的实证研究也表明,制度环境的有效性越高,政治信任和社会信任水平也就越高。[②] 同时,信任对于环境法律制度的完善特别是对于环境法律制度的运行可以提供良好的条件。"经济、政治或法律的系统需要信任作为前提条件,没有信任就不能在有风险的场合激发支持性活动。"[③] 当一定网络内的个体公民或组织中的决策者的共同需求和预期能够体现于具体的环境法律制度之中,就已经为该制度的科学性奠定了公意基础。此外,个体公民或组织中的决策者在现行环境法律制度的实践中也会产生新的需求和预期,这种新的需求和预期也就是环境法律制度修改完善的动因和动力。因而,从整个社会来看,一方面包含环境法律制度在内的各种制度的确定和完善,促生了信任的生成和信任水平的提高,并推动社会信任模式由特殊信任转向普遍信任、由人际信任转向系统信任以及由具体信任转向抽象信任;另一方面,信任模式的转型又有利于包括环境法律制度在内的各种制度的完善和优化。

[①] [美]马克·沃伦编:《民主与信任》,吴辉译,华夏出版社2004年版,第68页。
[②] 参见上官酒瑞《现代社会的政治信任逻辑》,上海世纪出版集团2012年版,第134页。
[③] N. Luhmann, "Famililiarity, Confidence, Trust: Problems and Alternative", in D. Gambetta ed., *Trust: Making and Breaking Cooperative Relations*, Basil Blackwell, 1998, p.103.

（三）信任与环境法治运行相融相契

信任作为社会关系和社会秩序的有效润滑剂以及组织管理运行机制和政治运行的重要动力，更可以体现在环境立法、执法、司法和守法等环境法治的运行之中。环境立法是一定的国家机关根据法定职责和权限并按照一定程序制定环境法律法规的专门活动。我国的环境立法从中央到地方有多个层级，每个层级又有多个立法主体，它们在制定环境法的过程中特别是对同样事项制定不同层级的环境法律法规过程中，既要按不同层级标准来满足个体公民或组织中的决策者对环境立法的需求和预期，也要加强不同层级立法主体中的具体立法者相互之间的信赖，以确保不同层级立法的统一。环境执法作为一定执法主体按照法定职权和程序贯彻落实国家环境法律法规的专门活动，关涉国家的环境法律制度能否转化为环境治理实践中的行为准则和具体的环境治理秩序，而科学的正当的环境法律制度应当体现个体公民或组织中决策者的心理需求和预期，因而，环境执法是满足和实现个体公民或组织中决策者心理需求和预期的关键环节。环境司法作为国家司法机关按照法定职责和程序解决环境法律纠纷的专门活动，关涉个体公民或组织中决策者心理预期不能实现或信赖被破坏后的救济。而环境守法涉及个体公民或组织中决策者心理需求与预期的直接满足和实现与否，如个体公民或组织中的决策者认为其心理需求与预期基本实现并信赖他人类似需求与预期也将实现，则其将遵守国家环境法律制度的要求而从事自己的行为，否则，将因不信任而不遵守制度要求甚至为追求利益而加剧对生态环境的恣意破坏或掠夺。

总之，环境立法、执法、司法和守法是从不同层面对体现个体公民或组织中决策者的心理需求和预期的信任的确定、落实、救济和满足，这种心理层面的信任如能在环境法治的运行中充分实现，则能在社会信任上呈现普遍信任、系统信任和抽象信任的模式，并能进一步提升社会的政治信任。同时，通过环境法治运行实现的社会信任转型和政治信任变迁，又为环境法治运行增添了有效润滑剂，有助于环境立法的科学化和民主化，有助于环境执法的严肃和统一，有助于环境司法的公平和公正以及环境守法的普遍性，从而进一步畅通环境法治的有效运行，更好地体现环境法治的权威和秩序。

第二节 环境法治失灵的信任解析

环境法治失灵与一定的环境法治网络结构和网络运行紧密相关，也与一定网络内的各种规范的存在及其作用的发挥紧密相关，而信任是一定环境法治网络结构形成和规范有效运行的核心要素。因而，要从社会资本视角解析环境法治失灵的原因，也应从信任视角予以查找。从整体上看，心理学视野下的人际信任、经济学视野下的经济信任、社会学视野下的社会信任以及政治学视野下的政治信任等信任类型，都与环境法治问题甚至是环境法治失灵有着紧密联系，但环境法治失灵的核心问题是环境法治观念、环境法律制度和环境法治运行中的问题，前文因此也将考察环境法治的信任基本类型分为环境法治的观念信任、环境法治的制度信任和环境法治的运行信任，环境法治失灵的信任解析因而有必要综合运用信任的相关理论和基本类型对相关环境法治问题予以解析。

一 环境法治失灵的观念信任缺失

环境法治需要一定的观念作支撑，但环境法治观念作为一种重要的环境文化规范，要在环境法治建设中真正发挥精神指导和价值导向的作用，必须内部协调一致并得到包括国家立法机关、执法机关、司法机关以及公民和组织等环境法治网络成员的认同和信赖，成为国家环境立法、执法、司法以及公民和组织自觉遵守环境法律法规的精神指引。但前文已述，我国环境法治观念的冲突成为影响环境法治绩效甚至是导致环境法治失灵的重要因素，从信任视角来看，环境法治观念冲突的重要原因之一是观念信任的缺失，而信任分析的思路和方法主要体现在心理学、社会学和政治学等学科的视角之中，因而环境法治观念信任的缺失可以从心理学、社会学和政治学等学科视角进行解析。

（一）环境法治观念信任缺失的心理学解析

从心理学视野来看，环境法治的观念信任主要表现为人际信任，是指一定环境法治网络中的个体公民和组织中的决策者对环境法治的伦理基础、价值观念的心理需求和预期，这种需求和预期如果能在一定环境法治网络中取得共识并在个体公民和组织之间相互信赖，就能形成有利于环境法治发展的积极社会资本，反之则不能。前文已述，我国环境法治观念冲突较大，在具体的环境文化规范中表现为科学主义与人文主义、人类中心主义与非人类中心主义、经济主义与生态主义等方面的文化规范冲突。从心理学的人际信任来看，这些冲突在某种程度上可归因于不同人群基于心理需求和预期的信任缺失。科学主义与人文主义的冲突是科学家与人文社会科学家这两大共同体之间的分裂和两种人格分裂造成的，[1]其实也是两大共同体学者们基于心理需求和预期差异而产生的互不信任所致。科学家的心理需求和预期主要是通过科学技术征服自然且相信可以凭借科学技术的力量完全解决环境问题，却不信任人文社会科学家有关技术恐慌和技术理性狭隘偏执的谬论，而人文社会科学家的心理需求和预期是把制度与文化作为生态现代化的核心动力，[2]对自然科学的技术理性却充满无情的批判，因而二者之间不可避免地产生心理需求与预期的冲突以及相互的不信任并导致科学与人文两种文化观念的冲突。

人类中心主义与非人类中心主义的冲突、经济主义与生态主义的冲突，一定程度上也是基于不同群体的认知差异以及心理需求和预期差异而产生的不信任所致。人类中心主义的环境法治观源于人类中的某些群体心理需求和预期过于注重当代人类自身的利益而忽视了生态利益、未来人利益以及人类的长远利益，或者说是人类基于相互的不信任而不顾及长远利益和可持续发展，对自然与生态环境采取掠夺式的开发利用并发展为经济主义的环境法治观；非人类中心主义的环境法治观则是人类中的某些群体认识到生态环境对于人类的长远利益和可持续发展的重要性，其心理需求和预期凸显了对生态环境保护的重视并倡导人类内部的相互信任而共同减少对自然与生态环境的开发利用，将其限制在其环境容量和生态承载范围之内，进而就产生了生态主义的环境法治观。

认知的缺失或失真是信任流失的直接形式。[3]正是基于科学家与人文社会科学家的思维定式认知差异、人类内部不同群体的认知差异以及心理需求和预期差异，导致人类内部的不信任而出现科学主义与人文主义、人类中心主义与非人类中心主义、经济主义与生态主义等不同的相互冲突的环境法治观念，环境法治观念的信任缺失因而成为环境法治失灵的重要原

---

[1] 参见蔡守秋《基于生态文明的法理学》，中国法制出版社2014年版，第553页。
[2] 参见何爱国《当代中国生态文明之路》，科学出版社2012年版，第23页。
[3] 参见上官酒瑞《现代社会的政治信任逻辑》，上海世纪出版集团2012年版，第152页。

因之一。

(二) 环境法治观念信任缺失的社会学解析

从社会学视野来看，环境法治的观念信任也是嵌入一定的网络即社会结构、社会关系及其经济、政治、文化等社会现象之中，因而环境法治观念信任的缺失必然也与一定的社会信任紧密相关。前文已述，社会学视野对社会信任的研究主要以具体信任与抽象信任、特殊信任与普遍信任、人际信任与系统信任三种不同的分类模式为切入点来解析信任与社会的关系，但其对社会信任的分类却有更多的异曲同工之处。综合起来看，三种不同的分类之中，前者都强调以情感为基础的具体特定的人与人之间的传统信赖在社会关系中的体现，而后者都注重不以情感而以规范、契约、信仰为基础的不特定人之间的抽象信赖在社会关系中的普遍存在。一般认为，前者主要体现在传统社会或前现代社会之中，而后者主要体现在现代社会之中，笔者在此将三种不同的分类统称为传统人格信任与现代系统信任并从二者的演变关系来解析我国环境法治的观念信任缺失。

传统人格信任作为一种特殊信任主要体现在传统社会之中，而传统社会的"结构比较简单，家庭是支配一切的社会单位，并以面对面的关系作为整个社会的特点"①，这种以血缘为纽带的家庭关系成为传统社会的基本关系，人与人基本生活在一个熟人社会之中，相互之间形成的是一个熟人圈子里的特定人之间的信任关系。"传统中国的家族主义文化强调和重视家庭、亲戚及关系，将信任家族之外的人看作是一种不可允许的错误。"② 虽然在市场经济的冲击下我国传统社会已逐步解体并开始迈入现代社会，但"信任结构的变迁往往滞后于社会的其他方面"③，我国社会的人格信任仍然根深蒂固，而现代社会所需要的系统信任并未随之而来。

在现代社会转型过程中，人格信任赖以建立的以血缘、地缘和情感为基础的社会联系虽有所减弱，但并未推动系统信任或普遍信任所需的利益主体之间的妥协和协商自然而来；相反，多元利益主体在市场规则的竞技场上却展现了不择手段的争夺，加剧了不同群体对待生态环境态度的分野

---

① [美] 西里尔·E. 布莱克：《比较现代化》，上海译文出版社1996年版，第239页。
② 李伟民、梁玉成：《特殊信任与普遍信任：中国人信任的结构与特征》，《社会学研究》2002年第3期。
③ 唐琪：《一致与冲突：信任类型与市民社会结构研究》，博士学位论文，上海交通大学，2013年，第58页。

和冲突，体现在环境法治观念中就是科学主义与人文主义、人类中心主义与非人类中心主义、经济主义与生态主义的反向与冲突。一定程度上可以说，环境法治观念的前述冲突正是在信任结构的变迁与我国社会的现代转型脱节中基于不同群体的信任缺失与恶性竞争所致。由此可以看出，我国环境法治观念的冲突和环境法治的观念信任缺失与我国社会转型之中的社会信任紧密相关。

(三) 环境法治观念信任缺失的政治学解析

从政治学视野来看，环境法治的观念信任主要表现为政治信任。环境法治的观念要成为指导环境法治实践的精神思想和价值取向，往往要得到国家立法的确认以及执法、司法和守法行动的贯彻，并作为政治体系范围内的意识形态在全社会予以巩固和强化，以获取社会网络中广大民众的认同和信赖，因而成为国家政治信任的重要组成。

新中国成立后，我国以共产主义为目标的意识形态、领袖的魅力和革命的功绩有效构建了政治信任，以国家名义推进的包括意识形态在内的各项政治活动借助权威的政治信任得到了民众的高度认同。但改革开放后，这种政治信任随着领袖魅力衰弱和市场经济的冲击而逐渐减弱，特别是在市场经济的冲击下，个体公民和组织的物质化、理性化倾向将意识形态在政治信任建构中的功能不断消解，加上伴随社会结构转型和变迁引发的系列社会问题，致使公民的思想意识和心理结构发生很大变化，人们对政治的态度、信念和评价以及对政治的信心出现大幅下降，虽然政府一度以经济绩效的提高来缓解政治信任的危机，但经济绩效建构政府信任的限度显而易见并容易引发一系列新的社会问题，政治信任在当下的流失已成为一个必须面对和慎重对待的问题。[①]

在政治信任不断流失的当下，国家要在矛盾冲突的环境文化规范中整合体现国家意志的环境法治观显得更加困难，即使国家通过强力整合进入环境立法并以一定意识形态表现的环境法治观念，要真正得到社会网络成员的认同和信赖也显得捉襟见肘。相反，缺失政治信任的以意识形态呈现的环境法治观念会被民间的环境文化规范冲击和干扰，致使已然矛盾冲突的环境法治观念在科学主义与人文主义、人类中心主义与非人类中心主

---

① 参见丁香桃《变化社会中的信任与秩序——以马克思人类学理论为视角》，浙江大学出版社2013年版，第156页。

义、经济主义与生态主义等相互对立的文化规范中显得更加突出。

总之，环境法治失灵的重要原因之一是环境法治观念的冲突，而环境法治观念的冲突可以从心理学、社会学和政治学等不同学科视野下的信任视角分析查找原因，表明我国环境法治失灵的重要原因也体现为环境法治的观念信任缺失。

二 环境法治失灵的制度信任缺失

环境法治需要一定的制度特别是需要国家通过立法制定的环境法律规范构建的制度体系作为基础，同时，环境法律制度要在环境法治中有效发挥规范作用，必须树立法律权威并得到广大民众的认同。但前文已述，我国环境法律制度权威不足、认同度不高且操作性较差，国家制定的正式法律制度与地方的"土政策"双轨运行。环境法律制度存在的上述问题，与前文已分析的社会资本构成的网络与规范紧密相关，自然也可以从作为社会资本核心构成的信任视角查找原因。从信任视角来看，我国环境法治失灵在制度方面的问题主要体现为制度信任的缺失，而环境法治的制度信任缺失也可以从心理学、社会学和政治学三个基本视野予以解析。

（一）环境法治制度信任缺失的心理学解析

环境法治的制度信任作为环境法治的一种信任类型，虽然总体上属于政治信任的范畴，是个体公民或组织中的决策者对一定机关制定的法律制度的信赖。但从心理学视野来看，环境法治的制度信任的基础也体现于个体公民或组织中的决策者的心理需求与预期。环境法律制度最早源于环境习俗规范和环境软法规范，而环境习俗规范和环境软法规范都较鲜明地体现了一定社会网络成员的心理需求与预期。在一定社会网络的长期历史实践中，网络成员在一定文化氛围中基于生产生活实践对环境问题的认知，逐渐形成了一些处理人与生态环境以及以生态环境为中介的人与人之间关系的具有较高价值认同的环境习俗规范，这些规范如果能较好地体现网络成员的心理需求和预期，则能有较强的生命力，能在社会网络中生存并发挥对网络成员行为的调整规范作用；这些规范如果不能体现网络成员的心理需求或虽能体现网络成员的心理需求却实现不了网络成员的心理预期，则其在社会网络中因得不到网络成员的认同而很快被改变或消失。环境软法规范虽不是自生自发而是人为设计，即国家机构或自治组织通过一定程序制定的调整人与生态环境之间关系以及以生态环境为中介的人与人之间关系的规范，其制定就是基于一定行业或系统内个体公民和组织中的决策者的心理需求和预期，正是个体公民和组织中的决策者的心理需求才产生了环境软法规范。在这种规范调整下如实现了一定行业或系统内个体公民和组织中的决策者的预期，则这种环境软法规范能够得到广泛认同并持续执行，反之，则不能获得认同并实施不能或实施效果不佳。

环境法律制度作为国家机关通过立法程序制定的调整生态环境关系的相关法律规范的总和，应当综合已有的环境习俗规范和环境软法规范，因而也应能够体现个体公民和组织中决策者的心理需求并满足其心理预期。但我国现有环境法律制度在构建过程中显然对个体公民和组织中的决策者的心理需求体现不够，以致出现个体公民和企业组织中的决策者对环境法律制度认同度不高的现象，一些企业组织想方设法规避甚至公然违反环境法律规范，导致实践中环境法律制度越来越多但环境恶化趋势未能得到明显控制，进一步远离了公众对环境法律制度的心理预期，加大了公众对环境法律制度的不信任，转而寻求其他规范来调整人与生态环境的关系以及以生态环境为中介的人与人之间的关系。在此背景下，一些地方政府的决策者甚至也基于对中央制定的环境法律制度的不信任而另行制定"土政策"，从保护本地利益的角度出发来处理人与生态环境以及以生态环境为中介的人与人之间的关系，进一步加剧了环境法律制度的认同度下降并极大地破坏了环境法律制度的权威，致使环境法律制度与地方"土政策"双轨运行。

(二) 环境法治制度信任缺失的社会学解析

从社会学视野来看，环境法治的制度信任也与社会整体体现的信任紧密相关，因而，我国环境法治的制度信任缺失也可以从社会信任的模式中去查找原因。在以人格信任为主的社会信任模式之中，社会的联系和社会的信任主要以血缘、地缘和情感为基础，个体公民和组织中的决策者对国家构建的环境法律制度的信任也要取得血缘、地缘和情感的支持。当国家制定的环境法律规范离开了血缘、地缘和情感的支持，个体公民和组织中的决策者就很难建立对环境法治的制度信任。在以系统信任为主的社会信任模式中，社会联系和社会的信任不以血缘、地缘和情感为基础，而是建立在法律、契约、规范和信仰之上，个体公民和组织中的决策者对国家制定的环境法律规范及其构建的环境法律制度的信任就是其中的重要内涵，因而环境法治的制度信任也是题中应有内涵。

我国传统社会信任模式属于典型的人格信任。在漫长的中国封建社会，国家即使是出台了大量的法律规范，但"德主刑辅"的思想是汉代至清朝的正统法律思想，法律要以儒家的"礼"为支撑并以"礼"所强调的纲常关系来保证落实，往往"视'经义'的效力等于法律，或高于法律"①。当下的中国社会结构与社会联系在市场经济的冲击下，虽然已摆脱封建社会"礼"的纲常关系，但传统社会的思维仍然深深影响中国社会的信任模式，以致在当下中国已然形成包括环境法律规范在内的比较完善的社会主义法律规范体系的背景下，人们在处理各种纠纷和寻求法律保护的过程中仍然不忘通过各种以血缘、地缘和情感为基础的关系来取得支撑，即使其权益在法律上完全具有正当性与合法性。由此可见，当下中国的信任模式没有随着社会结构的变迁和法律体系的构建而发生太大变化，整个社会的信任模式仍然是人格信任，而尚未建立以法律、契约、规范为基础的现代系统信任模式。因而，在以人格信任为基本模式的社会信任背景下，环境法律制度很难直接获取个体公民和组织中的决策者的信赖，人们无法仅凭环境法律制度的存在而建立信任关系。相反，个体公民和组织中的决策者在处理人与生态环境以及以生态环境为中介的人与人之间关系的时候，由于缺失对现行法律制度的信任而寻求血缘、地缘和情感的支持，即往往要通过环境习俗规范、环境软法规范或制定本地的"土政策"来调整相应的生态环境关系。这不仅影响了环境法治内部的统一协调，更会导致公众对环境法律制度的认同缺失，破坏环境法律制度的自身权威，引起环境法治的制度信任缺失并导致环境法治绩效的锐减，甚至是环境法治的失灵。

（三）环境法治制度信任缺失的政治学解析

环境法治的制度信任虽然是以心理学上基于心理需求和预期的实现而形成的信任为基础，并与社会学上的社会信任特别是系统信任紧密相关，但从政治学视野来看，环境法治的制度信任更体现为一种政治信任。一般认为，政治信任的对象包括政治制度、政治价值、政治共同体以及公共政策、政治行动者和政治组织等方面，政治制度是现代政治信任的基石和根

---

① 杨鸿烈：《中国法律思想史》，中国政法大学出版社2004年版，第144页。

本，处于政治信任的对象结构的硬核层。① 环境法治制度作为政治制度的重要内容，关涉国家对环境治理的基本制度甚至国家对环境安全管理的重要制度，必然也是政治信任对象的核心构成。因而，环境法治的制度信任作为个体公民和组织中的决策者对一定立法机关或政府机关制定并建构的法律制度的认同与信赖，可以直接检验作为政治信任重要表现的政府信用或信任情况，同时，政府的信用或信任也可以通过其制定的环境法律法规直接传递至环境法治的制度信任。

但正如前文所述，随着我国社会结构的转型以及市场经济的冲击，个体公民和组织出现物质化、经济理性化的转向，我国基于领袖魅力和意识形态优势的传统政治信任流失严重。同时，国家具有的"既包括执行由一切社会的性质产生的各种公共事务，又包括由政府同人民大众相对立而产生的各种特殊职能"②，体现为政府的公共性与自利性的内在矛盾，并随着我国近年来的快速发展特别是城市建设的征地拆迁等问题的凸显而表现得更加突出，再加上近年来腐败现象的频发，进一步加剧了公众对政府的不信任以及政治信任的流失。公众对政府的不信任感一般表现为对其所处的政治系统、政治过程中自我角色的政治无力感、政治无意义感、政治孤立感、政治疏远感和政治无规范感等，而其中的政治无规范感主要体现在公众认为约束政治行动者和政治组织的行为规范和法则已遭破坏。③ 具体到我国的环境治理实践之中，往往体现在政府基于追求经济发展的目的或官员腐败的因素而常常与企业合谋，致使我国不少环境保护法律规范及其构建的制度在一些地方常常被束之高阁，特别是与环境法律规范体系不断完善形成鲜明反差的环境恶化现象，更加剧了公众认为环境法律规范及其构建的制度已遭大量破坏，因而出现环境法治的制度信任严重缺失并进而影响环境法治的绩效甚至导致环境法治的失灵。

综上所述，我国环境法律制度的权威性不足、认同度不高以及操作性较差等问题，可以归结为我国环境法治的制度信任缺失，而这种制度信任缺失可以从心理学、社会学和政治学等不同视角下的人际信任、社会信任

---

① 参见上官酒瑞《现代社会的政治信任逻辑》，上海世纪出版集团2012年版，第80—83页。

② 《马克思恩格斯选集》第25卷，人民出版社1974年版，第432页。

③ 参见程倩《论政府信任关系的历史类型》，光明日报出版社2009年版，第24—25页。

和政治信任等方面进行解析，并对深入分析查找我国环境法治失灵的原因和启发我国环境法治建设的思路具有重要意义。

三 环境法治失灵的运行信任缺失

环境法治建设的最终效果都要体现在环境立法、执法、司法和守法等环境法治的具体运行环节之中。前文已述，我国环境法治运行中存在的主要问题是各运行环节内部的体制机制不顺、相互之间的衔接不畅和公众的参与不足。这些问题的产生，与我国环境法治的网络和规范存在紧密关联，更与环境法治的信任特别是环境法治运行中的信任紧密相关。"没有哪种纯粹的法律制度能够经受民众高度的疏远或怀疑，也没有哪种法律体系能在法律无法获得高度信任和尊重的情况下有效运转。"① 因而，查找分析解释环境法治运行中存在的问题，也可以从环境法治运行的信任视角着手，而环境法治的运行信任也要以心理学、社会学和政治学等为基础进行解析。

（一）环境法治运行信任缺失的心理学解析

环境立法、执法、司法和守法等运行环节的信任缺失都可以从信任的基础支撑学科——心理学视角进行分析。环境立法虽然主要是以国家制定或认可的方式来创制环境法律规范，但作为国家立法机关，首先要考虑的是一定环境法治网络中个体公民和组织中的决策者的心理需求和预期，并根据个体公民和组织中的决策者的心理需求和预期的变化，对现行环境法律法规进行修改；同时，不同的环境立法机构的核心成员之间，基于一定的心理需求和预期而存在信赖关系。当公众对环境立法机关失去信任，就会导致参与环境立法的懈怠，致使国家提供的各种公众参与环境立法的渠道空设或流于形式；当不同层级的立法机关之间及其内部的核心成员之间失去立法信任，则会导致环境立法体制机制的不顺。

从环境执法和环境司法的理论视角分析，个体公民、组织中的决策者与执法或司法机关之间及其内部相互之间，都需要信任的支持才能有效推进环境执法和司法。当环境执法机关或司法机关的执法或司法行为与个体公民和组织中的决策者的心理需求和预期相差太远时，就会导致公众对环

---

① ［澳］菲利普·佩迪特：《共和主义：一种关于自由与政府的理论》，刘训练译，江苏人民出版社2006年版，第268页。

境执法和司法的不信任并进而影响环境守法的自觉性和认同感，可能引发对环境执法和司法的抵制甚至引发以环境群体性事件来抗拒环境法律法规的执行和适用。同样，不同层级的环境执法或司法机关、同一层级和同一环境执法或司法机关内部核心成员的相互不信任，也会导致环境联合执法、综合执法等环境执法与环境司法的协同不能，甚至出现基于地方保护主义目的而有选择地进行环境执法和环境司法。①

从我国的环境立法、执法和司法的实践来看，正是由于个体公民、组织中的决策者对环境立法、执法和司法的心理需求和预期与现实的反差以及相互之间特别是内部的不信任，才会导致我国环境法治运行各环节内部体制机制的不顺、相互之间衔接的不畅以及公众参与的不足。我国环境立法实践中的行政立法主导，即一定程度体现了对人大立法能力的不信任，而行政立法的过于强势以及行政立法中体现的对排污企业的偏袒又会加剧公众对行政立法的不信任；我国环境执法和司法实践中出现的地方保护主义，以及联合执法、综合执法力度不大和司法协同不足等问题就体现了执法者和司法者内部及相互之间的不信任。"当前中央和地方环保部门以及地方各级环保部门之间，在工作中仍然存在一些问题……影响了上下、左右之间的信任关系。"②

此外，即使从环境守法来看，个体公民和组织中的决策者内部及其相互之间也基于心理需求和预期的不平衡而产生相互的不信任以及对执法机关和司法机关的不信任，守法者往往担心自己守法而别人不守法会给自己带来重大利益损失而纷纷追求环境违法的巨额暴利，甚至甘愿承担违法代价或冒险追求违法暴利。

（二）环境法治运行信任缺失的社会学解析

环境立法、执法、司法和守法等运行环节的信任缺失，也可以从社会学视角解析。在以人格信任为主的社会信任模式之中，社会的联系和社

---

① 2015年8月25日，环境保护部部长陈吉宁在全国环保厅局长研讨班座谈会上提出要着力处理好四个方面的关系，其中之一就是处理中央与地方的关系，并要求建立信任文化形成工作合力以便为落实中央的决策部署和实现公众的期盼共同奋斗，一定程度可以反映我国环境治理实践中存在中央与地方之间及内部的不信任。参见《2015年全国环保厅局长研讨班座谈会在京召开》，《中国环境报》2015年8月26日第1版。

② 本报评论员：《建立信任文化，形成工作合力——四论着力处理好环保工作中的四个关系》，《中国环境报》2015年9月2日第1版。

信任主要建立在血缘、地缘和情感的基础上,而血缘、地缘和情感建构的社会网络之中,主要通过这种亲情而自生自发产生以习俗、伦理为主的规范,而对国家立法的需求不大;即使能够产生对国家立法的需求,也主要以调整人与人之间的人身和财产关系为主,而很少涉及以生态环境为中介的人与人之间的关系,更何谈人与生态环境之间的关系。由此可见,人格信任模式下的社会网络成员对环境立法的需求和心理预期都很少,更谈不上环境执法、环境司法和环境守法的心理需求与预期。只有在以系统信任为主的社会信任模式之中,由于社会的联系和社会信任建立的基础是法律、契约和信仰等,与血缘、地缘和情感等关联不大,相应的社会网络就会基于法律制度的构建和契约权利的保护而产生对国家制定法律规范的迫切需求,因而相应的环境法治网络在面临调整人与生态环境之间以及以生态环境为中介的人与人之间的关系时,就会对环境立法及其公众参与机制和立法体制机制产生迫切需求,这种基于网络内在需求产生的环境立法体制机制和公众参与机制,就可以更好地避免前文所述的环境立法问题。由于系统信任模式还会要求制度的有效运行而不满足于制度的建立,因而相应的环境治理网络必然要求环境法律规范在环境法律实践中的贯彻落实和正确适用,环境执法、司法和守法也就是其网络中应有的内在需求并能基于网络的这种内在需求而形成顺畅和有效衔接的环境法治运行体制机制以及更务实有效的公众参与环境执法和司法机制。

但正如前文所述,我国社会结构虽然整体上已正从传统社会向现代社会转型,但由于社会信任的相对独立性,其在社会变迁过程中总会表现出不同步现象,因而我国当下的社会信任模式整体上仍体现为人格信任,即使普遍信任或系统信任的特征也有所呈现,但这种普遍信任并没有得到真正贯彻,其所要求的基于利益主体妥协和协商的多元利益均衡不仅没有形成,反而加剧了不择手段的利益争夺和冲突。[①] 在这种社会背景和社会信任模式下,环境立法、执法、司法和守法往往成为利益争夺的手段和工具,其所形成的环境法治运行体制机制也就难以顺畅和有效衔接,处于利益争夺之中弱势群体地位的公众也就难以真正参与到环境立法、执法和司法等环境法治的具体运行环节之中。

[①] 参见唐琪《一致与冲突:信任类型与市民社会结构研究》,博士学位论文,上海交通大学,2013年,第57—58页。

（三）环境法治运行信任缺失的政治学解析

环境立法、执法、司法和守法等运行环节的信任缺失还可以从政治学视角解析。我国的环境立法、执法和司法的主体是国家立法机关、执法机关和司法机关及其工作人员，属于公共组织和政治行动者，是政治信任的重要对象和政治信任的重要载体，因而其与公众之间的信任关系是政治信任并可归为公共组织信任和政治角色信任。① 政治信任是环境法治运行的润滑剂和环境治理不可缺少的因素，个体公民和组织中的决策者对环境立法、执法和司法机关等环境法治机关及其工作人员的信任以及环境法治机关内部不同层级和同一层级的不同机关及其工作人员之间的信任状况对环境立法、执法、司法和守法等环境法治的运行都会产生重要影响。

但我国正进入社会转型与变革的"深水区"，政治信任结构、环境、形态与条件都正在发生深刻变化，不同层面、不同性质的政治信任缺失现象不可避免，必然影响包括环境法治在内的国家治理格局。② 从我国政治信任的具体情况来分析，其突出的特点是结构的非均衡，整个社会呈现出一种信任与不信任、高度信任与低度信任的非均衡结构以及民众对中央、地方和基层政府信任差异较大的级差信任状况。③ 总的来说，民众对中央政府的信任度最高，认为可以信任的比例达 80%，但对地方政府特别是基层政府的信任度很低。④ 政治信任的不均衡与级差的存在，体现在环境立法、执法和司法等环境法治机关之中，就会导致中央与地方不同层级的环境法治机关在立法、执法和司法方面获得的信任支持不一，地方环境法治机关为更好地实现地方环境治理的目的或为实现其对环境资源利用的目

---

① 政治信任结构一般包括政治共同体信任、政治价值信任、政治制度信任、公共政策信任、公共组织信任和政治角色信任，而公共组织信任是民众对政党、议会、行政机构、司法组织等的相信和支持，政治角色信任是对实际掌握和运行权力的人的相信和托付。参见上官酒瑞《变革社会中的政治信任》，学林出版社 2013 年版，第 73 页。

② 参见上官酒瑞《变革社会中的政治信任》，学林出版社 2013 年版，第 1 页。

③ 同上书，第 43—46 页。

④ 该结论综合了 2007 年中国社会科学院的调查报告、零点研究咨询集团发布的《中国居民评价政府及政府公共服务研究报告（2003—2005）》和《中国公共服务公众评价指数报告（2006—2010）》以及美国杜克大学和清华大学史天健教授的调查结果。中国社会科学院 2007 年对全国 28 个省市居民的随机抽样调查要求选择对中央政府、地方政府、法官和警察、社区组织、行业协会、消费者协会、信访机构、宗教组织 8 种社会基本权力的信任度，参见《"最信任中央权力"隐含的民众焦虑》，《中国青年报》2007 年 5 月 25 日第 2 版；史天健的调查参见 Tianjian Shi, "Cultural Values and Political Trust: a Comparison of the People's Republic of China and Taiwan", *Comparative Politics*, Vol. 33, No. 4, Jul., 2001。

的，必然会采取一定的变通措施来提升自己的信任度或干扰中央环境法治的有效运行，环境立法、执法和司法等法治的运行就容易产生体制机制的不顺和相互衔接的不畅，并会影响公众参与环境法治运行的积极性。

此外，政治信任的不均衡和级差信任还体现在同一层级政权的环境立法机关、执法机关与司法机关之间及其内部不同部门和工作人员之间。总的来说，对环境立法机关及其工作人员的信任要高于对环境司法机关和执法机关及其工作人员的信任，特别是环境法律政策执行系统内部执行职能的碎片化（见图5-1）和权责倒置（见图5-2），[①] 使得民众对不同环境执法机关的信任程度也会体现不均衡和级差，同一层级的环境法治机关特别是环境法律政策执行机关的信任度也差异较大，致使同一层级的环境法治运行体制机制和相互衔接也会受到影响，进而影响整个环境法治的绩效。

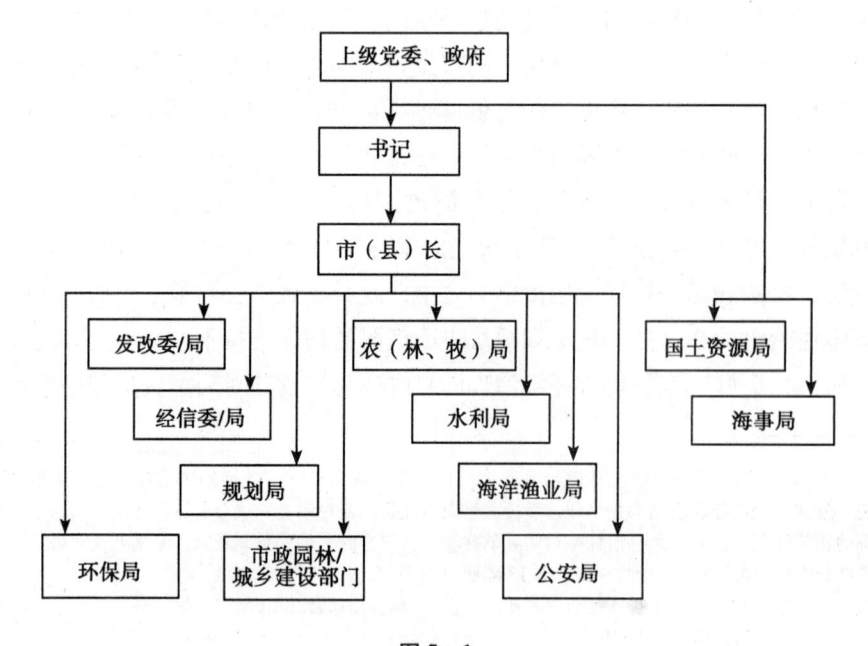

图 5-1

综上所述，从信任视角考察，我国环境法治失灵可以在一定程度上归结为环境法治的观念信任缺失、制度信任缺失和运行信任缺失，而环境法

---

① 参见冉冉《中国地方环境政治：政策与执行之间的距离》，中央编译出版社2015年版，第64—65页。

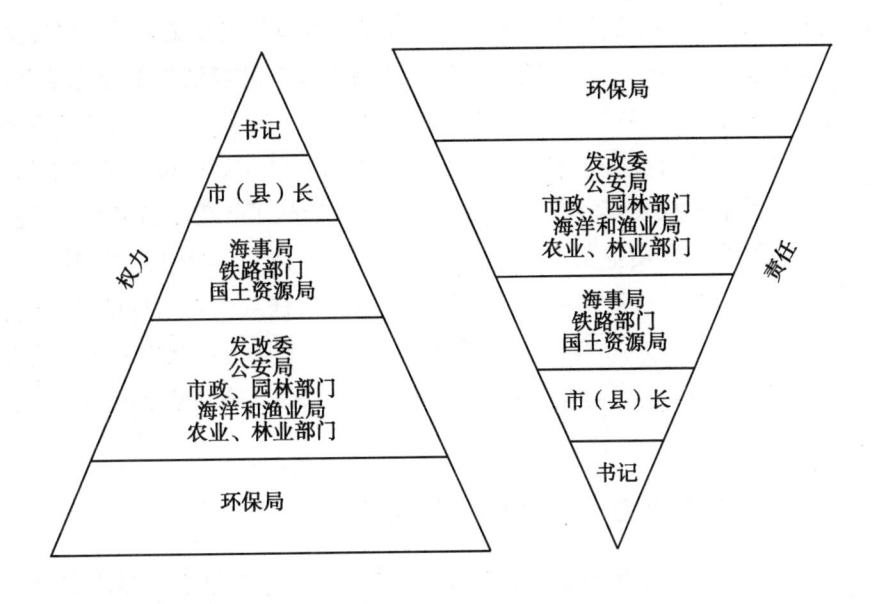

图 5-2

治的上述信任缺失都可以从心理学、社会学和政治学等分析信任的基本视角进行解析。心理学上的信任解析是从个体公民和组织中的决策者的心理需求和预期层面着手，是考察环境法治失灵的信任缺失的基本心理基础；社会学上的信任解析是从我国社会转型期的人格信任向普遍信任、系统信任过渡不完整的角度着手，是考察环境法治失灵的信任缺失的重要社会环境；而政治学的信任解析是从我国政治信任的发展变迁及其政治信任状况着手，是考察环境法治失灵的信任缺失的关键政治条件。总之，从信任视角考察环境法治的失灵特别是环境法治的观念信任缺失、制度信任缺失和运行信任缺失，为我们考察和分析环境法治问题提供了新视角，开辟了新领域。

第三节　环境法治的信任建构

人无信不立，法无信不威。信任作为社会资本的核心构成，是公共生活的润滑剂和社会治理的重要因素，也是环境法治能否取得成效的核心要素。前文相关内容分析表明，我国环境法治发展状况与环境法治的信任紧密相关，环境法治的失灵在很大程度上可归因于信任的不足。我国环境法治的失灵表现在环境法治观念的冲突、环境法律制度的权威不足、环境法治的运行不畅等方面,而环境法治的上述问题又与环境法治的观念信任、制度信任和运行信任紧密相关。不管是以心理学、社会学还是以政治学和其他学科的信任为视角,都可以对环境法治的失灵作出解析。总的来看,环境法治的信任缺失或多或少、直接或间接地影响了环境法治的绩效,进而对生态恶化和环境危机要承担一定的责任。因此,建构环境法治的信任,进而破解环境法治的观念信任缺失、制度信任缺失和运行信任缺失,以矫正环境法治的失灵和提升环境法治的绩效具有必要性和紧迫性。笔者认为,环境法治的信任建构,应从目标定位、战略部署和基本策略等方面着手。

一 环境法治信任建构的目标定位

从人类历史的发展来看,信任伴随人类社会形态的更替也呈现了形态的变迁。不少学者研究了从传统社会向现代社会转型的信任形态或模式的变迁问题。韦伯将社会信任的发展分为特殊主义信任关系与普遍主义信任关系,前者是传统社会以身份关系为主的信任模式,是"凭借行动者之属性的特殊关系而认定对象身上的价值至上性"的关系,而后者是"独立于行动者与对象在身份上的特殊关系"的关系。[①] 费孝通先生也以此来说明乡土社会和现代社会的差异,认为前者是以道德、规矩、习俗等为基础并从熟悉中获得的一种个别联系,而后者是以法律、契约等为基础而在陌生人之间结成的一种普遍联系。[②] 卢曼把社会信任的发展分为人际信任和系统信任或制度信任,而吉登斯则将其发展分为类似的特殊信任和制度信任或系统信任。米塔尔认为信任可以沿着从人格化到抽象这一个顺序连续系列排列,[③] 而纽顿则结合社会发展的规模和民主的形式,具体分析了深度信任与迪尔凯姆模型、浅度信任与托克维尔模型以及现代社会中的抽

[①] See T. Parsons and E. Shill, *Toward a General Theory of Action*, Harvard University Press, 1951, p. 82.

[②] 参见费孝通《乡土中国·生育制度》,生活·读书·新知三联书店1998年版,第10—11页。

[③] Barbra A. Misztal, *Trust in Modern Societies: The Search for the Bases of Social Order*, Polity Press, 1996, p. 72.

象信任三种信任模型。① 在国内，有学者们在吸收国外学者观点的基础上把信任分为特殊信任、普遍信任和制度信任，② 并有学者进一步提出特殊信任是传统农业社会的信任类型，普遍信任是现代工业社会的信任类型，而制度信任是后工业社会的信任类型。③

我国当前的社会发展阶段比较复杂，既体现了从传统社会向现代社会转型的特征，也呈现了工业社会高速发展向后工业社会过渡的迹象。我国的生态环境问题和环境法治问题日益突出，就是我国社会从传统向现代过渡、从工业社会向后工业社会过渡等多种社会转型和社会结构变迁的复杂产物。因而，我国环境法治的信任建构应在综合前述学者观点的基础上，结合我国社会当前发展的阶段特征和环境法治建设的实际，确立以法律信任为基本理论框架的现代系统信任的建构目标。这种现代信任系统是一个抽象信任关系支配具体信任关系、普遍信任关系支配特殊信任关系和弱信任关系支配强信任关系的信任系统。

（一）环境法治的信任是一个抽象信任关系支配具体信任关系的系统

我国的传统社会主要是一个熟人社会，人与人之间建立的信任关系是一种具体信任关系，信任双方明确且往往直接发生关系，而"现代社会的最大特征是走出了熟人的范围，其信任建立在抽象系统之上"④，信任双方经常不确定或主要借助某种抽象的媒介发生关系。当前我国环境法治的信任是建立在传统社会向现代社会的过渡和工业社会向后工业社会的过渡之际，必然夹杂着各种建立在熟人社会基础上的具体信任关系。这些具体信任关系往往因为信任各方的熟悉，不需要法律至少是不需要国家制定的环境法律规范作为中介而直接发生关系，也即可以凌驾于国家法律之上来处理人与生态环境以及以生态环境为中介的人与人之间的关系，以致环境治理实践中容易出现环境法律制度虚化和环境法治运行不畅等问题。而抽象信任关系走出熟人社会的范围后，需要一种媒介来建立各方的信任关

---

① 参见［英］肯尼思·纽顿《社会资本与现代欧洲民主》，载李惠斌、杨雪冬主编《社会资本与社会发展》，社会科学文献出版社 2000 年版，第 399—411 页。
② 参见林聚任等《社会信任和社会资本重建——当前乡村社会关系研究》，山东人民出版社 2007 年版，第 149 页。
③ 参见唐琪《一致与冲突：信任类型与市民社会结构研究》，博士学位论文，上海交通大学，2013 年，第 53—56 页。
④ 郑也夫：《信任论》，中国广播电视出版社 2001 年版，第 170 页。

系，这种媒介在环境法治实践中就主要集中于法律，即各方基于对法律的信任而发生信任关系并各自按照法律的规定行事，法律在这里既是信任产生的媒介和动力，也是信任的对象。法律的媒介作用如能得到充分体现，其作为信任对象而形成的抽象信任关系也能更好地推动整个社会信任的提升；而抽象信任关系的形成和整个社会信任的提升，又表明各方对法律的信赖加强并能按照法律的规定行事，即使其认识到法律本身不可避免会存在一定的局限。这样的抽象信任关系以法律为媒介就能充分体现法律在环境法治中的价值，必然是环境法律制度有效实施的润滑剂，是环境法治绩效提升的重要动力和关键因素。

因此，我国环境法治的信任建构必然要以抽象信任关系为目标。但我国社会转型期的特征表明，传统的社会关系和具体信任关系系统还将在一定范围内长期存在，环境法治的信任不可避免还要受到这种具体信任关系的干扰，抽象信任关系只有占据绝对的支配地位，才能从整体上克服或减少环境法治的失灵问题并进而提升环境法治的绩效。

（二）环境法治的信任是一个普遍信任关系支配特殊信任关系的系统

特殊信任关系与普遍信任关系的划分来源于韦伯对信任的分类。在前工业社会也即农业社会之中，自给自足的自然经济决定人们的交往必然受到时空条件的限制。在特定的时空条件下，人们基于血缘、地缘或情感而结成一定的社会关系，这种社会关系体现在人际关系中就是在长期生产生活实践互动中形成的熟人之间的信任关系，并通过这种信任关系维系农业社会的秩序和安全。"信任是发生和存在于人际关系之中的，人际关系的形态决定了信任的状况。"[1] 正是农业社会中人与人之间的简单社会联系和社会交往，使人与人之间的信任对象、基础都具有特殊性，因而将其信任归结为特殊信任关系。农业社会向工业社会转型后，基于工业发展和市场经济发展的需要，人们的社会关系和社会交往慢慢超越血缘、地缘的束缚而在更广的社会空间形成了与陌生人之间的普遍联系，而陌生人之间的联系必然要以契约、法律作为纽带来建立彼此的信任关系，人与人之间的特殊信任关系逐渐过渡至普遍信任关系。

从环境治理的情形来看，由于生态环境资源往往在空间上具有区域的相对集中性，因而很容易基于一定地域范围在环境治理的实践中结成更具

---

[1] 张康之：《行政伦理的观念与视野》，中国人民大学出版社2008年版，第206页。

熟人性质的人际关系，这种建立在熟人关系基础上的社会关系和人际交往，很容易在环境治理中形成特殊信任关系，致使人们基于情感而相互信任并基于情感而从事相应行为，往往置相关法律特别是国家制定的对其不利的环境法律规范于不顾，以致影响我国环境法治的有效运行。而普遍信任关系不以血缘、地缘和情感为基础，而以法律、契约等非情感性因素为基础，更有利于作为信任动力的法律和作为信任对象的法律在其中得到人们的信赖和有效的实施。因而，我国环境法治的信任建构应以普遍信任关系为目标。但基于特殊信任在区域化的生态环境资源管理的人际关系之中不可避免地还要存在，普遍信任关系必须要在这种人际关系中占据支配地位才能保障环境法治有效运行。

（三）环境法治的信任是一个弱信任关系支配强信任关系的系统

前文已述，格兰诺维特运用社会关系网络理论把网络关系分为强关系和弱关系。强弱关系的划分不强调个体在社会结构中所处的位置属性，而强调个体在其社会关系网络中所处的相对优势位置以及能获得的促使其流动的资源在哪里。[1] 强关系的主体更具同质性，往往在阶层、地位、身份和资源等方面具有近似性，很容易基于情感强度、互动频率、互惠交换频率和亲密程度较高而结成强信任关系，这种强信任关系是传统中国"面对面社会"里发生的人际信任，[2] 是维系组织和群体内部联系以及推动其内部高效运行的动力。但强信任关系的缺陷也非常明显，很容易在内部形成利益同盟而排斥该利益同盟之外的其他成员。而弱信任关系主要存在于不同阶层以及地位、身份和资源更具异质性的主体之间的弱关系之中。由于弱关系中主体的情感强度、互动频率、互惠交换频率和亲密程度较低，主体之间的信任难以直接形成，而需要借助一定的媒介作为获取信赖的信息桥。而法律、契约以及国家制定的各种规范性文件体现了国家意志并代表了国家的信用，就是弱信任关系中的最佳信息桥。弱信任关系基于法律、契约等信息桥的存在，更加有利于"匿名社会"中不同组织或群体特别是异质性陌生组织、群体和个体之间的合作，因而对社会的整体信任能够起到更好的推动作用。

从环境治理的情形来看，必然会出现同质性的一定区域、组织或群体

---

[1] 翟学伟：《社会流动与关系信任》，《社会学研究》2003 年第 1 期。
[2] 参见马新福、杨清望《法律信任初任》，《河北法学》2006 年第 24 期。

对生态环境的开发利用和保护，而同质性的一定区域、组织或群体之间形成的主要是强信任关系，很容易致使在一定环境区域、组织或群体内部因为共同的利益而产生直接的相互交往和信赖，也很容易致使一定环境区域、组织或群体内部基于共同的利益和对其他区域、组织或群体的不信任而合谋抵制日益严格的国家环境法律规范的实施。而弱信任关系有助于异质性的不同区域、组织或群体之间基于国家法律、制度和契约的媒介而建立相互信赖，并影响区域、组织或群体内部强信任关系的对外排斥和对内结盟。由于环境治理的地域性特点，强信任关系在环境治理中不可避免地要在一定范围内存在，环境法治的信任只有通过弱信任关系占据支配地位来实现提高环境法治的人际信任、社会信任和政治信任，才能矫正环境法治的失灵问题和提高环境法治的绩效。

二　环境法治信任建构的战略部署

不管社会结构如何变迁，不管与社会结构伴随的信任的历史形态如何演变，信任的基础都是基于心理学视角的人际信任、基于社会学视角的社会信任和基于政治学视角的政治信任。环境法治的信任作为在传统社会向现代社会过渡以及工业社会向后工业社会过渡期间出现的信任问题，虽然其建构目标定位是现代系统信任且其从整体上更多属于政治信任，但其信任的基础也是以心理学为主的人际信任、以社会学为主的社会信任和以政治学为主的政治信任。在确定环境法治信任建构的目标定位是一种抽象信任支配具体信任、普遍信任支配特殊信任、弱信任支配强信任的现代系统信任后，就要围绕个体、社会和政府三个层面制定环境法治信任建构的战略部署。

（一）个体层面：从理性"经济人"的计算走向文化价值的认同

信任涉及的基本关系是信任主体与信任对象之间的关系。根据主流信任理论，信任首先是一种心理现象，是基于人的心理活动和心理特质而产生的一种心理需求、预期和信赖，一般认为只有个体的人才能成为信任的主体；而组织本身并无心理现象因而不能成为信任的主体，只有组织中的决策者才有心理现象并经过一定组织内的程序后上升为该组织的信任。因此，作为个体的人在信任的建构中具有基础性的地位，环境法治的信任建构战略部署也应首先从个体层面进行思考。

正如前文所述，经济主义随着市场经济的发展日益盛行并在"经济帝国主义"思想的推动下,"经济人"的理性选择成为分析个体行为选择的重要理论工具。在理性选择理论的影响下,作为理性"经济人"的个体信任与否往往是基于理性计算利益得失的结果,信任成为一种计算的信任。具体到环境法治的信任中,个体对环境法治的观念、制度与运行信任与否,都要经过效益最大化的理性选择的计算,如个体公民或组织中的决策者经过计算后认为符合其利益则会选择信任,否则就会选择不信任。而国家对生态环境的管理必然会影响经济利益的获得,个体公民或企业组织中的决策者经过理性计算必然会选择对环境法治的背信,即使其经过计算得出因违反国家日益加大处罚力度的环境法律制度的代价更大时,也往往会因其对其他企业组织遵守环境法律制度的不信任而仍选择冒险逃避环境法律制度的约束。由此可见,个体层面基于理性"经济人"的计算来对环境法治的信任建构实非明智战略部署,因而需要寻求其他理论的支持来推动理性"经济人"的计算走向更加有利于环境法治信任的战略部署。

　　理性选择理论对信任的解释显然很容易受到质疑,因为在现实中存在很多非理性的信任现象。格兰诺维特则以"嵌入"的观点对非理性信任的普遍存在进行了解释,认为"个人的经济行动以及更大的经济模式……会受到社会关系网络的重大影响……网络表征了社会关系的互惠性,促成了行动者之间的信任"[1],而信任嵌入一定社会关系网络中,个体行动者看似非理性的信任行为,是受一定的社会关系网络的"情境限制"而做出的理性选择,如果"把嵌入的问题考虑进去,仍然可能是有意义的"[2]。福山则跳出理性选择理论,认为信任是由传统、习惯、习俗等文化现象决定的而不是理性选择的结果,信任"是在一个社团之中,成员对彼此常态、诚实、合作行为的期待,基础是社团成员共同拥有的规范……这里所指的规范可能是深层的'价值观'……它通常是经宗教、传统、历史习惯等文化机制所建立起来的"[3]。根据福山的观点,具体到我国的环境法治实践,不是个体的理性选择而更多是个体在一定文化影响下对环境法治文化及环境法治价值的认同,才能更好地形成环境法治的

---

[1] [美]马克·格兰诺维特:《镶嵌:社会网与经济行动》,罗家德译,社会科学文献出版社2007年版,第137页。

[2] 同上书,第31页。

[3] [美]弗兰西斯·福山:《信任——社会道德与繁荣的创造》,李宛蓉译,远方出版社1998年版,第35页。

信任。

综上所述，基于理性选择即把个体公民作为"经济人"来构建的环境法治信任，不利于且可能加剧我国环境法治的失灵问题；而基于个体公民的文化价值认同，即在全社会通过加强对个体公民的环境法治文化传统和现代环境法治文化的教育来建构环境法治的信任，才更加有利于消解我国环境法治的失灵问题。

（二）社会层面：从特殊信任走向普遍信任和制度信任

环境法治信任的基础还包括社会信任，因而其建构的战略部署，除了要以个体公民或组织中的决策者作为信任主体加强建设外，还要结合社会结构和社会关系的变迁推动社会信任的变迁。

从社会层面来看，社会发展经历了不同的阶段，即传统社会—工业社会—后工业社会的发展阶段。传统社会的交往方式简单、直接，社会交往的时间和空间决定了该种交往方式所产生的信任是一种特殊信任，即有特殊的交往对象和特殊的交往方式，社会交往的方式存在于以血缘、地缘等与情感紧密相关的因素构筑的交往对象之间，形成的是一种特殊信任关系。工业社会的来临特别是市场经济的兴起，突破了社会交往方式中的情感等先天因素的界限，交往的范围扩至更大的陌生人范围，基于特殊信任的亲人、熟人之间的交往不能满足市场经济和工业社会发展的需要，社会层面的信任开始进入普遍信任时代，即社会信任的对象由熟悉变为陌生、由情感变为理性，社会信任的基础也由自生自发的内在情感依托转变为一种外在的理性契约，建立在契约基础上的普遍信任彻底改造了等级性的社会交往结构，人与人之间的经济联系取代了身份关系而成为主导型的社会交往方式，普遍信任成为现代社会的综合性力量。[①] 随着后现代社会和风险社会的来临，特别是随着现代社会的全球化和信息化，社会的交往基于信息技术的发展进一步拓展时间和空间场域，特别是当代网络社会构建了一个新的交往场域，市场的失灵和异化不可避免地存在并对社会构成威胁，致使市场经济产生的普遍信任在拓展其信任边界的过程中，面临后现代社会或后工业社会的转型而不能得到真正贯彻，普遍信任要求的多元利

[①] 参见唐琪《一致与冲突：信任类型与市民社会结构研究》，博士学位论文，上海交通大学，2013年，第37页。

益协商合作反而成为不择手段的争夺。① 因而,后现代社会需要摆脱市场经济理性的缺陷,重建以价值理性为主导的社会秩序,使人与人的联系和社会交往真正回归到人的真实意涵,而社会规范、社会规则特别是法律规则可以作为一种制度的存在成为构建和谐社会关系与社会秩序的重要基础。由此可见,后现代社会或后工业社会的信任不是基于熟悉和经验的产物,也不是基于市场的自发逻辑,而是体现人与人真实社会联系并通过这种真实的社会交往互动来促成社会关系的制度化,后现代社会的信任是建立在制度基础上的信任关系。②

前文已述,环境问题、环境法治问题以及环境法治的信任问题,是我国社会从传统向现代和后现代社会过渡,从工业社会向后工业社会过渡等多种社会转型和社会结构变迁的复杂产物,既面临着传统社会向市场经济转型过程中熟人社会向陌生人社会的转型、身份关系向契约关系的转型,也面临着后现代社会的市场失灵、异化和经济理性的缺陷显露等问题,因而其信任建构应更具超前性,即应超越传统社会的特殊信任模式和现代社会的普遍信任模式,更多从后现代社会和后工业社会的社会交往需要角度,推动社会信任模式从特殊信任走向普遍信任和制度信任。

(三)政府层面:从习俗型信任走向契约型和合作型信任

人际信任、社会信任和政治信任之间存在紧密的逻辑关系,在不同的阶段它们既有共性又有差异性,考察基于心理学的个体之间的人际信任和基于社会学的社会整体的社会信任后,必然要深入政治学视野考察政治信任或政府信任的层面。③ 特别是环境法治信任的重点是对环境法治机关及其相关工作人员的信任,即是对政治组织和政治行动的信任,总体上更多属于政治信任或政府信任的范畴,因而除了加强个体公民或组织中的决策者之间的人际社会和社会信任建设外,还要从战略部署上加强对政府信任的建构。

正如上文所述,随着传统社会向工业社会、后工业社会的不断发展,社会层面的信任经历了人格信任、普遍信任和制度信任的发展历程。从政

---

① 参见唐琪《一致与冲突:信任类型与市民社会结构研究》,博士学位论文,上海交通大学,2013年,第58页。
② 同上书,第39页。
③ 参见程倩《论政府信任关系的历史类型》,光明日报出版社2009年版,第26页。

治或政府层面来看，社会转型催生了分别以"权威—依附—遵从""契约—管理—服从""信任—服务—合作"为特征的统治型、管理型和服务型的人类社会治理模式的更替，政府信任关系也在这种社会治理模式的更替中经历了习俗型信任、契约型信任和合作型信任等不同的发展类型。① 在传统农业社会之中，社会是分散的封闭的熟人社会，因熟悉而产生的社会信任主要体现在日常生活之中并建立在血缘和地缘的自然基础之上，从属于习俗规范和满足于习俗的需要。这种习俗型信任关系经由传统浸润的个体的人格系统和行为惯例的文化传递至国家的政治体制和政治机关之中，自然生成了习俗型政府信任关系。工业社会和市场经济以来，统治型社会治理模式逐渐向管理型社会治理模式转化，基于市场经济的契约精神在组织化的社会生活中逐渐占据主导地位的同时，也通过制度化后进入整个政治体系甚至是家庭、邻里、亲戚等熟人关系和私人领域之中，整个社会信任与政府信任逐渐相互贯通，政府信任也进入契约型模式。工业社会的管理型社会治理模式虽然强调通过契约的互惠建立社会秩序，但从政府管理的角度来看，其也强调一种强制性秩序的政府信任与社会信任还不可能是实质意义的融合，社会生活与社会体系总体还具有分裂性和片面性，要真正实现二者的共融境界，需要随着社会转型进入后工业社会或后现代社会，在建构服务型的社会治理模式中加强合作型政府信任关系的建设。②

在政府层面，环境法治的信任也要经历习俗型政府信任、契约型政府信任和合作型政府信任的发展过程。早期农业社会基于习俗规范的调整，人与生态环境总体处于和谐关系之中，政府在环境统治方面基本无须作为，公众不存在对政府环境统治职责的信任缺失问题；进入工业社会特别是市场经济以后，人与生态环境的矛盾日益突出，习俗规范虽然在一定范围内还广泛存在，但已难以独自承担调整人与生态环境关系的使命，政府基于契约精神的需要制定了大量有关环境管理的法律法规和相关制度文件

---

① 中国人民大学张康之教授从组织化与信任的关系角度，认为随着组织化程度的提高，信任经历了习俗型信任、契约型信任和合作型信任的不同信任形态。这种信任的划分基本可以对应西方学者对人格信任、普遍信任和制度信任的划分，但他更多是从政治或公共管理角度提出的信任类型划分，对于理解政治信任特别是政府信任具有重要借鉴意义。本书因此在政府层面的信任建构上参照该种划分进行战略部署。详见张康之《论组织化社会中的信任》，《河南社会科学》2008年第4期。

② 参见程倩《论政府信任关系的历史类型》，光明日报出版社2009年版，第26—28页。

并力图建构互惠的社会秩序，但往往因利益的冲突和管理的需要而不得不采取强制的方式来构建环境治理秩序，致使环境法治的信任危机爆发并加剧生态环境问题。因而，只有随着后工业社会或后现代社会的来临，在建构服务型社会治理模式下建设合作型政府信任关系才能更好地处理环境法治的信任问题。但我国社会处于复杂的社会转型时期，传统社会、现代社会和后现代社会的特征并存，统治型、管理型和服务型的社会治理模式的特征和方法皆显，环境法治的政府信任建构要在这种多元转型和复杂治理中，推动习俗型政府信任迅速走向契约型政府信任和合作型政府信任。

三 环境法治信任建构的基本策略

环境法治信任建构的目标定位和战略部署确定后，就要围绕环境法治失灵和环境法治的信任缺失，探寻环境法治信任建构的基本策略。波兰社会学家彼得·什托姆普卡认为信任的构成要素主要包括规制、效率、可靠性、代表性、公平性、责任性、善心德行等方面，[①] 表明信任建设的路径可以从价值观念、制度、过程环境、基础等方面进行。而本书中环境法治接受社会资本考察的视角主要是环境法治观念、环境法律制度以及环境立法、执法和司法等环境法治的运行环节，环境法治的信任基本类型是环境法治的观念信任、制度信任和运行信任，前文对环境法治失灵的信任缺失分析也是从环境法治的信任基本类型着手，与什托姆普卡分析的信任要素大体相同。因而，环境法治信任建构的基本策略，可以围绕建立现代系统信任的目标定位，立足个体、社会和政府层面的战略部署，从观念信任、制度信任和运行信任等方面着手。

（一）环境法治的观念信任建构

环境法治的观念信任作为主体对环境法律的伦理基础、价值取向和精神内涵的心理需求和预期，既源自心理学的人际信任，也与社会结构变迁中的社会信任和一定的政治信任紧密相关，因而其建构的基本策略也应全面考虑心理学、社会学和政治学等各个层面的因素。

我国环境法治观念的冲突主要体现为科学主义与人文主义、人类中心主义与非人类中心主义、经济主义与生态主义等价值观念的内在矛盾，这

[①] 参见［波兰］彼得·什托姆普卡《信任：一种社会学理论》，程胜利译，中华书局2005年版，第186—200页。

种冲突在心理学层面可归因于不同群体的认知差异及心理需求与预期差异。因而,环境法治的观念信任建构不应以主体的理性计算为基础,而要有一种更为普适的价值观念来统一不同群体的心理认知、心理需求和心理预期,这种价值观念应较好地平衡科学与人文、人类与自然、经济与生态等方面的矛盾关系,重点应落在不同群体对待人、自然及其相互关系的态度上,具体可以表述为"以人为本、以自然为根、以人与人和谐以及人与自然和谐为魂"[①]。"以人为本"中的"人"是生态人,不仅强调人的经济利益,也强调人的生态利益,还强调未来人的利益;"以自然为根"中的"自然"不仅需要科学技术的开发、利用和保护,也需要对自然给予人文的关怀。如此才能真正实现人与人的和谐以及人与自然的和谐,克服环境法治观念中的各种冲突,推动环境法治的观念信任建构和环境法治的绩效提高。

环境法治的观念信任还受到社会结构和社会信任变迁的影响。当前,我国社会信任正处于特殊信任向普遍信任和制度信任转型的过渡时期,国家应结合社会结构转型和社会信任变迁在全社会加强信任或信用文化建设。国务院于2014年6月发布的《社会信用体系建设规划纲要(2014—2020年)》提出,要普及诚信教育和加强诚信文化建设,把诚信教育贯穿于公民道德和精神文化建设全过程,并大力倡导诚信道德规范、诚信优良传统和现代市场经济的契约精神。笔者认为,具体到环境法治的观念信任建构,更应在全社会重塑法伦理文化,在社会结构转型和社会信任变迁进程中树立包括环境法律在内的各种法律的权威,形成法律至上的观念,培养公民的权利意识,特别是环境权利意识,并推动法律的道德性回归和与生态伦理的融合,[②]为普遍信任特别是制度信任在社会信任中占据主导和支配地位奠定基础。

环境法治的观念信任还是一种重要的意识形态,是一定时期政府的环境法治价值取向,是政治信任建设的重要内容。环境法治信任建构的战略

[①] 这一表述是蔡守秋教授和敖安强博士在论述生态文明对法治建设的改革性、渐进性影响时提出的法治建设指导思想,笔者认为其能较好地统一不同群体对待人、自然及其相互关系的态度并在此使其作为环境法治的观念信任的价值基石。参见蔡守秋、敖安强《生态文明建设对法治建设的影响》,《吉林大学社会科学学报》2011年第6期。

[②] 参见欧运祥《法律的信任:法理型权威的合法性基础》,博士学位论文,东南大学,2010年,第116—122页。

部署要求社会治理的模式由统治型转向管理型和服务型政府建设，政府信任也要从习俗型信任走向契约型和合作型信任。服务型政府信任建设和合作型政府信任建设，体现在环境法治的观念信任层面，就要求政府调整执政理念和环境治理理念，除了要贯彻"以人为本"的执政理念外，更要按照生态文明建设的要求树立"尊重自然、顺应自然、保护自然""发展和保护相统一""绿水青山就是金山银山""自然价值和自然资本""空间均衡""山水林田湖是一个生命共同体"等理念，[①] 率先贯彻符合环境法治要求的价值观念，以获取个体公民和社会对环境法治观念的认同和信赖。

总之，环境法治的观念信任建构，需要从个体层面确立"以人为本、以自然为根、以人与人和谐以及人与自然和谐为魂"的普世价值观，从社会层面加强信任文化特别是法伦理文化建设，从政府层面调整执政理念和环境治理理念，培养与生态文明建设相一致的环境法治观念，从而实现各类主体之间环境法治观念的协调统一，以形成各类主体对环境法治观念的尽可能统一和信任。

(二) 环境法治的制度信任建构

环境法治信任建构的目标定位是现代系统信任，而系统信任必然要求以法律制度为基础建立起抽象信任关系、普遍信任关系以及弱信任关系；环境法治信任建构的战略部署在社会层面和政府层面也强调以社会规范、法律规则作为一种制度存在以及作为社会信任和社会秩序的基础或作为中介建立互惠合作的政府信任。

由于环境法治的制度信任要求一定网络中的个体公民或组织中的决策者对国家制定的环境法律制度的认同和信赖，因而首先要确保制度构建的合理性和科学性。前文已述，我国已构建了一套比较完善的环境法律制度体系，但却认同度不高、权威性不足，存在当前中国不少制度建设中的四大共性问题，即制度虚置、制度异化、制度陷阱、制度架空。[②] 究其原因，除了与国家的制度执行体系有关外，与环境法律制度本身的设计是否

[①] 参见《中共中央 国务院印发〈生态文明体制改革总体方案〉》，《中国环境报》2015年9月22日第1版。

[②] 参见蒋熙辉《当前制度建设中亟需解决的四个问题》，《学习时报》2011年11月23日A8版。

科学合理也紧密相关。要建设科学合理的环境法律制度，重点应抓住制度设计的"五个维度"即理性维度、标准维度、约束维度、时空维度、情感维度。① 具体到环境法律制度的设计之中，理性维度要求环境法律规范的出台要紧密结合现实的需要，要以相关自然科学特别是生态环境科学的相关数据为基础，要有相关的上位法律为依据；标准维度要求环境法律制度的设计要注重操作性，具体的规范措施要量化，不能脱离实际和模糊不清；约束维度要求环境法律制度的法律责任要明确，责任主体要清晰，避免责任主体虚化和责任追究不能；时空维度则对环境法律制度出台的时间、地点、背景和环境等要求明确具体；而情感维度是对环境法律制度的人性要求，要尊重前文所述的生态人文精神。

从政治学角度来看，环境法治的制度信任缺失与政治信任或政府信任不足紧密相关。改革开放前，我国的政治信任主要依靠意识形态的宣传和教化来获得。但我国社会结构的转型在很大程度使得意识形态逐渐"碎片化"，思想文化和价值观念的多元、多样和多变，也使改革开放后依靠经济绩效获取的政治信任不能持续，继续依靠意识形态"说教"和"道德独白"构建起的政治信任可能非常脆弱，② 整个社会的政治信任流失较大，政治不信任甚至成为一种常态。但现代政治区别于传统政治的最大特征不是信任的高低，而是制度化不信任的水平的高低。制度化不信任体系建设的根本在于构造一套适合国情的制度体系，健全民众表达不信任的制度化通道，即通过规范公共权力，增强政治行为的可信性，为民众施予政治信任提供激发机制，为政府维系信任形成压力机制。③ 环境法治的制度信任更多是一种政治信任，因而其信任的缺失或不信任的常态也是传统政治向现代政治转型过程中必然要遇到的问题，该问题的解决也要通过制度化不信任，即建立健全民众释放对环境法治的制度不满和不信任的制度通道，以便为环境法治的制度完善、认同度和权威性的提高创新路径。

---

① 理性维度是指制度的出台是否有现实性、科学依据以及与相关制度是否在内容或精神上相符；标准维度是指制度的标准要符合实际，尽可能量化；约束维度是指制度的约束对象必须明确；时空维度是指制度的时间、地点、背景和环境等要明确；情感维度是指制度建设要遵循"人本精神"，体现制度对人的情感、公平关怀。参见陈满雄《提高制度执行力》，《中国行政管理》2007年第11期。

② 参见上官酒瑞《制度是信任的基石》，《人民日报》2011年11月9日第7版。

③ 同上。

除此之外，环境法治的制度信任建构还包括推进政务诚信的其他各种途径，如坚持依法行政、发挥政府诚信建设的示范作用、加强政府守信践诺机制建设、加强公务员的诚信管理和教育等。① 但笔者认为，环境法治的制度信任建构最重要的是制度的科学合理以及制度化不信任。

（三）环境法治的运行信任建构

环境法治的观念信任、制度信任最终都会体现在环境法治的运行之中并形成环境法治的运行信任即环境立法信任、环境执法信任和环境司法信任，因而从心理学、社会学和政治学层面对环境法治的观念信任建构以及从制度的合理性、科学性和制度化不信任等方面推进的环境法治的制度信任建构，都对环境法治的运行信任建构具有重要意义。但环境法治的运行与环境法治的观念和制度毕竟不同，环境法治的运行主要体现在环境立法、执法和司法等环境法治的具体运行环节之中，因而其信任建构还要从环境立法信任、环境执法信任和环境司法信任等方面重点着手。

环境立法信任、执法信任和司法信任虽然与心理学上的人际关系和社会学上的社会结构有着一定关联，不同的个体公民或组织中的决策者在环境立法网络中的地位不同，可以获取的资源不同，对环境立法、执法和司法的影响也不同。但环境立法、执法和司法主要是以环境立法机关、执法机关和司法机关为主体的法治运行过程，一般的个体公民和组织中的决策者只能是其中的参与者；而社会结构对环境立法、执法和司法的影响是随着社会信任的变迁而自生自发的。因此，环境法治的运行信任总体上属于政治信任的范畴，更多需要从政治信任或政府信任的视角加强建设。

"人们对政府的信任很大程度上取决于政治制度的安排和国家的法治化程度。"② 环境立法作为国家政治制度安排和国家法治化程度的重要标志，是政治信任建设的重要内容。但如前文所述，我国环境立法中存在的问题主要是体制机制不顺，因而环境立法信任建设的重点要理顺立法体制机制，增进立法机关内部以及民众对立法机关的信任。"要进一步完善政策设计方法，使政策制定既能贯彻总体部署要求，又能充分考虑地方实

---

① 上述观点参见国务院于 2014 年 6 月发布的《社会信用体系建设规划纲要（2014—2020年）》，详细内容见该规划纲要第二部分推进重点领域诚信建设之加快推进政务诚信建设。

② 张维迎：《信息、信任与法律》，生活·读书·新知三联书店 2003 年版，第 14 页。

际，通过建立政策互信，营造信任文化。"① 当前特别要理顺中央与地方不同层级以及同一层级不同环境立法机关或环境规章政策制定机关的立法事权和职责，改变行政主导环境立法的现状，建立人大主导环境立法和公众参与环境立法的体制机制。

环境执法信任主要关涉民众对环境执法机关及其工作人员和执法行为的认同与信赖。我国环境执法也主要存在体制机制不顺、执法不严、相互衔接不够和公众参与不足等问题，因而环境执法信任的重点除了明确中央与地方不同层级以及同一层级不同环境执法机关的职责，加强"上下协调和沟通，增进理解，形成合力，通过建立协作互信，营造信任文化"②外，还要加强政务诚信建设和社会诚信建设，特别是要加强环境和能源节约领域的信用建设，完善环境信息公开制度，建立企业环境行为信用评价制度、重点用能单位信用评价制度，强化对环评机构、能源审计节能评估机构及其从业人员的信用评价和监督等。③

司法公信是社会信用体系建设的重要内容，是社会公平正义的底线。④ 环境司法信任作为环境法治运行信任的重要组成，在整个社会信任建设中具有重要地位。我国环境法治的司法问题也主要体现在体制机制不顺、衔接不畅、司法不公和公众参与不足等方面，关涉民众对法院、检察院、公共安全领域、司法行政系统以及司法从业人员的信赖及其相互之间的信赖等问题，因而环境法治的司法信任要在法院公信建设、检察公信建设、公共安全领域公信建设、司法行政系统公信建设、司法从业人员信用建设以及司法公信制度建设等方面着手。⑤

总之，环境法治的信任建构在明确目标定位和战略部署后，要结合社会资本特别是信任考察环境法治的视角着手，从环境法治的观念信任、制度信任和运行信任等方面制定基本策略。环境法治的观念信任、制度信任

---

① 本报评论员：《建立信任文化，形成工作合力——四论着力处理好环保工作中的四个关系》，《中国环境报》2015年9月2日第1版。
② 同上。
③ 上述观点参见国务院于2014年6月发布的《社会信用体系建设规划纲要（2014—2020年）》，详细内容见该规划纲要第二部分推进重点领域诚信建设之全面推进社会诚信建设中的环境保护和能源节约领域信用建设。
④ 参见同上，详细内容见该规划纲要第二部分推进重点领域诚信建设之大力推进司法公信建设。
⑤ 同上。

和运行信任是紧密相关、相辅相成的。环境法治的观念信任建构是前提，没有环境法治的观念信任，环境法治的制度信任和运行信任也难以形成；环境法治的制度信任建构是基础，是环境法治观念信任的制度固化结果和环境法治运行信任的基本保障；环境法治的运行信任是结果，是环境法治的观念信任和制度信任在环境法治主要运行环节即环境立法、执法和司法中的具体表现。环境法治的信任建构，不能忽视其中的任何一种基本类型，而要紧紧围绕目标定位和战略部署，从观念信任、制度信任和运行信任等角度全面推进。

结　语

基于我国环境法治体系不断完善与生态环境不断恶化的鲜明反差而呈现的环境法治失灵，本书引入社会资本理论并从社会资本的三个视角即网络、规范、信任对环境法治的观念、制度和运行等方面进行考察，探寻了解释环境法治失灵的新视角，即环境法治的失灵与环境法治的网络、规范和信任缺失紧密相关；初步提出了矫正环境法治失灵的新路径，即优化环境法治的网络、整合环境法治的规范和建构环境法治的信任。由此可以得出一个重要结论：环境法治的问题可以从社会资本这一全新的理论视角进行解析和矫正，环境法治失灵的重要原因之一可归结于社会资本的缺失，矫正环境法治失灵和提高环境法治绩效的重要路径之一可体现于相关社会资本的优化、整合和建构。简言之，环境法治需要社会资本的支撑和保障，环境法治绩效的提高需要社会资本的积累和投入。

一　环境法治失灵：中国环境法治建设与生态环境恶化形成鲜明反差

我国环境法治历经近年来的迅速发展取得了较大成绩，环境法律法规体系日趋完善，环境执法力度日臻加大，环境司法作用日益彰显，并已初步形成了由环境法律规范体系、环境法治实施体系、环境法治监督体系和环境法治保障体系构成的与生态文明建设基本相适应的环境法治体系。但从我国的生态环境保护形势来看，我国的环境承载能力已达到或逼近上限，生态环境资源瓶颈日趋明显，整个生态环境恶化的趋势仍未得到有效控制，生态环境面临的危机仍然十分突出。这与我国近年来的环境法治迅速发展形成了鲜明的反差，表明我国环境法治建设绩效不高，环境法治在生态环境保护中的作用不够明显，环境法治存在部分失灵甚至大部分失灵的问题，需要引起学术界特别是法学界的关注和研究，努力探寻我国环境法治失灵的自身原因与外部原因，并寻求解释与矫正我国环境法治失灵的新视角、新方法和新路径，而当前社会科学领域前沿热点理论之一的社会资本理论正可以作为这一新视角、新方法和新路径的理论工具。

二　社会资本缺失：中国环境法治失灵原因的新诠释

从其自身来看，我国环境法治失灵的原因主要体现为环境法治观念的冲突、环境法律制度的认同度和权威性不足、环境法治运行的不畅等方面。我国不少学者也从法学内部特别是从规范法学的视角对这些问题和原因进行了探析，主要从环境法治的理念和制度、环境立法与环境法律体系、环境法治的现状与问题等方面进行了梳理和研究。但由于规范法学研究环境法治问题的自身局限性，我国现有环境法治研究对解释与矫正环境法治的失灵显然存在较多不足，特别是未能有效解释我国环境法治绩效不高的原因，因而有必要引入社会资本这一全新且具说服力的理论来解析我国环境法治失灵的原因。

社会资本理论的产生发展特别是向包括法学在内的相关学科和研究领域的扩张，表明其已成为分析社会现象的重要理论工具，可以选择适当的视角来考察环境法治的失灵问题。社会资本的核心构成主要有网络、规范和信任，因而网络、规范和信任是考察环境法治的主要视角。

网络作为社会资本的客观构成与环境法治结合后，形成的环境立法网络、执法网络、司法网络和监督网络是解释我国环境法治失灵的基本视角。从环境立法网络来看，纵向网络的突出而横向网络特别是公民参与网络的不足、权威关系异化即权力机关和行政机关在网络中的错位、强关系突出而弱关系不足对环境立法理性商谈的影响等问题的存在，是环境法治失灵的重要原因；从环境执法网络和司法网络来看，其网络的封闭性不足和"结构洞"过多难以保障严格执法和公正司法，权威关系不足和权威关系过度并存影响了环境执法与司法的公信力，纵横向网络与强弱关系的结构不尽合理影响了环境执法与司法的效果；从环境法治的监督网络来看，纵向网络中的强关系突出容易排斥圈外人而失去监督作用，横向网络中的弱关系不足容易导致监督作用不能有效发挥，"结构洞"的普遍存在致使信息难以在网络内传递而减弱监督作用。

规范作为社会资本的主观构成与环境法治结合后，其存在形态可以分为环境文化规范、环境习俗规范和环境软法规范。我国环境法治失灵表现出来的环境法治观念冲突、环境法律制度权威不足和环境法治运行不畅，都可以从环境法治规范的视角解析。环境法治观念的冲突,主要源于环境文化规范内部科学主义与人文主义、人类中心主义与非人类中心主义、经济主义与生态主义的冲突;环境法律制度权威的不足,可归因于环境法律制度与环境文化规范、环境习俗规范和环境软法规范的冲突;而环境法治运行的不畅,也可以在环境文化规范、环境习俗规范和环境软法规范中寻找原因。

信任作为社会资本的另一主观构成与环境法治结合后形成的环境法治的观念信任、制度信任和运行信任的缺失,可以作为解释我国环境法治失灵的重要原因。从观念信任缺失来看,正是人类不同群体的认知差异以及心理需求和预期差异,导致科学主义与人文主义、人类中心主义与非人类中心主义、经济主义与生态主义等相互冲突的环境法治观念产生;信任结构变迁与我国社会现代转型的脱节,导致不同群体的普遍信任和系统信任不能及时建立,致使其相互缺乏信任而导致对待生态环境态度的分野与冲突,进一步加剧了前述环境法治观念的反向与冲突;在政治信任流失突出的当下,环境法治观念作为一种意识形态没有政治信任的支撑,更容易致使已然矛盾冲突的环境法治观念被民间环境文化规范恣意冲击和干扰。从制度信任缺失来看,环境法律制度由于对个体公民和组织中的决策者的心理需求满足不够,往往难以得到公众认同并影响权威;社会转型中以血缘、地缘和情感为基础的人格信任仍占主导地位,致使人们更多寻求环境习俗规范和环境软法规范甚至是寻求"土政策"来调整生态环境关系,进一步加剧了公众对环境法律制度认同的缺失;政治信任流失引发的公众无规范感,也会导致公众认为环境法律制度已遭破坏从而更加藐视并破坏环境法律制度的权威。从运行信任缺失来看,当环境立法、执法和司法的现实与公众及相关立法、执法和司法人员对其的心理需求与预期相差较大而产生不信任时,就会影响环境法治运行的体制机制和公众参与;信任变迁与社会结构转型的不同步,也会致使环境法治运行缺乏普遍信任的支撑而致运行不畅;政治信任的不均衡和级差信任在不同层级政权以及同一层级政权环境法治机关之间及其内部的存在,也导致环境法治运行体制机制的不畅和公众参与的不足,致使环境法治的运行效果不佳。

三 社会资本积累:中国环境法治失灵矫正的新路径

环境法治失灵的重要原因可以归结为环境法治网络、规范和信任等社会资本的缺失，因而，矫正环境法治的失灵，也应通过优化环境法治的网络、整合环境法治的规范以及建构环境法治的信任等方面着手增加社会资本的积累。

首先，要通过优化环境法治网络来增加社会资本积累。在我国社会网络更多属于国家法团主义的模式下，要发挥国家、社会和公民的协同作用，支持环保NGO等社会组织的发展，发挥其在环境法治中的独特作用，并培养公民保护环境的公共精神，大力推动国家法团主义走向社会法团主义；同时，要围绕环境法治网络中的纵横向网络、权威关系、强弱关系、网络的封闭性和"结构洞"等方面存在的问题，从环境立法网络、环境执法网络、环境司法网络和环境法治监督网络等方面着手，通过优化不同环境法治网络的成员，改善环境法治网络的结构，健全环境法治网络的运行机制来增加社会资本的积累，以提供环境法治的有力支撑，实现环境法治绩效的显著提高以及生态环境问题的破解。

其次，要通过整合环境法治规范来增加社会资本积累。要明确一元多样的环境法治规范模式的选择，在生态文明建设中融合与创新环境文化规范，对环境习俗规范进行现代价值梳理与选择，对环境软法规范进行规范化和系统化，并通过生态人文精神的塑造推动环境法治观念的规范整合，通过"自上而下"和"自下而上"相结合的方式推动环境法律制度的规范整合，通过生态实践理性的一以贯之推动环境法治运行的规范整合，不断提供环境法治的观念、制度和运行的有力规范支撑，从而实现环境法治绩效的显著提高。

最后，要通过建构环境法治信任来增加社会资本积累。在明确环境法治信任建构的目标是以法律信任为基本理论框架的现代系统信任后，要从个体层面推动理性"经济人"走向文化价值的认同，从社会层面推动特殊信任走向普遍信任和制度信任，从政府层面推动习俗型信任走向契约型信任和合作型信任，并通过建构环境法治的观念信任、制度信任和运行信任，来提升信任对环境法治的支撑作用，以取得环境法治建设与生态环境保护"双赢"的效果。

总之，社会资本核心构成的网络、规范和信任，都可以作为基本视角分别对环境法治作出考察，解析环境法治失灵的原因并提出矫正环境法治失灵的相应社会资本建设对策。社会资本核心构成的网络、规范和信任三者密切相关、相辅相成、有机结合。网络是规范和信任的平台载体，一定的规范和信任都源自一定网络而形成并通过网络予以传递；规范也是网络和信任的重要保障，一定网络内部的秩序建立和有效运行以及一定信任的建立和传递都有赖于规范的推动和保障；信任是网络和规范的有效"润滑剂"，一定网络的高效运行和规范的有效实施都有赖于信任的积极助推。因此，我国环境法治的社会资本理论考察，不能仅仅关注社会资本中的某种核心构成，而要将前述的社会资本核心构成的网络、规范和信任有机结合，从其整体构成社会资本的视角对环境法治的失灵问题查找原因，并从整体社会资本投入环境法治的视角来矫正环境法治的失灵。唯此，才能更好地发挥社会资本的黏合剂作用，推动物质资本与人力资本在我国环境法治建设中发挥更大的作用，并通过环境法治的良性运行来提升环境法治的绩效，破解生态环境面临的各种问题，助推生态文明建设取得更加突出的成绩！

参考文献

一 中文著作

1. 蔡守秋：《基于生态文明的法理学》，中国法制出版社2014年版。
2. 蔡守秋：《环境资源法教程》，高等教育出版社2014年版。
3. 蔡守秋：《环境政策学》，科学出版社2009年版。
4. 蔡守秋：《人与自然关系中的伦理与法》，湖南大学出版社2009年版。
5. 王树义等：《环境法前沿问题研究》，元照出版有限公司2012年版。
6. 汪劲：《环境法治的中国路径：反思与探索》，中国环境科学出版社2011年版。
7. 汪劲：《环保法治三十年，我们成功了吗？——中国环保法治蓝皮书（1979—2010）》，北京大学出版社2011年版。
8. 汪劲：《日本环境法概论》，武汉大学出版社1994年版。
9. 金瑞林、汪劲：《中国环境与自然资源立法若干问题研究》，北京大学出版社1999年版。
10. 张梓太：《环境法法典化研究》，北京大学出版社2008年版。
11. 陈泉生等：《环境法哲学》，中国法制出版社2012年版。
12. 孙笑侠：《法理学》，清华大学出版社2008年版。
13. 周珂：《生态环境法论》，法律出版社2001年版。
14. 张祥伟：《中国环境法研究整合路径之探析》，中国政法大学出版社2014年版。
15. 曹荣湘：《走出囚徒困境——社会资本与制度分析》，上海三联书店2000年版。
16. 李惠斌、杨雪冬：《社会资本与社会发展》，社会科学文献出版社2000年版。
17. 卜长莉：《社会资本与社会和谐》，社会科学文献出版社2008年版。

18. 燕继荣：《投资社会资本——政治发展的一种新维度》，北京大学出版社 2006 年版。
19. 梁莹：《社会资本与公民文化的成长——公民文化成长与培育中的社会资本因素探析》，中国社会科学出版社 2011 年版。
20. 林聚任等：《社会信任和社会资本重建——当前乡村社会关系研究》，山东人民出版社 2007 年版。
21. 郑也夫：《信任论》，中国广播电视出版社 2001 年版。
22. 郭毅、罗家德：《社会资本与管理学》，华东理工大学出版社 2007 年版。
23. 邓正来：《哈耶克法律哲学的研究》，法律出版社 2002 年版。
24. 张维迎：《信息、信任与法律》，生活·读书·新知三联书店 2004 年版。
25. 上官酒瑞：《现代社会的政治信任逻辑》，上海世纪出版集团 2012 年版。
26. 汪太贤、艾明：《法治的理念与方略》，中国检察出版社 2001 年版。
27. 张恒山：《共和国六十年法学论争实录·法理学》，厦门大学出版社 2009 年版。
28. 李龙：《依法治国方略实施问题研究》，武汉大学出版社 2002 年版。
29. 李龙：《人本法律观研究》，中国社会科学出版社 2006 年版。
30. 刘军：《社会网络分析导论》，社会科学文献出版社 2004 年版。
31. 方然：《"社会资本"的中国本土化定量测量研究》，社会科学文献出版社 2014 年版。
32. 费孝通：《乡土中国——生育制度》，北京大学出版社 1998 年版。
33. 颜士鹏：《中国当代社会转型与环境法的发展》，科学出版社 2008 年版。
34. 赵晓丽：《产业结构调整与节能减排》，知识产权出版社 2011 年版。
35. 李国强：《现代公共行政中的公民参与》，经济管理出版社 2004 年版。
36. 俞可平：《增量民主与善治》，社会科学文献出版社 2005 年版。
37. 吕忠梅：《超越与保守——可持续发展视野下的环境法创新》，法律出版社 2003 年版。
38. 崔卓兰：《地方立法实证研究》，知识产权出版社 2007 年版。
39. 柯坚：《环境法的生态实践理性原理》，中国社会科学出版社 2012

年版。
40. 肖建华：《生态环境政策工具的治道变革》，知识产权出版社 2010 年版。
41. 韦森：《文化与秩序》，上海人民出版社 2003 年版。
42. 韦森：《经济学与哲学》，上海人民出版社 2005 年版。
43. 章海荣：《生态伦理与生态美学》，复旦大学出版社 2005 年版。
44. 梁治平：《清代习惯法：社会与国家》，中国政法大学出版社 1996 年版。
45. 罗豪才等：《软法与公共治理》，北京大学出版社 2006 年版。
46. 王人博、程燎原：《法治论》，山东人民出版社 2002 年版。
47. 叶俊荣：《环境政策与法律》，月旦出版公司 1993 年版。
48. 李瑜青：《人文精神与法治文明的关系研究》，法律出版社 2007 年版。
49. 王继恒：《环境法的人文精神论纲》，中国社会科学出版社 2014 年版。
50. 陶蕾：《论生态制度文明建设的路径——以近 40 年中国环境法治发展的回顾与反思为基点》，南京大学出版社 2014 年版。
51. 何爱国：《当代中国生态文明之路》，科学出版社 2012 年版。
52. 徐亚文：《西方法理学新论——解释的视角》，武汉大学出版社 2010 年版。
53. 尹绍亭：《云南山地民族文化生态的变迁》，云南出版集团公司、云南教育出版社 2009 年版。
54. 吕志祥等：《藏区生态法研究——从藏族传统生态文明的视角》，中央民族大学出版社 2013 年版。
55. 程燎原：《从法制到法治》，法律出版社 1999 年版。
56. 汪太贤、艾明：《法治的理念与方略》，中国检察出版社 2001 年版。
57. 夏勇：《法理讲义——关于法律的道理与学问》，北京大学出版社 2010 年版。
58. 张文显：《二十世纪西方法哲学思潮研究》，法律出版社 1998 年版。
59. 尹伊君：《社会变迁的法律解释》，商务印书馆 2004 年版。
60. 张康之：《行政伦理的观念与视野》，中国人民大学出版社 2008 年版。
61. 梁剑琴：《环境正义的法律表达》，科学出版社 2011 年版。
62. 袁方：《社会研究方法教程》，北京大学出版社 2004 年版。
63. 曹孟勤：《人性与自然——生态伦理哲学基础反思》，南京师范大学出版社 2004 年版。

64. 袁翔珠：《石缝中的生态文明——中国西南亚热带岩溶地区少数民族生态保护习惯研究》，中国法制出版社 2010 年版。
65. 苏力：《道路通向城市——转型中国的法治》，法律出版社 2004 年版。
66. 苏力：《法治及其本土资源》（修订版），中国政法大学出版社 2004 年版。
67. 翟学伟、薛天山：《社会信任：理论及其应用》，中国人民大学出版社 2014 年版。
68. 丁香桃：《变化社会中的信任与秩序——以马克思人类学理论为视角》，浙江大学出版社 2013 年版。
69. 马俊峰等：《当代中国社会信任问题研究》，北京师范大学出版社 2012 年版。
70. 上官酒瑞：《现代社会的政治信任逻辑》，上海世纪出版集团 2012 年版。
71. 罗豪才、宋功德：《软法亦法：公共治理呼唤软法之治》，法律出版社 2009 年版。
72. 陈志武：《为什么中国人勤劳而不富有》，中信出版社 2008 年版。
73. 杨鸿烈：《中国法律思想史》，中国政法大学出版社 2004 年版。
74. 高家伟：《欧洲环境法》，工商出版社 2000 年版。
75. 程倩：《论政府信任关系的历史类型》，光明日报出版社 2009 年版。
76. 冉冉：《中国地方环境政治：政策与执行之间的距离》，中央编译出版社 2015 年版。
77. 本书编写组：《〈中共中央关于全面推进依法治国若干重大问题的决定〉辅导读本》，人民出版社 2014 年版。
78. 中共中央文献研究室：《习近平关于全面依法治国论述摘编》，中央文献出版社 2015 年版。

二 中译本著作

1. ［美］哈罗德·J.伯尔曼：《法律与宗教》，梁治平译，中国政法大学出版社 2003 年版。
2. ［美］W.舒尔茨：《论人力资本投资》，吴珠华等译，北京经济学院出版社 1990 年版。

3. ［美］丹尼尔·贝尔：《资本主义文化矛盾》，赵一凡译，生活·读书·新知三联书店1989年版。
4. ［美］丹尼尔·贝尔：《后工业社会的来临》，高铦、王宏周、魏章玲译，新华出版社1997年版。
5. ［美］詹姆斯·科尔曼：《社会理论的基础》，邓方译，社会科学文献出版社1999年版。
6. ［法］皮埃尔·布尔迪厄：《文化资本与社会炼金术——布尔迪厄访谈录》，包亚明译，上海人民出版社1997年版。
7. ［美］弗兰西斯·福山：《信任——社会道德与繁荣的创造》，李宛蓉译，远方出版社1998年版。
8. ［美］罗伯特·普特南：《使民主运转起来：现代意大利的公民传统》，王列、赖海榕译，江西人民出版社2001年版。
9. ［美］帕萨·达斯古普特、伊斯梅尔·撒拉格尔丁：《社会资本：一个多角度的观点》，张慧东等译，中国人民大学出版社2005年版。
10. ［美］丹尼斯·缪勒：《公共选择理论》，杨春学译，中国社会科学出版社1999年版。
11. ［美］林南：《社会资本——关于社会结构与行动的理论》，张磊译，上海人民出版社2005年版。
12. ［美］罗伯特·C.埃里克森：《无需法律的秩序——邻人如何解决纠纷》，苏力译，中国政法大学出版社2003年版。
13. ［美］戴维·波普诺：《社会学》，李强译，中国人民大学出版社2000年版。
14. ［美］安德鲁·肖特：《社会制度的经济理论》，陆铭、陈钊译，上海财经大学出版社2005年版。
15. ［美］道格拉斯·C.诺思：《制度、制度变迁与经济绩效》，杭行译，格致出版社、上海三联书店、上海人民出版社2008年版。
16. ［美］埃里克·A.波斯纳：《法律与社会规范》，沈明译，中国政法大学出版社2003年版。
17. ［古希腊］亚里士多德：《政治学》，吴寿彭译，商务印书馆1965年版。
18. ［德］哈贝马斯：《在事实与规范之间——关于法律和民主法治国的商谈理论》，童世骏译，生活·读书·新知三联书店2014年版。

19. ［日］青木昌彦：《比较制度分析》，周黎安译，上海远东出版社2001年版。
20. ［英］马歇尔：《经济学原理》，陈良壁译，商务印书馆1981年版。
21. ［法］阿尔贝特·史怀泽：《敬畏生命》，陈泽环译，上海科学出版社1992年版。
22. ［美］康芒斯：《制度经济学》，于树生译，商务印书馆1963年版。
23. ［美］凡勃伦：《有闲阶级论》，蔡受百译，商务印书馆1964年版。
24. ［美］埃尔曼：《比较法律文化》，贺卫方、高鸿钧译，清华大学出版社2002年版。
25. ［美］马克·斯劳卡：《大冲突——赛博空间和高科技对现实的威胁》，黄镕坚译，江西教育出版社1999年版。
26. ［英］汤因比、［日］池田大作：《展望二十一世纪》，荀春生等译，国际文化出版公司1984年版。
27. ［德］马克斯·韦伯：《经济与社会》，林荣远译，商务印书馆1997年版。
28. ［德］鲁道夫·冯·耶林：《为权利而斗争》，胡宝海译，中国法制出版社2004年版。
29. ［美］R. M. 昂格尔：《现代社会中的法律》，吴玉章、周汉华译，译林出版社2001年版。
30. ［英］奥斯丁：《法理学的范围》，刘星译，中国法制出版社2002年版。
31. ［英］哈特：《法律的概念》，张文显等译，中国大百科全书出版社1996年版。
32. ［英］韦恩·莫里森：《法理学——从古希腊到后现代》，李桂林等译，武汉大学出版社2003年版。
33. ［德］卡尔·拉伦茨：《法学方法论》，陈爱娥译，商务印书馆2003年版。
34. ［美］马克·格兰诺维特：《镶嵌：社会网与经济行动》，罗家德译，社会科学文献出版社2007年版。
35. ［德］尼克拉斯·卢曼：《信任：一个社会复杂性的简化机制》，瞿铁鹏、李强译，上海人民出版社2005年版。
36. ［英］安东尼·吉登斯：《现代性的后果》，田禾译，译林出版社2000

年版。

37. ［美］M. 克雷默、R. 泰勒编：《组织中的信任》，管兵等译，中国城市出版社 2003 年版。

38. ［德］柯武刚、史漫飞：《制度经济学：社会秩序与公共政策》，韩朝华译，商务印书馆 2000 年版。

39. ［美］阿尔蒙德·维巴：《公民文化——五国的政治态度和民主》，马殿君等译，浙江人民出版社 1989 年版。

40. ［英］弗里德利希·冯·哈耶克：《法律、立法与自由》，邓正来译，中国大百科全书出版社 2000 年版。

41. ［美］马克·沃伦：《民主与信任》，吴辉译，华夏出版社 2004 年版。

42. ［美］西里尔·E. 布莱克：《比较现代化》，杨豫、陈祖洲译，上海译文出版社 1996 年版。

43. ［澳］菲利普·佩迪特：《共和主义：一种关于自由与政府的理论》，刘训练译，江苏人民出版社 2006 年版。

44. ［波兰］彼得·什托姆普卡：《信任：一种社会学理论》，程胜利译，中华书局 2005 年版。

三　中文论文

1. 蔡守秋、敖安强：《生态文明建设对法治建设的影响》，《吉林大学社会科学学报》2011 年第 6 期。

2. 蔡守秋：《我国环境法治建设的指导思想》，《宁波大学学报》（人文科学版）2009 年第 2 期。

3. 蔡守秋：《确认环境权，夯实环境法治基础》，《环境保护》2013 年第 16 期。

4. 蔡守秋：《厦门 PX 事件——环境民主和公众参与的力量》，载李恒远等主编《中国环境法治》（2008 年卷），法律出版社 2009 年版。

5. 王树义、周迪：《生态文明建设与环境法治》，《中国高校社会科学》2014 年第 2 期。

6. 王树义：《论生态文明建设与环境司法改革》，《中国法学》2014 年第 3 期。

7. 孙佑海：《如何使环境法治真正管用？——环境法治 40 年回顾和建议》，《环境保护》2013 年第 14 期。

8. 孙佑海：《"十一五"环境法治回顾与"十二五"展望》，《环境保护》2011年第23期。
9. 孙佑海：《生态文明建设需要法治的推进》，《中国地质大学学报》（社会科学版）2013年第1期。
10. 吕忠梅：《中国生态法治建设的路线图》，《中国社会科学》2013年第5期。
11. 吕忠梅等：《中国环境司法现状调查——以千份环境裁判文书为样本》，《法学》2011年第4期。
12. 吕忠梅：《论生态文明建设的综合决策法律机制》，《中国法学》2014年第3期。
13. 吕忠梅：《生态文明建设的法治思考》，《法学杂志》2014年第5期。
14. 吕忠梅：《监管环境监管者：立法缺失及制度构建》，《法商研究》2009年第5期。
15. 汪劲：《环保法治30年：中国的成就与问题》，《环境保护》2008年第11期。
16. 汪劲、王明远：《中国的环境法治——任重而道远》，载高鸿钧主编《清华法治论衡》2005年第6辑，清华大学出版社2005年版。
17. 汪劲：《中国环境法治三十年——回顾与反思》，《中国地质大学学报》（社会科学版）2009年第5期。
18. 汪劲：《中国环境法治失灵的因素分析——析执政因素对我国环境法治的影响》，《上海交通大学学报》（哲学社会科学版）2012年第1期。
19. 王灿发：《环境法的辉煌、挑战及前瞻》，《政法论坛》2010年第3期。
20. 王灿发：《论生态文明建设法律保障体系的构建》，《中国法学》2014年第3期。
21. 王灿发：《我国环境立法的困境与出路——以松花江污染事件为视角》，《中州学刊》2007年第1期。
22. 周珂、梁文婷：《中国环境法制建设30年》，《环境保护》2008年第11期。
23. 周珂：《生态文明建设与环境法制理念更新》，《环境与可持续发展》2014年第2期。

24. 张梓太、郭少青：《结构性陷阱：中国环境法不能承受之重》，《南京大学学报》（哲学·人文科学·社会科学版）2013 年第 2 期。
25. 马骧聪：《论我国环境资源法体系及健全环境资源立法》，《现代法学》2002 年第 3 期。
26. 王曦：《环保主体互动法制保障论》，《上海交通大学学报》（哲学社会科学版）2012 年第 1 期。
27. 曹明德：《从"环保风暴"看环境法治存在的问题》，《华东政法学院学报》2005 年第 4 期。
28. 曹明德：《国外环保法立法经验借鉴》，《环境保护》2013 年第 17 期。
29. 曹明德：《中国环保非政府组织存在和发展的政策法律分析》，载高鸿钧等主编《清华法治论衡》2013 年第 19 辑，清华出版社 2013 年版。
30. 文正邦、曹明德：《生态文明建设的法哲学思考——生态法治构建刍议》，《东方评论》2013 年第 6 期。
31. 杜群：《司法在中国环境法治中的作用——基于对典型环境污染侵权案件的观察》，《法律适用》2012 年第 5 期。.
32. 常纪文：《三十年中国环境法治的理论与实践》，《中国地质大学学报》（社会科学版）2009 年第 5 期。
33. 徐祥民、胡中华：《环境法学研究 30 年：回顾与展望》，《法学论坛》2008 年第 6 期。
34. 周强：《形成高效的法治实施体系》，《求是》2014 年第 22 期。
35. 付子堂：《形成有力的法治保障体系》，《求是》2015 年第 8 期。
36. 蒋洪强、卢亚灵、杨勇：《新形势下生态环保人才队伍建设路径探讨》，《环境保护》2014 年第 11 期。
37. 葛道顺：《中国社会组织发展：从社会主体到国家意识》，《江苏社会科学》2011 年第 3 期。
38. 周青：《近年来中国民间环保组织的活动特点》，《环境教育》2011 年第 2 期。
39. 钭晓东：《从规范冲突到协同共生：环境法治进程中的普适性难题及破解》，《中国高校社会科学》2014 年第 2 期。
40. 竺效：《论生态文明法治建设的六大环节和重点》，《环境保护》2013 年第 13 期。
41. 周红云：《社会资本理论述评》，《马克思主义与现实》2002 年第

5 期。

42. 赵星:《我国环境行政执法对刑事司法的消极影响与应对》,《政法论坛》2013 年第 2 期。

43. 肖金明:《中国环境法治的变革与转型》,《中国行政管理》2009 年第 11 期。

44. 张俊哲、王春荣:《论社会资本与中国农村环境治理模式创新》,《社会科学战线》2012 年第 3 期。

45. 谢岳、葛阳:《社会资本重建中的政治命题》,《上海交通大学学报》(哲学社会科学版)2006 年第 3 期。

46. 刘振国:《民间组织管理的相关政策以及民间组织如何建立双赢的合作伙伴关系》,《中华环保联合会会刊》2009 年第 11 期。

47. 李保平:《从习惯、习俗到习惯法——兼论习惯法与民间法、国家法的关系》,《宁夏社会科学》2009 年第 2 期。

48. 郑毅:《论习惯法与软法的关系及转化》,《山东大学学报》(哲学社会科学版)2012 年第 2 期。

49. 姜明安:《软法的兴起与软法之治》,《中国法学》2006 年第 2 期。

50. 江必新:《论软法效力——兼论法律效力之本源》,《中外法学》2011 年第 6 期。

51. 马波:《环境法"软法"渊源形态之辨析》,《探索与争鸣》2010 年第 5 期。

52. 罗豪才、宋功德:《认真对待软法——公域软法的一般理论及其实践》,《中国法学》2006 年第 2 期。

53. 马长山:《社会资本、民间社会组织与法治秩序》,《环球法律评论》2004 年秋季刊。

54. 卢风:《论环境法的思想根据》,载高鸿钧等主编《清华法治论衡》2010 年第 13 辑,清华大学出版社 2010 年版。

55. 吕世伦、孙文恺:《赫克的利益法学》,《求是学刊》2000 年第 6 期。

56. 张明新:《民间法与习惯法:原理、规范与方法——全国首届民间法、习惯法学术研讨会综述》,《山东大学学报》2006 年第 1 期。

57. 王晶宇:《国家中心主义及其法理学倾向》,《法制与社会发展》2012 年第 4 期。

58. 杨海坤、张开俊:《软法国内化的演变及其存在的问题——对"软法亦法"观点的商榷》，《法制与社会发展》2012 年第 6 期。

59. 罗豪才：《软法研究的多维思考》，《中国法学》2013 年第 5 期。
60. 张钧：《法律多元理论及其在中国的新发展》，《法学评论》2010 年第 4 期。
61. 严存生：《法的合法性问题研究》，《法律科学》2002 年第 3 期。
62. 张娟：《公共领域、商谈民主与政治合法性——哈贝马斯"重建性"合法性对传统合法性理论的重建》，《湖北行政学院学报》2011 年第 4 期。
63. 冯忠良：《关于行为规范及其接受的认识》，《北京师范大学学报》（社会科学版）1992 年第 1 期。
64. 柯坚：《生态实践理性：话语创设、法学旨趣与法治意蕴》，《法学评论》2014 年第 1 期。
65. 徐忠麟：《生态文明与法治文明的融合：前提、基础和范式》，《法学评论》2013 年第 6 期。
66. 张超、严煤：《政府信用与民众信任》，《社会》2002 年第 1 期。
67. 马新福、杨清望：《法律信任初任》，《河北法学》2006 年第 24 期。
68. 姜起民、解维升：《法律信仰命题质疑与法律信任生成的路径选择》，《中国海洋大学学报》（社会科学版）2012 年第 5 期。
69. 郭春镇：《从"神话"到"鸡汤"——论转型期中国法律信任的建构》，《法律科学》2014 年第 3 期。
70. 陈满雄：《提高制度执行力》，《中国行政管理》2007 年第 11 期。
71. 张建伟、崔巍：《论中国环境司法制度的构建》，载高鸿钧等主编《清华法治论衡》2014 年第 22 辑，清华大学出版社 2014 年版。
72. 钱水苗、孙海萍：《论环境司法与执法协同保障的完善——以浙江省的实践为例》，载曾晓东等主编《中国环境法治》2013 年（上）卷，法律出版社 2013 年版。
73. 刘海鸥：《环境污染案件中行政执法与刑事司法衔接的问题与对策》，载谢玉红等主编《中国环境法治》2014 年（下）卷，法律出版社 2014 年版。
74. 李启家：《"环境法学的发展与改革"研讨会纪要》，载高鸿钧等主编《清华法治论衡》2014 年第 22 辑，清华大学出版社 2014 年版。
75. 皮里阳：《论我国第二代环境法的主要特征》，载高鸿钧等主编《清华法治论衡》2014 年第 22 辑，清华大学出版社 2014 年版。

76. 王曦、罗文君：《论环境管理失效的制度原因》，《清华法治论衡》2010 年第 13 辑。

77. 李伟民、梁玉成：《特殊信任与普遍信任：中国人信任的结构与特征》，《社会学研究》2002 年第 3 期。

78. 翟学伟：《社会流动与关系信任》，《社会学研究》2003 年第 1 期。

79. 张康之：《论组织化社会中的信任》，《河南社会科学》2008 年第 7 期。

80. 张清：《社会资本、权力与法治》，《吉林大学社会科学学报》2007 年第 2 期。

81. 苗梅华：《"社团式"社会资本网络关系的型塑与法治秩序》，《黑龙江社会科学》2007 年第 1 期。

82. 徐进：《信任法理的生成、发展及对我国法的启示》，《浙江学刊》2013 年第 2 期。

83. 马麟：《信任：一个新的法的基本价值——以行动中的法的维度思考》，《理论观察》2006 年第 2 期。

84. 张文宏：《中国社会网络与社会资本研究 30 年》（上），《江海学刊》2011 年第 2 期。

85. 张文宏：《中国社会网络与社会资本研究 30 年》（下），《江海学刊》2011 年第 3 期。

86. 李文钊、蔡长昆：《政治制度结构、社会资本与公共治理制度选择》，《管理世界》2012 年第 8 期。

87. 熊美娟：《社会资本与政治信任——以澳门为例》，《武汉大学学报》（哲学社会科学版）2011 年第 4 期。

88. 汪明亮：《基于社会资本解释范式的刑事政策研究》，《中国法学》2009 年第 1 期。

89. 邓正来：《"生存性智慧"与中国发展研究论纲》，《中国农业大学学报》（社会科学版）2010 年第 4 期。

四　中文学位论文

1. 王彬辉：《论环境法的逻辑嬗变》，博士学位论文，武汉大学，2005 年。

2. 王继恒：《环境法的人文精神论纲》，博士学位论文，武汉大学，2011年。
3. 郭武：《论环境习惯法的现代价值》，博士学位论文，武汉大学，2012年。
4. 解铭：《中国环境立法理念批判》，博士学位论文，武汉大学，2012年。
5. 曹树青：《区域环境治理法律机制研究》，博士学位论文，武汉大学，2012年。
6. 周杰：《环境影响评价制度中的利益衡量研究》，博士学位论文，武汉大学，2012年。
7. 夏少敏：《环境软法研究》，博士学位论文，武汉大学，2015年。
8. 冯汝：《环境法私人实施机制研究》，博士学位论文，武汉大学，2015年。
9. 伍德志：《信任与法治》，博士学位论文，武汉大学，2012年。
10. 何立华：《中国的信任问题研究》，博士学位论文，武汉大学，2010年。
11. 史根洪：《嵌入视角下司法信任的研究》，博士学位论文，武汉大学，2010年。
12. 胡俞：《人际信任论》，博士学位论文，武汉大学，2011年。
13. 曾俊森：《政府信任论》，博士学位论文，武汉大学，2013年。
14. 郑艾林：《社会资本形成及其变迁的因素分析》，博士学位论文，华中科技大学，2011年。
15. 尹保红：《政府信任危机研究》，博士学位论文，中央党校，2010年。
16. 杨东柱：《社会资本研究——基于哲学层次的一种解读》，博士学位论文，中央党校，2009年。
17. 周治伟：《政治信任研究》，博士学位论文，中央党校，2007年。
18. 倪霞：《现代社会中的信任》，博士学位论文，北京师范大学，2005年。
19. 白春阳：《现代社会信任问题研究》，博士学位论文，中国人民大学，2006年。
20. 胡静：《环境法的正当性与制度选择》，博士学位论文，中国政法大学，2007年。

21. 李丹：《环境立法的利益分析》，博士学位论文，中国政法大学，2007年。
22. 杨喜平：《社会资本视野下的司法公信力》，博士学位论文，复旦大学，2008年。
23. 唐琪：《一致与冲突：信任类型与市民社会结构研究》，博士学位论文，上海交通大学，2013年。
24. 王开宇：《生态权研究》，博士学位论文，吉林大学，2012年。
25. 毛高杰：《社会资本与农村纠纷解决》，博士学位论文，吉林大学，2012年。
26. 张俊哲：《农村环境治理问题研究——以社会资本为视角》，博士学位论文，吉林大学，2012年。
27. 黄晓东：《社会资本视域下的政府治理问题研究》，博士学位论文，吉林大学，2009年。
28. 董才生：《社会信任的基础：一种制度的解释》，博士学位论文，吉林大学，2004年。
29. 郭慧云：《论信任》，博士学位论文，浙江大学，2013年。
30. 卓光俊：《我国环境保护中的公众参与制度研究》，博士学位论文，重庆大学，2012年。
31. 杜辉：《环境治理的制度逻辑与模式转变》，博士学位论文，重庆大学，2012年。
32. 李旭东：《法律规范理论之重述》，博士学位论文，南京师范大学，2006年。
33. 欧运祥：《法律的信任：法理型权威的合法性基础》，博士学位论文，东南大学，2010年。

五　外文著作及论文

1. Ronald Burt, *Structrual Hole*, Cambridge: Harvard University Press, 1992.
2. Tom Schuller, Stephen Baron and John Field, "Social Capital: A Review and Critique", in Stephen Baron, John Field and Tom Schuller eds., *Social Capital: Critical Perspectives*, Oxford University Press, 2000.
3. Snyder, Francis, "Soft Law and Institutional Practice in the European Community", in Steve Martin ed., *The Construction of Europe: Essays in Honor*

of *Emile Novel*, Kluwer Academic Publishers, 1994.

4. Pilipp Heck, "The Jurisprudence of Interests", in Magdalena School (translated and edited), *The Jurisprudence of Interests*, Harvard Universtity Press, 1948.

5. Eugen Ehrlich, *Fundation Principle of the Sociology of Law*, Cambridge: Harvard University Press, 1936.

6. Barbra A. Misztal, *Trust in Modern Societies: The Search for the Bases of Social Order*, Polity Press, 1996.

7. T. Parsons and E. Shill, *Toward a General Theory of Action*, Harvard University Press, 1951.

8. Margaret Levi, "A State of Trust", in Valerie Braithwaite and Margaret Levi eds., *Trust and Governance*, Russell Sage Foundation, 1998.

9. Fred Bosselman, "The Choice of Customary Law", in Peter Orebech, Fred Bosselman, Jes Bjarup, David Callies, Martin Chanock eds., *The Role of Customay Law in Sustainable Development*, New York: Cambridge University Press, 2005.

10. N. Luhmann, "Famililiarity, Confidence, Trust: Problems and Alternative", in D. Gambetta ed., *Trust: Making and Breaking Cooperative Relations*, Basil Blackwell, 1998.

11. Smelser, N. J. ed., *Handbook of Sociology*, Sage Publications, 1988.

12. Bourgois P., *In Search for Respect: Selling Crack in El Barrio*, New York: Cambridge University Press, 1995.

13. Pilipee C. Schmitter, "Still the Century of Corporatism?" in Philippe C. Schmitter, Gerhard Lehmbrach eds., *Trends Toward Corporatist Intermediaion*, SAGE Publications, 1979.

14. *Webster's Third New International Dictionary*, 4th, Merriam Co., 1976.

15. Alejandro Portes, "Social Capital: Its Origins and Applications in Modern Sociology", *Annual Rev. Social* 24, 1998.

16. Hosmer, "Trust", *Academy of Manangement Review*, Vol. 20, 1995 (2).

17. Francis Fukuyama, *Social Capital and Civil Society*, The Institute of Public Policy, George Mason University, October 1, 1999.

18. Richard A. Posner, "Social Norms and the Law: A Economic Approach",

American Economic Review, 1997, 87.

19. Granovetter, M., "The Strength of Weak Ties", *American Journal of Socioloty*, Vol. 78 (6), 1973.

20. Sally Engle Merry, "Legal Pluralism", *Law and Society Review*, 1988, 22/5.

21. Boaventura de Sousa Santos, "Law: A Map of Misreading Toward a Postnodern Conception of Law", *Journal of Law and Society*, 1987 (14).

22. Max Weber, *Max Weber on Law in Economy and Society*, Max Rheinstein ed., Cambridge, Mass.: Harvard University Presss, 1954.

23. Arthur H. Miller, "Political Issues and Trust in Government: 1964—1970", *The American Political Science Review*, Vol. 68, No. 3, Sept., 1974.

24. Kenneth Newton, "Trust, Social Capital, Civil Society, and Democracy", *International Political Science Review*, 2001, Vol. 22, No. 2.

25. Tianjian Shi, "Cultural Values and Political Trust: a Comparison of the People's Republic of China and Taiwan", *Comparative Politics*, Vol. 33, No. 4, Jul., 2001.

26. Coleman J. S., "Social Capital in the Creation of Human Capital", *Am. J. Social*, 1988b (94).

27. Coleman J. S., "The Creation and Destruction of Social Capital", *Implication for the Law*, 1988b.

28. Putnam R. D., "The Prosperous Community: Social Capital and Public Life", *Am. Prospect*, 1993 (13).

29. Stanon-Salazar R. D., Dornbusch S. M., "Social Capital and the Reproduction of Inequality: Informaiton Networks among Mexicanorigin High School Students", *SocialEduc.*, 1995 (68).

六　网络报刊等其他资料

1. 《徐绍史主任接受新闻媒体联合采访，解读〈关于加快推进生态文明建设的意见〉》，http://xwzx.ndrc.gov.cn/xwfb/201505/t20150506_690812.html。

2. 《全国环境违法处理情况统计表》（1997—2012 年），http://www.zhb.gov.cn/zwgk/hjtj/qghjtjgb/。

3. 《湖北省 2007—2010 年共拿出 2 亿元用于环保执法装备》, http：// hjj. mep. gov. cn/dwgl/201407/t20140731_ 285886. htm。
4. 中共中央、国务院《关于加快推进生态文明建设的意见》。
5. 《社会信用体系建设规划纲要》(2014—2020 年)。
6. 国务院办公厅《关于加强环境监管执法的通知》。
7. 《2013 中国环境状况公报》。
8. 《2014 中国环境状况公报》。
9. 中华人民共和国环境保护部《"十二五"全国环境保护法规和环境经济政策建设规划》。
10. 最高人民法院《关于全面加强环境资源审判工作为推进生态文明建设提供有力司法保障的意见》。
11. 2015 年环保部与中国法学会等联合召开的"生态环境法治保障研讨会"资料——《生态环境法治保障最佳事例集》。
12. 2015 年环保部与中国法学会等联合召开的"生态环境法治保障研讨会"资料——《生态环境法治保障征文集》。
13. 第二届海峡两岸环境法研讨会资料——《环境司法的理论与实践——第二届海峡两岸环境法研讨会论文集》。
14. 《2006 年全国环境统计公报》。
15. 《2006 年最高人民法院工作报告》。
16. 《2014 年中国人权事业的进展》,《人民日报》2015 年 6 月 9 日第 10 版。
17. 上官司酒瑞:《制度是信任的基石》,《人民日报》2011 年 11 月 9 日第 7 版。
18. 公丕祥:《试论司法在国家治理和社会管理中的作用》,《人民法院报》2013 年 1 月 23 日第 5 版。
19. 王尔德:《专访国务院发展研究中心资源与环境政策研究所研究员王亦楠:如何化解环境类群体性事件?》,《21 世纪经济报道》2014 年 5 月 13 日第 2 版。
20. 蒋熙辉:《当前制度建设中亟需解决的四个问题》,《学习时报》2011 年 11 月 23 日第 8 版。
21. 《全省环境质量总体良好》,《江西日报》2015 年 6 月 5 日第 2 版。
22. 《环保投入需要有力财政制度保障》,《中国环境报》2013 年 8 月 16

日第 2 版。

23. 《滕州创新环境监管模式，监察网络化，执法精细化，覆盖无盲区》，《中国环境报》2014 年 7 月 17 日第 7 版。

24. 《山东莱芜加密环境监测网络，划定管理权限，网格化实现环境监管全方位》，《中国环境报》2015 年 5 月 13 日第 7 版。

25. 《九江五大行动打击违法行为》，《中国环境报》2015 年 5 月 22 日第 7 版。

26. 《高端访谈：陕西大气污染治理取得成效的关键在哪里？》，《中国环境报》2015 年 5 月 4 日第 2 版。

27. 《陕西省委书记赵正发部署全省治污降霾工作，党政同责打好治霾组合拳》，《中国环境报》2015 年 5 月 21 日第 1 版。

28. 《环境保护部公布 2014 年 12369 环保热线举报案件处理情况，解决一批影响群众健康的环境问题》，《中国环境报》2015 年 5 月 20 日第 1 版。

29. 《用司法力量保护绿色家园》，《中国环境报》2015 年 4 月 1 日第 8 版。

30. 《环保投入需要有力财政制度保障》，《中国环境报》2013 年 8 月 15 日第 2 版。

31. 《建立信任文化，形成工作合力——四论着力处理好环保工作中的四个关系》，《中国环境报》2015 年 9 月 2 日第 1 版。

后　记

　　引入社会资本理论考察环境法治，是对环境与资源保护法学甚至是对整个法学研究的一种创新。创新是引领发展的第一动力，但创新也是一个艰涩且具有很大风险的过程。我以社会资本理论考察我国环境法治，虽然在环境与资源保护法学的研究创新上不一定取得了很多成果，但这种尝试对我而言已初显成效，我既顺利通过了武汉大学环境法研究所的博士学位论文答辩，获得了法学博士学位，又以之为基础成功获批了2015年国家社会科学基金的西部项目。这使我更加有信心继续运用社会资本理论来深入考察我国的环境法治！

　　非常高兴以博士学位论文为基础出版专著，并入选教育部人文社会科学重点研究基地《环境法学文库》！我结合国家社科基金项目的研究又对博士学位论文进行了紧张的修改，其间对社会资本理论考察环境法治又产生了很多新的想法和思路，但因时间紧迫和篇幅所限，更多的新成果有待在我的国家社会科学基金项目研究的最终成果中体现。拙作更多是在我的博士学位论文基础上稍作修改而成，因此还是想在后记中与读者一起简要分享考博、读博的些许体会，并对帮助过我的恩师、同仁和家人们致以诚挚谢意。

　　考博是个艰辛的历程，暂不说在精力上如何准备考试与复习，火车上十余个来回儿的奔波，就是对体力的考验，也体现了我对学术的执着；读博是段难忘的时光，年近不惑，过惯了安逸的生活，却远离家庭，远离家乡，远离单位，一个人独自求学与独自生活，其间的苦楚虽然不算什么，但回首时也不免想对自己做些许适度的赞许；博士论文的写作，虽然早闻其间的辛酸苦楚，但亲身经历后，才明白煎熬与困惑、迷茫与灵光、黑夜与晨曦、痛苦与快乐，是如何的反复交错与往返折磨。博士论文的完成和拙作的出版，不论成功与否，评价如何，都是自己谱写的一曲人生乐章。

　　回首求学武大的四年时光，难忘的是环境法所全体恩师们的谆谆教诲和悉心关怀。他们不仅在课堂内外传授我专业知识与法律技能，身先示范培养我学术道德与为人品行，给予我无穷的思想与精神力量，还在生活之中给予我诸多的关照，使远离的游子时刻感受家庭的温暖。特别是导师王树义教授，在生活上给予我和蔼温暖关心的同时，在学术上对我严谨细致、精益求精，正是王老师对我博士论文选题的多次反复变动与修改，以及写作过程中对我论文不断地修改，让我在写作的迷途中不断探寻了希望的曙光，并最终得以顺利完成并付梓出版。还有远在复旦大学的导师张梓太教授，在繁忙的工作中多次到武汉大学以及各种其他场合给予我学业和论文写作上的细心指导，并对我的学术发展道路不断点拨和指引。掩卷沉思，突感大脑一时短路，无法搜索能够充分表达我感激之情的词汇，来表达我对全体恩师们的真挚感谢，唯有用最简单和朴实的语言道一声："谢谢！"

回想读博期间，环境法学界的各位前辈们，在各种会议和学术场合，也给予了我很多学术上的帮助和指导，对我的论文写作和学术思考也提出了很多建设性的意见，对我的论文写作有很深的启发；武汉大学环境法所的师兄弟姐妹们，总能在我需要的时候给予各种细心和周到的帮助，不仅在学术上助我成长与发展，而且在生活上共同打造了一个温馨快乐的环境法之家。中国社会科学出版社的编辑老师特别是梁剑琴博士，对本书的出版付出了辛勤和劳力，提出了很多建设性意见，并字斟句酌地修改了文字，使本书的语句显得更加通顺。在此，我要对你们表示衷心的感谢！

最后同时也是非常重要的，我要感恩我的父母、家人和妻女。父母不仅给予我生命，抚养我长大，教育我成才，而且一直默默地用他们坚韧的品格、朴实的情怀和宽厚的胸襟，给予我不竭的精神动力，为我提供有力的精神支持，激励我不断拼搏进取。妻子宋金华女士，作为一名大学教师，在承担繁重的教学科研任务的同时，一个人撑起了家庭的生活大事和小孩的教育要事，为我奠定了坚实的后方基础，并给予了我很多学术上的支持和帮助。我可爱的女儿同同也能在我读博期间乖巧紧张地学习生活，特别是在我写作论文的煎熬间隙，常常朗诵一段她近期的得意之作，优美的词句使我写作的疲倦顿然全失。

我亦流连忘返优美的武大校园。绿树成荫、百花飘香的珞珈山，碧波荡漾、波澜起伏的东湖水，迂回辗转、阡陌纵横的校园路，共同型构了武大的清秀与灵气，充分彰显了学术圣地的气节与风骨。记得每次往返于法学院至学校大门之间，我喜欢徒步缓缓而行，三十分钟左右恣意放松心情，任思维与脚步在迷人的芳香和沁人的书香中徜徉，当学校大门上"自强、弘毅、求是、拓新"八字映入眼帘时，我的思想与精神瞬间得到无比的振奋与鼓舞。这或许是顶天立地的武大人孜孜以求的学术、工作与生活意境吧！

我将永远以之激励我在人生路上开拓前行！

徐忠麟

2015年12月3日于武汉大学珞珈山畔成稿

2016年5月2日晚于江西赣州赣江源头修改定稿